Hoffman

D1662920

Christina Keimes

Lesen

Christina Keimes

Lesen

Lesekompetenz
in gewerblich-technischen Ausbildungsberufen

Tectum Verlag

Christina Keimes

Lesen. Lesekompetenz in gewerblich-technischen Ausbildungsberufen
© Tectum Verlag Marburg, 2014
Zugl. Diss. TU Darmstadt – D 17 – 2013
ISBN: 978-3-8288-3447-7

Umschlagabbildung: shutterstock.com © Dimitar Sotirov
Druck und Bindung: CPI buchbücher.de, Birkach
Printed in Germany
Alle Rechte vorbehalten

Besuchen Sie uns im Internet
www.tectum-verlag.de

Bibliografische Informationen der Deutschen Nationalbibliothek
Die Deutsche Nationalbibliothek verzeichnet diese Publikation in der
Deutschen Nationalbibliografie; detaillierte bibliografische Angaben sind
im Internet über http://dnb.ddb.de abrufbar.

Danksagung

Großer Dank gilt an erster Stelle Frau Prof. Dr. Birgit Ziegler am Institut für Allgemeine Pädagogik und Berufspädagogik der TU Darmstadt. Sie hat mich für das wissenschaftliche Arbeiten begeistert und darin stets unterstützt. Für die Freiheit, die sie mir während des gesamten Forschungsprozesses gewährte, und das darin deutlich werdende Vertrauen in meine Fähigkeiten bedanke ich mich herzlich. Ihr konstruktives Feedback und ihre warmherzige Begleitung während dieser Zeit waren von unschätzbarem Wert.

Herrn Prof. Dr. Jens Siemon am Institut für Berufs- und Wirtschaftspädagogik der Universität Hamburg danke ich für die freundliche Übernahme des Koreferates meiner Dissertation.

Ein herzliches Dankeschön gilt auch meinem Kollegen Dr. Volker Rexing für die konstruktive und freundschaftliche Zusammenarbeit in den vergangenen Jahren. Unser Austausch und unsere regen Diskussionen zu Fragestellungen aus der Arbeit waren stets eine große Bereicherung.

Den Auszubildenden und Ausbildern möchte ich für die freundliche Bereitschaft zur Teilnahme an der Interviewstudie danken. Großer Dank gilt darüber hinaus allen, die mich bei der Durchführung, Dokumentation und Auswertung der Studie in vielfältiger Weise unterstützt haben.

Schließlich danke ich meiner Familie für ihre uneingeschränkte Unterstützung und ihr vorbehaltloses Vertrauen in mich. Meinem Freund André Lange danke ich darüber hinaus für seine praktische Hilfe und Geduld und nicht zuletzt für seinen Optimismus, mit dem er mich in der Zeit der Dissertation begleitet hat.

Für meine Mutter
Anna Maria Keimes

Inhaltsverzeichnis

1 Problemhintergrund

Lesekompetenz gilt als basale Kulturtechnik, die für die Partizipation an einer literalen Kultur eine unverzichtbare Voraussetzung darstellt (vgl. Artelt et al. 2007, S. 5). Als Basisqualifikation wird ihr attestiert,

> *„in der modernen Gesellschaft für eine in beruflicher und gesellschaftlicher Hinsicht erfolgreiche Lebensführung unerlässlich"* zu sein (Hurrelmann 2007, S. 21).

Unterstützt wird diese Annahme *erstens* durch den öffentlichen Bildungsauftrag der Berufsschule, die sich nicht nur der Entwicklung beruflicher Handlungskompetenz verpflichtet (vgl. z. B. Heid 1977, 1999). Vielmehr soll sie als Kernziel

> *„berufliche Flexibilität zur Bewältigung der sich wandelnden Anforderungen in Arbeitswelt und Gesellschaft [...] entwickeln, die Bereitschaft zur beruflichen Fort- und Weiterbildung [...] wecken, die Fähigkeit und Bereitschaft [...] fördern, bei der individuellen Lebensgestaltung und im öffentlichen Leben verantwortungsbewusst zu handeln"* (Sekretariat der Ständigen Konferenz der Kultusminister der Länder in der Bundesrepublik Deutschland 1991, S. 2).

Lesefähigkeit stellt als Basiskompetenz hierbei sicherlich einen zentralen Bezugspunkt dar (vgl. Pätzold 2009, 2010).

Zweitens gewinnt die Lesekompetenz aus berufspädagogischer Perspektive durch Befunde aus Längsschnittstudien in verschiedenen Ausbildungsberufen an Bedeutung (vgl. z. B. Nickolaus/ /Geißel/Gschwendtner 2008, S. 59f.; Gschwendtner 2011). Diese weisen direkte und indirekte Effekte von Leseverständnis auf den Erwerb berufsfachlicher Kompetenzen aus. Danach ist der Wissens- und Kompetenzaufbau u. a. davon abhängig, inwieweit es Auszubildenden gelingt, berufsfachliche Texte eigenständig und sinnerfassend zu lesen.

Drittens wird der bereits angedeutete Zusammenhang zwischen Lesekompetenz und (Bildungs-)Erfolg unterstützt durch Befunde verschiedener

Studien zu Berufsbildungsverläufen: TREE[1] (*Transition from Education to Employment*) verfolgt beispielsweise Ausbildungs- und Erwerbsverläufe Jugendlicher nach Ende der Schulpflichtzeit (vgl. Stalder 2011). Die Bedeutung von Lesefähigkeit dokumentiert sich hier in den verschiedenen Anschlussmöglichkeiten im Bildungssystem. So zeigen sich erwartungskonform positive Zusammenhänge zwischen dem Lesekompetenzniveau und der Einmündung Jugendlicher in weiterführende Bildungsangebote und -abschlüsse mit eher geringen intellektuellen Anforderungen (vgl. ebd., S. 195, 199).

Die kanadische Folgestudie YITS (*Youth in Transition Survey*) belegt ebenfalls die Bedeutung von Lesekompetenz für den Bildungserfolg: Diese zeigt auf,

> *„dass die im Alter von 15 Jahren gemessene Lesekompetenz signifikant zur Vorhersage des im Alter von 19 Jahren erzielten Bildungserfolgs beiträgt"* (Naumann et al. 2010, S. 43).

Schwächere Leser/innen sind Befunden des IALS (*International Adult Literacy Survey*) zufolge dabei öfter von Arbeitslosigkeit betroffen und verfügen über ein geringeres Einkommen als gute Leser/innen (vgl. ebd.).

Angesichts der unbestrittenen Relevanz von Lesekompetenz sind die vielfach nachgewiesenen Schwächen deutscher Schüler/innen im Leseverstehen für die berufliche Bildung von besonderer Bedeutung (vgl. im Überblick Rexing/Keimes/Ziegler 2013). Nach PISA 2000 (*Programme for International Student Assessment*) zählten in der ersten Erhebung ca. 10 % der Jugendlichen zur potenziellen *„Risikogruppe"* (vgl. Baumert et al. 2001, S. 117), deren Berufs- und Bildungschancen als enorm gefährdet gelten. Insgesamt 22,6 % der Kohorte wurden als *leseschwache Schüler/innen* identifiziert, insofern ihr Leistungsmaximum unterhalb von Kompetenzstufe II lag. Auch gut 10 Jahre danach zeigen die Befunde der jüngsten PISA-Studie, in der Lesekompetenz abermals als Hauptdomäne erhoben

---

1   Bei TREE handelt es sich um eine Schweizer Folgestudie von PISA, die in einer prospektiven Längsschnittstudie die Ausbildungs- und Erwerbsverläufe Jugendlicher untersucht, wobei hier Prozessmerkmale und Wirkungen von sog. *irregulären* oder *kritischen* Ausbildungsverläufen im Zentrum stehen.

wurde, dass trotz eines positiven Entwicklungstrends immer noch 18,5 % der Fünfzehnjährigen höchstens Aufgaben der Kompetenzstufe Ia (und a fortiori darunter) bewältigen können. Erwartungskonform trifft dies auf etwa die Hälfte aller Hauptschüler/innen zu (vgl. Naumann et al. 2010, S. 49). Insbesondere ihnen mangelt es an der notwendigen Lesekompetenz und damit an einer zentralen Voraussetzung zum selbstständigen Denken und Handeln (vgl. Pätzold 2010, S. 161).

Aus diesem Kreis der leseschwachen Schüler/innen dürfte ein Großteil der zukünftigen Auszubildenden hervorgehen. Im Hinblick auf die Ausbildungsfähigkeit Jugendlicher erweisen sich defizitäre Lesekompetenzen insofern als durchaus bedenklich. So sieht Pätzold (2010) den hohen Anteil an Abbruch- und Durchfallquoten in der beruflichen Bildung nicht zuletzt darin begründet,

> *„dass die Auszubildenden bereits bei der Rezeption des Fachwissens bzw. des Lern- und Prüfungsstoffs aus den Fachbüchern bzw. Lernmaterialien überfordert sind"* (ebd., S. 163).

Aufgrund ihrer defizitären Lesekompetenz bringen diese Schüler/innen ungünstige Voraussetzungen für eine weitere Bildungs- und Berufskarriere mit (vgl. ebd., S. 162). Angesichts dieser Defizitproblematik stellt die berufliche Ausbildung wohl für viele Schüler/innen die letzte Möglichkeit dar, ihre Lesekompetenz in einem systematischen schulischen Kontext zu entwickeln und bestehende Leseschwächen zu kompensieren (vgl. Katz 1994, S. 116ff.).

1.1 Forschungsstand

Gleichwohl basale Lesekompetenzen vorwiegend im Kindes- und frühen Jugendalter erworben und entwickelt werden (vgl. Artelt/Dörfler 2010), verdeutlichen die skizzierten Defizitbefunde, dass es auch im Kontext beruflicher Bildung notwendig ist, sich mit der Frage nach geeigneten Konzepten und Ansätzen zur Leseförderung zu befassen. Die besondere Schwierigkeit, Lesekompetenz zu fördern, basiert dabei auf den zahlreichen Einflussfaktoren, die den Leseprozess determinieren und begleiten (vgl. im Überblick Artelt et al. 2007). Zu den Determinanten der Lesekompetenz gehören die *Merkmale* und *Aktivitäten der Lesenden* als leserbezogene und die *Beschaffenheit des Textes* sowie die *Leseanforderung* als textbezogene Kategorien (vgl. Artelt 2004; Jenkins 1979). Diese vier Merkmalsklassen interagieren beim Textverstehen miteinander und nehmen Einfluss auf die Qualität des Textverstehens. Sie haben für die Förderung von Lesekompetenz differenzielle Relevanz. Aus einer Förderperspektive gehört insbesondere das leserbezogene Merkmal *Lesestrategien* zu den relevanten Einflussgrößen (vgl. z. B. Artelt et al. 2007), deren prominente Stellung im Rahmen von Förderbemühungen darin begründet liegt, dass sie im Unterschied zu anderen Merkmalen (z. B. kognitive Grundfähigkeit, Vorwissen, Wortschatz) als vergleichsweise gut trainierbar gelten (vgl. Artelt/Naumann/Schneider 2010, S. 75).

Insofern konzentrieren sich bisherige Bemühungen zur Förderung von Lesekompetenz überwiegend auf die Einübung von *Lern- und Lesestrategien*. Mit den Modellversuchen *VERLAS* (vgl. Kitzig et al. 2008), *VOLI* (vgl. Efing/Janich 2006), dem Kölner Projekt *Leseförderung in der Berufsbildung* (vgl. Becker-Mrotzek/Kusch/Wehnert 2006) und der Züricher *Deutschförderung in der Lehre* (vgl. Nodari/Schiesser 2007) wurden zwar differenzierte Ansätze entwickelt, um Lesestrategien und -techniken im Regelunterricht beruflicher Schulen zu fördern. Zu deren Wirksamkeit liegen jedoch keine empirisch belastbaren Befunde vor.[2]

Lediglich die Interventionsstudien zur Förderung von Lesekompetenz durch *Reciprocal Teaching* wurden durch empirische Testverfahren und Prozessdaten systematisch begleitet (vgl. z. B. Norwig et al. 2013). Hier konnten jedoch in keiner der insgesamt vier Interventionsstudien positive Entwicklungstendenzen für die Experimentalklassen auf globaler Ebene erzielt werden. Ausschließlich ein Subgruppenvergleich besonders leseschwacher Schüler/innen zeigte eine signifikante Lesekompetenzsteigerung, die jedoch nicht dauerhaft gehalten werden konnte (vgl. ebd.).

---

2   Eine ausführliche Beschreibung und Reflexion der genannten Förderansätze findet sich bei Keimes und Rexing (2011).

Ähnliche Befunde brachte eine Ergänzungsstudie zu *Reciprocal Teaching* mit Auszubildenden zum Mechaniker für Land- und Baumaschinentechnik am Berufskolleg Jülich. Trotz einer konzepttreuen Umsetzung des Ansatzes nach Palincsar und Brown (1984) konnten auch hier keine Fördererfolge erzielt werden (vgl. Keimes/Rexing/Ziegler 2011).

Für die Ursachen der ausbleibenden Kompetenzentwicklung sind komplexe Begründungszusammenhänge anzunehmen. Wenngleich angesichts der Domänenspezifität und berufsfeldspezifischen Leseanforderungen die Frage nach einer geeigneten Strategieauswahl durchaus kritisch zu reflektieren wäre (vgl. Ziegler/Gschwendtner 2010), verdichten sich im Rahmen der Interventionsstudien Hinweise auf weitere zentrale Problemfelder. Diese betreffen beispielsweise die häufig *heterogenen Voraussetzungen der Schüler/innen*[3], die *Umsetzungsqualität*[4] und die *Interventionszeit* (vgl. hierzu ausführlich Norwig et al. 2013; Ziegler/Gschwendtner 2010).

Darüber hinaus wird eine wesentliche Ursache für die ausbleibenden Interventionseffekte insbesondere in *motivationalen Implikationen* vermutet (vgl. Gschwendtner/Ziegler 2006a, 2006b; Ziegler/Gschwendtner 2010; Keimes/Rexing/Ziegler 2011). Diese stellen nicht nur eine weitere Determinante von Lesekompetenz dar (vgl. Artelt et al. 2007), sondern beeinflussen auch die Qualität des Lernerfolgs.

---

3   Hierzu gehören beispielsweise erhebliche Schwächen der Schüler/innen hinsichtlich der Dekodierfähigkeit oder Teilleistungsstörungen wie Lese-Rechtschreibschwäche.

4   Angesichts der heterogenen Gruppenzusammensetzung besteht z. B. Gefahr der Überforderung für Lehrkräfte.

So kann anhand der erhobenen Daten zur Motivationsentwicklung[5] bestätigt werden, dass die introjizierten, identifizierten und interessierten Motivationsvarianten während der Interventionsphasen signifikant abnahmen und auch die wahrgenommene inhaltliche Relevanz schlechter bewertet wurde (vgl. Petsch et al. 2008, S. 11). Damit zeigten sich in den Interventionsstudien insgesamt keine positiven Effekte im Hinblick auf die motivationalen Entwicklungen der Schüler/innen (vgl. Ziegler/ Gschwendtner 2010).

Angesichts dieser Befunde liegt eine *fehlende Relevanzzuschreibung* der Lesestrategietrainings nahe. Insbesondere aus der Ergänzungsstudie zu *Reciprocal Teaching* gibt es explizite Hinweise, dass die berufsspezifische Relevanz des Lesens vielen Auszubildenden nicht in hinreichendem Maße deutlich ist (vgl. Keimes/Rexing/Ziegler 2011). Dass aber gerade die subjektiv erlebte Bedeutung zentral für die motivationale Einstellung und insofern auch maßgeblich für den Erfolg von Fördermaßnahmen ist, zeigen z. B. Befunde von Knöll et al. (2007), nach denen die wahrgenommene Relevanz des Unterrichts einen bedeutsamen Prädiktor für den Erfolg von Lehr-Lern-Prozessen im berufsbildenden Kontext darstellt. Ebenso evaluierten Schüler/innen in dem von Kitzig et al. (2008) untersuchten Lesetraining *VERLAS* ihren Lernzuwachs nur dann positiv, wenn beruflich relevante Themen im Vordergrund standen. Die berufsspezifische Relevanz des Lesens wahrzunehmen, dürfte insoweit auch für die Schülerklientel in gewerblich-technischen Ausbildungsberufen bedeutsam sein.

Gerade hier erweisen sich die skizzierten negativen motivationalen Implikationen als besonders brisant, weil diese Ausbildungsberufe aufgrund von Selektionsmechanismen bei der Berufswahl ohnehin häufig von

---

5   Die Erhebung motivationaler Zustände erfolgte im Rahmen des Forschungszyklus mithilfe des Motivationsbogens nach Prenzel et al. (1996). Der Ansatz differenziert sechs Varianten von Lernmotivation (amotiviert, extrinsisch, introjiziert, identifiziert, intrinsisch, interessiert), die sich im Grad der Selbstbestimmung und im Grad der Inhalts- und Tätigkeitsanreize unterscheiden (vgl. ebd.). Hohe Ausprägungen auf den Stufen *amotiviert* oder *extrinsisch* gelten als ungünstig für die Lernmotivation, während die Lernmotivationsvarianten *identifiziert*, *intrinsisch* und *interessiert* eine besonders hohe Qualität des Lernerfolgs bewirken (vgl. ebd.).

Jugendlichen mit geringer habitueller Lesemotivation und eher niedriger Lesekompetenz frequentiert werden (vgl. Ziegler/Gschwendtner 2010; Norwig et al. 2013).

Sofern die berufsspezifische Bedeutung des Lesens für Auszubildende nicht erkennbar ist, ist anzunehmen, dass sich Auszubildende auch nicht auf entsprechende Förderangebote einlassen und dadurch den tatsächlichen Nutzen (z. B. strategischen Vorgehens) nicht erfahren (vgl. Ziegler/Gschwendtner 2010, S. 548).

Eine auf diesen Problemkontext ausgerichtete Interventionsforschung, die sich den einzelnen Problemfeldern systematisch zuwendet, erscheint notwendig, um Leseförderung in der beruflichen Bildung erfolgreich zu gestalten (vgl. Ziegler/Gschwendtner 2010, S. 550). So wäre zu fragen, unter welchen Bedingungen Lesekompetenzen durch die Berufsbildung entwickelt werden können. In diesem Zusammenhang wäre sodann beispielsweise auch auszuloten, ob Förderbemühungen, *„die die beruflichen Handlungskontexte systematischer berücksichtigen, zu messbaren Effekten führen"* (Nickolaus 2013, S. 13).

Eine erste Annäherung an dieses Forschungsdesiderat soll im Rahmen der vorliegenden Arbeit erfolgen. Ausgehend von den dargelegten Befunden erscheint es sinnvoll, insbesondere die ungünstigen *motivationalen Implikationen* und hier vor allem den Aspekt der *Relevanzzuschreibungen* stärker als bisher im Kontext von Lesekompetenzförderung zu berücksichtigen.[6] Insofern besteht das zentrale Anliegen dieser Arbeit darin, kontextspezifische Bedingungen und berufliche Handlungszusammenhänge für die Förderung von Lesekompetenz in gewerblich-technischen Ausbildungsberufen zu untersuchen. Dazu soll zunächst einmal die Bedeutung des Lesens für die betriebliche (Ausbildungs-)Realität in exemplarisch

---

6   In der Lernstrategieforschung wurden motivationale Implikationen von Trainings bislang nur peripher berücksichtigt (vgl. Körkel/Hasselhorn 1987; Friedrich/Mandl 1992). Schulische Fördermaßnahmen im Primar- und Sekundarbereich nehmen motivationale Voraussetzungen seit der Veröffentlichung der PISA-Befunde in den Blick (vgl. Artelt et al. 2007). Dies gilt jedoch bislang nicht gleichermaßen für Förderbemühungen im Kontext beruflicher Bildung.

ausgewählten Ausbildungsberufen des Berufsfelds Bautechnik erhoben werden.

In diesem Zusammenhang sollen weiter typische berufliche Handlungssituationen, Arbeitsaufgaben und Textmaterialien identifiziert werden, die in der betrieblichen Praxis bedeutsam sind. Gerade aus motivationaler Perspektive erscheint die Berücksichtigung berufsspezifischer (Lese-)Aufgaben mit Bezug zu authentischen beruflichen Handlungssituationen für die Leseförderung dringend geboten. Auf diese Weise könnte der fehlenden Relevanzzuschreibung begegnet und die Bedeutung des Lesens für Auszubildende eher erkennbar werden. Die identifizierten beruflichen Anforderungen, Aufgaben und relevanten Texte werden beispielhaft systematisiert und hinsichtlich ihrer berufsspezifischen Leseanforderungen analysiert bzw. reflektiert. Dies erscheint insoweit notwendig, als dass auch *Leseanforderungen* die Lesekompetenz determinieren. Ausgehend von diesen Untersuchungen sollen im Sinne einer ersten Annäherung an das Forschungsdesiderat Konsequenzen formuliert werden, die die Förderung von Lesekompetenz idealiter rahmen.

Angesichts dieses Erkenntnisinteresses besteht die Zielperspektive dieser Arbeit darin, einen Beitrag zur Klärung folgender Fragestellungen zu leisten:

1. Welche Aussagen können über die tatsächliche *Bedeutung des Lesens* bei der Bewältigung beruflicher Anforderungssituationen in der betrieblichen (Ausbildungs-)Realität getroffen werden?

2. Welche konkreten *Texte* und *betrieblichen Handlungsfelder* können identifiziert bzw. eingegrenzt werden, in denen Lesen bedeutsam ist?

3. Welche *Anforderungen an die Lesekompetenz* können auf dieser Basis definiert werden?

4. Welche *Konsequenzen* können vor dem Hintergrund dieser Erkenntnisse für die Förderung von Lesekompetenz formuliert werden?

1.2 Untersuchungsdesign

Im Zentrum der Untersuchung stehen die Ausbildungsberufe Maurer/in bzw. Straßenbauer/in, die dem Berufsfeld Bautechnik zugeordnet sind. Die Fokussierung auf diese Zielgruppe resultiert im Wesentlichen aus vier Überlegungen: *Erstens* handelt es sich hierbei um ein gewerblich-technisches Berufsfeld, in dem angesichts erheblicher Schwächen im Leseverstehen (vgl. Norwig/Petsch/Nickolaus 2010) in besonderem Maß ein Förderbedarf bei den Auszubildenden anzunehmen ist. *Zweitens* sind viele Charakteristika des Berufsbildes Maurer/in bzw. Straßenbauer/in (z. B. Tätigkeiten, Arbeitsorganisation etc.) auch für andere Berufe dieses Berufsfeldes exemplarisch. *Drittens* liegen repräsentative Auszubildendenzahlen vor, insofern z. B. der Ausbildungsberuf des Maurers/der Maurerin im Jahr 2012 zu den 25 am häufigsten von jungen Männern besetzten Berufen gehört (vgl. BMBF 2013, S. 20). *Viertens* schließlich wird das Projekt in Zusammenarbeit mit Experten der Domäne durchgeführt.

Die Absicht, ausgehend von der Untersuchung der spezifischen betrieblichen (Ausbildungs-)Realität Konsequenzen für die Förderung zu formulieren, erfordert in einem ersten Schritt eine im Hinblick auf die Bedeutung von Lesekompetenz fokussierte Analyse der (Ausbildungs-)Realität. Für die analytische Erfassung eines solch komplexen Forschungsfeldes wie die Relevanz von lesebezogenen Anforderungen von Auszubildenden im Baugewerbe erweist sich eine grundsätzlich qualitative Datenerhebung als sinnvoll, zumal das Forschungsfeld als wenig vorstrukturiert einzuschätzen ist (vgl. Abbildung 1).

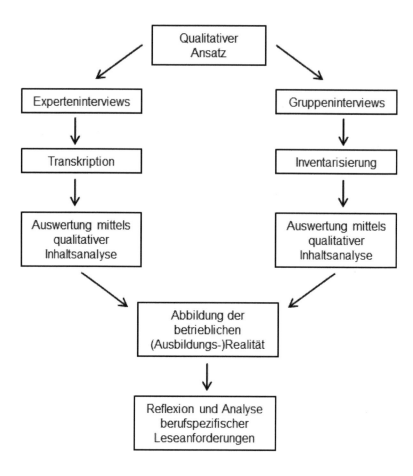

Abbildung 1: Untersuchungsdesign zur Klärung der Forschungsfragen 1–3
(*eigene Darstellung*)

Entsprechend dem Forschungsgegenstand folgen die ausgewählten Forschungsmethoden primär der berufswissenschaftlichen Qualifikationsforschung (vgl. Spöttl 2008, S. 163). Die Notwendigkeit einer berufswissenschaftlich ausgerichteten Qualifikationsforschung resultiert aus der Zielsetzung dieser Arbeit, die leserelevanten Inhalte berufsförmig organisierter Arbeit inhaltlich so zu erschließen, dass sich aus dieser Perspektive Vorschläge für die Förderung von Lesekompetenz ableiten lassen.

> *„Die berufswissenschaftlich ausgerichtete Qualifikationsforschung verfolgt das Ziel, die für einen Beruf charakteristischen Arbeitsaufgaben und die in diesen inkorporierten Qualifikationsanforderungen zu identifizieren und zu untersuchen, welchen didaktischen Stellenwert diese Aufgaben für die Kompetenzentwicklung haben"* (Becker/Spöttl 2006, S. 4).

Wenngleich das heutige berufswissenschaftliche Methodenrepertoire noch relativ jung ist, gibt es schon seit den 1960er Jahren eine Reihe von methodischen Überlegungen.

Damals galten als berufsanalytisches Ausgangsmaterial nur jene

> *„Informationen, die direkt oder indirekt im Wege der ‚Berufs(tätigkeits)-analyse' auf entsprechend breiter Grundlage gewonnen und ausgearbeitet worden sind. Sie müssen in der Regel auf unmittelbarer Anschauung, Beobachtung, detaillierter Befragung und Anhörung berufstätiger Erwachsener an ihrem Arbeitsplatz oder in ihrem Arbeitsmilieu beruhen"* (Molle 1965, S. 16).

Heute hat die Orientierung an Arbeitsprozessen nicht an Bedeutung für die Gestaltung von Berufsbildung verloren, vielmehr ist der Betrieb mit seiner Organisation, seinen Aufgaben, Beschäftigungsstrukturen, Innovationen etc. weiterhin zentraler Bezugspunkt (vgl. Spöttl 2000).

Demzufolge erscheinen im hier gegebenen Forschungskontext *leitfadengestützte Experteninterviews* ein angemessenes Erhebungsinstrument zu sein (vgl. Spöttl 2008). Sie ermöglichen eine vergleichsweise dichte Datengewinnung gegenüber Erhebungsformen wie beispielsweise der teilnehmenden Beobachtung. Ferner bieten sie im Unterschied zu standardisierten Interviews den Vorzug, dass sie nicht die Reihenfolge der interessierenden Themen diktieren und durch ihre offene Gestaltung der Perspektive der befragten Akteure eher gerecht werden als standardisierte Interviews oder Fragebögen. Die flexible Handhabung eines Leitfadens erlaubt ein gezieltes

Nachfragen und ein informationsreiches Gespräch, ohne den Forschungs-gegenstand aus dem Blick zu verlieren (vgl. Spöttl/Windelband 2003). Als Experte befragt werden formal bzw. informell qualifizierte Ausbilder, die neben ihrem direkten Blick auf die betriebliche Ausbildungspraxis über praxisbasiertes Handlungs- und Erfahrungswissen in den hier unter-suchten Ausbildungsberufen verfügen. Deren reflektierte Subjektivität sind hier die Quellen forschungsrelevanter Daten. Diese zu erfassen gelingt nur über eine qualitative empirische Datenerhebung und bietet im Unterschied zu quantitativen statistischen Methoden die Möglichkeit, anhand einer intensiven Interpretation von Einzelfällen die Beispielhaf-tigkeit für eine größere Anzahl von Fällen herauszuarbeiten (vgl. Flick 1998, S. 308ff.). Insofern besteht das Ziel der Befragungen darin, im Ver-gleich der Interviews überindividuell-gemeinsame Wissensbestände zur Relevanz von Lesekompetenz in der betrieblichen (Ausbildungs-)Praxis herauszudestillieren.

Die Vergleichbarkeit wird dabei insbesondere durch die Teilstrukturie-rung der Leitfadeninterviews unterstützt und im Rahmen der Auswertung durch die Wahl einer entsprechenden Analysetechnik fortgesetzt.

Als geeignetes Instrument für die Auswertung der Experteninterviews er-scheint hier die *strukturierende qualitative Inhaltsanalyse* in Anlehnung an Mayring angezeigt (vgl. Mayring 2010). Diese berücksichtigt als Methode der systematischen Interpretation einerseits die Subjektivität der Befrag-ten und genügt andererseits durch ihre Regelgeleitetheit und Dokumen-tation Standards methodisch kontrollierten Vorgehens. Ausgehend vom Leitfaden wird das Kategoriensystem a-priori konstituiert und gestattet damit eine im Sinne der Forschungsfragen zielgerichtete Strukturierung und Bündelung der interessierenden Inhaltsbereiche.

Die Zahl der Experteninterviews ist auf ein realisierbares Maß zu beschränken, weil mit der Wahl dieser Erhebungsmethode ein sehr ar-beitsintensiver Vorbereitungs- und Auswertungsprozess verbunden ist. Da qualitative Untersuchungen keinen Anspruch auf Repräsentativität erheben, sondern vielmehr Typisches erfassen wollen, werden so viele Interviews geführt, bis ein deutlich erkennbarer Sättigungseffekt auftritt und keine neuen erkenntnisrelevanten Informationen gewonnen werden (vgl. Lamnek 1995, S. 92; Flick 1998). Neben diesem inhaltlichen Kriterium wird die Zahl der Interviewpartner selbstredend durch forschungspraktische Gründe wie die Verfügbarkeit und Bereitschaft potenzieller Gesprächspartner bestimmt.

Die Perspektive der Ausbilder wird sodann ergänzt um leitfadengestützte *Gruppeninterviews* mit Auszubildenden. Deren Intention besteht darin, die *subjektiv* wahrgenommene Relevanz von Lesekompetenz in betrieblichen Arbeitsprozessen zu erfassen. Im Hinblick auf die Akzeptanz und Wirksamkeit von Förderbemühungen sind subjektive Relevanzzuschreibungen seitens der Auszubildenden offenkundig als zentral einzuschätzen (vgl. Kapitel 1.1).

Zu diesem Zweck wurden sieben Gruppeninterviews mit Auszubildenden der genannten Ausbildungsberufe geführt, an denen insgesamt 32 Personen teilnahmen. Die Auswertung der Gruppeninterviews erfolgt hier aus forschungsökonomischen Gründen mithilfe von *Inventaren* (vgl. Lucius-Hoene/Deppermann 2002). Die inventarische Methode ersetzt dabei in Form von strukturierten Exzerpten die Transkripte und ermöglicht dennoch einen systematisch und intersubjektiv nachvollziehbaren Zugriff auf das Interviewdatenmaterial.

Insgesamt ist das Untersuchungsdesign durch die Forschungsstrategie der *Triangulation* geprägt. Die Triangulation soll in diesem Zusammenhang als *Validierungsstrategie* eingesetzt werden, um im Sinne einer Daten-Triangulation die Ergebnisse der Experteninterviews mit denen der Gruppeninterviews auf Konvergenz zu prüfen (vgl. Flick 2011, S. 162). Hier gilt es, die Einschätzung der Ausbilder zur Bedeutung von Lesekompetenz mit der subjektiven Wahrnehmung der Auszubildenden zu ergänzen, um ein möglichst reichhaltiges und gesichertes Bild der betrieblichen (Ausbildungs-)Realität zu erhalten.

1.3 Zum Aufbau der Arbeit

Die weitere Gliederung der Arbeit erfolgt so, dass in einem ersten Schritt der theoretische Bezugsrahmen der Arbeit geklärt wird. Dieser wird in den Kapiteln 2 und 3 entwickelt, wobei zunächst das Konstrukt Lesekompetenz (vgl. Kapitel 2) dargelegt wird. Das hier entfaltete Begriffsverständnis rekurriert einerseits auf das kognitionstheoretisch orientierte Modell der PISA-Studien (vgl. z. B. Naumann et al. 2010) und andererseits auf das kulturwissenschaftlich geprägte Modell der neueren Lesesozialisationsforschung (vgl. z. B. Hurrelmann 2002, 2010). Es wird ferner ergänzt um das Konstrukt des *funktionalen Lesens* als weitere Facette, die hier in Abgrenzung zum *studierenden Lesen* entfaltet wird (vgl. Ziegler et al. 2012).

Im Horizont dieses erweiterten Begriffsverständnisses von Lesekompetenz werden sodann die kognitionstheoretischen Grundlagen zum Verstehen multipler Darstellungen in schriftlichen Dokumenten dargelegt (vgl. Kapitel 3). Dabei erfolgt gemäß den unterschiedlichen Grundformaten von Repräsentationen eine Unterscheidung zwischen dem Verstehen kontinuierlicher bzw. diskontinuierlicher Texte (vgl. z. B. Kintsch 1998; van Dijk/Kintsch 1983; Schnotz 2011). Eine Zusammenführung beider Stränge erfolgt im *Integrierten Modell des Text- und Bildverstehens* (ITPC) (vgl. Schnotz/Bannert 2003).

Die differenzierte Aufarbeitung der kognitionstheoretischen Grundlagen stellt einen zentralen Teil innerhalb dieser Arbeit dar. Eine intensive Auseinandersetzung mit den Prozessen des Textverstehens ist für das Gesamtverständnis des Forschungsansatzes insofern notwendig, als sie die theoretische Fundierung für das Modell *funktionaler Lesekompetenz* bildet (vgl. Ziegler et al. 2012). Auf dessen Basis erfolgt die Systematisierung und Ordnung konkreter betrieblicher Leseanforderungen, die im *empirischen* Teil der Arbeit im Fokus steht. Insoweit fungiert das Modell *funktionaler Lesekompetenz* als *Konnex* zwischen den theoretischen Ausführungen zum Text- bzw. Bild-/Diagrammverstehen und der Analyse betrieblicher Leseanforderungen.

Sodann werden im Rahmen der *empirischen Studie* zunächst die methodischen Zugänge und Erhebungsinstrumente erläutert (vgl. Kapitel 4.1 bis 4.4). Kapitel 4.5 bis 4.7 dienen der forschungsmethodischen Vertiefung und stellen die Auswertungsprinzipien dar, die hinsichtlich ihrer jeweiligen Leistungen kritisch reflektiert werden, wobei hier der Schwerpunkt auf der qualitativen Inhaltsanalyse nach Mayring (2010) liegt. Anschließend wird das Forschungsfeld skizziert (vgl. Kapitel 5). Kern des empirischen Teils stellt die forschungsmethodische Deskription und Reflexion der inhaltsanalytischen Interviewauswertung dar (vgl. Kapitel 6), an die sich die Darstellung zentraler Ergebnisse anschließt (vgl. Kapitel 7). Diese knüpfen an die theoretischen Darlegungen dieser Arbeit an und dienen der Beantwortung der vier Forschungsfragen.

Ausgehend von den Ergebnissen der Forschungsfragen 1 und 2 sollen das erhobene Textmaterial bzw. die abgeleiteten Handlungsfelder analysiert werden. Die Analyse bzw. Reflexion der Lesesituationen erfolgt dabei in Anlehnung an das Modell *funktionale Lesekompetenz* (vgl. Ziegler et al. 2012) mit Bezügen zu den Grundlagen der Textverstehensforschung (vgl. Kapitel 3). Kernintention dieser mehrperspektivischen Betrachtung ist zunächst eine möglichst umfassende Systematisierung und Klassifizierung der Texte bzw. Leseanlässe im Hinblick auf spezifische Charakteristika und Anforderungen an die Facetten von Lesekompetenz.

Unter Zusammenführung der Ergebnisse zu den Forschungsfragen 1–3 sollen dann Konsequenzen (vgl. Forschungsfrage 4) für die Förderung von Lesekompetenz formuliert werden. Eine abschließende Zusammenfassung der in der Arbeit entfalteten Befunde und theoretischen Bezüge sowie eine kritische Reflexion erfolgen im Rahmen von Kapitel 8.

2 Das Konstrukt Lesekompetenz

Angesichts des skizzierten Problemhintergrundes ist zunächst einmal zu fragen, wie das Konstrukt Lesekompetenz gegenwärtig definiert werden kann. Die nachfolgenden Ausführungen rekurrieren dabei einerseits auf das kognitionstheoretisch orientierte Modell der PISA-Studien und andererseits auf das kulturwissenschaftlich geprägte Modell, das etwa zeitgleich im Kontext der neueren Lesesozialisationsforschung Mitte der 1990er Jahre entwickelt wurde. Als einander kontrastierende Ansätze liegen beiden Modellen zwar unterschiedliche Lesebegriffe, normative Begründungszusammenhänge und Forschungsziele zugrunde, im Hinblick auf (unterrichtspraktische) Förderung von Lesekompetenz erscheint aber gerade die wechselseitige Ergänzung beider Perspektiven sinnvoll. Aus diesem Grund werden nachfolgend beide Ansätze vorgestellt und die jeweiligen Akzentuierungen des Konstrukts Lesekompetenz betrachtet. Sie werden anschließend ergänzt um den Begriff der *funktionalen Lesekompetenz* (vgl. Ziegler et al. 2012) (vgl. Kapitel 3.5), der als weitere Facette das Konstrukt Lesekompetenz modelliert und dabei den berufsbildenden Bereich als zentralen Gegenstand dieser Arbeit fokussiert.

Der Begriff *Kompetenz* meint zunächst einmal ein

> *„Fähigkeitspotenzial, das einen Menschen in Bezug auf relevante Anforderungen und Ziele handlungsfähig macht"* (Hurrelmann 2010, S. 21).

Angesichts dieser Definition stellt sich die Frage nach ebendiesen Anforderungen an die Lesekompetenz bzw. ihre relevanten Ziele. Das aus der anglo-amerikanischen Forschung stammende *Literacy*-Konzept fragt nach den

> *„Basisqualifikationen, die in der modernen Gesellschaft für eine in beruflicher und gesellschaftlicher Hinsicht erfolgreiche Lebensführung unerlässlich sind"* (ebd.).

Zu eben solchen Basisqualifikationen gehören die mathematische, die naturwissenschaftliche und die *Reading Literacy*, die Lesekompetenz. In diesem Verständnis ist Lesekompetenz eine basale Kulturtechnik, die für die Partizipation an einer literalen Kultur eine unverzichtbare Voraussetzung darstellt. Damit akzentuiert das kognitionsorientierte Modell den funktionalen Aspekt und gesellschaftlich-pragmatischen Bedarf von Lesekompetenz, wenn diese in der Rahmenkonzeption der PISA-2000-Erhebung definiert wird als

> *„Fähigkeit, geschriebene Texte unterschiedlicher Art in ihren Aussagen, ihren Absichten und in ihrer formalen Struktur zu verstehen und sie in einen größeren sinnstiftenden Zusammenhang einzuordnen, sowie in der Lage zu sein, Texte für verschiedene Zwecke sachgerecht zu nutzen"* (Baumert et al. 2001, S. 22).

Für PISA 2009 erfolgte eine Erweiterung dieser Definition um die Facette der aktiven Lesepraxis, insoweit Lesekompetenz im Sinne von Reading Literacy seitdem aufgefasst wird als

> *„understanding, using, reflecting on and engaging with written texts, in order to achieve one's goals, to develop one's knowledge and potential, and to participate in society"* (OECD 2009, S. 14).

Das hier leitende Konzept des Leseengagements (*Reading Engagement*) referiert auf Arbeiten von Guthrie et al. (1999) und umfasst neben affektiven und verhaltensbezogenen Merkmalen (z. B. Interesse und Lesefreude) auch die soziale Dimension von Lesekompetenz.

Aus diesen Begriffsbestimmungen heraus entfalten sich auch die Textarten, Fähigkeitsdimensionen und Merkmalsausprägungen, die im Modell von Lesekompetenz nach PISA fokussiert werden. Im Zentrum stehen hier Informations- und Sachtexte, deren Lektüre in der Tradition der kognitionstheoretischen Ansätze zum Textverstehen als Informationsaufnahme begriffen wird. Gleichwohl wird auch hier berücksichtigt, dass Lesen als komplexe Konstruktionsleistung zu begreifen ist, bei der textimmanente Informationen aktiv mit dem Vor- und Weltwissen des Rezipienten zu einer kohärenten Bedeutungsstruktur verbunden werden (vgl. Artelt et al. 2007, S. 11). Diese Text-Leser-Interaktion wird auch in der Binnenstruktur des Konstrukts Lesekompetenz nach PISA manifest. So beschreiben die sog. *Aspekte des Lesens* die Herangehensweise an Texte und Leseaufgaben. Diese werden folgendermaßen bezeichnet und in der Rahmenkonzeption von PISA 2009 zur Bildung eigener Kompetenzskalen verwendet: (1) Informationen suchen und extrahieren, (2) textbezogenes Kombinieren und Interpretieren, (3) Reflektieren und Bewerten (vgl. Naumann et al. 2010, S. 25).

Im Unterschied zu PISA hat die neuere Lesesozialisationsforschung den Fokus stärker auf die normative Dimension von Lesekompetenz gerichtet. Sie orientiert sich damit weniger am gesellschaftlich-pragmatischen Bedarf, sondern vielmehr an dem normativen Ideal einer Subjektbildung, das gleichermaßen an die moderne Sozialisationstheorie als auch an die bildungstheoretische Tradition anknüpft (vgl. Hurrelmann 2009). Diese Vorstellung bildet sich auch in der Trias der traditionellen lesebezogenen Bildungsnormen ab, die als faktisch wirksame Zieldimensionen des Lesens identifiziert wurden und auch heute noch als persönliche und gesellschaftliche Folgefunktionen gültig sind. Lesen dient demzufolge (1) der rationalen Selbstbestimmung, (2) der existentiellen Persönlichkeitsbildung und (3) dem Erlebnisgenuss (vgl. Hurrelmann 2007, S. 22). Während die Norm der rationalen Selbstbestimmung in der gedanklichen Tradition der Aufklärung verwurzelt ist, entstammt die zweite Bildungsnorm der Bildungsphilosophie des deutschen Idealismus und Neuhumanismus. Im 19. Jahrhundert prägte sie die bürgerliche Bildungsgeschichte mit ihrer Hochschätzung von Kunst und Literatur. Der Gedanke, dass der Lektüre literarästhetischer und philosophischer Texte persönlichkeitsbildenden Charakter zugeschrieben wird, ist bis heute noch im kulturellen Leben wirksam und insbesondere für die Literaturdidaktik leitend. Die dritte lesebezogene Bildungsnorm ist jüngeren Ursprungs und erwuchs aus der Mediengesellschaft in den 1980er und 1990er Jahren. Sie akzentuiert als Erlebnisnorm den emotional-motivationalen Rezeptionsgenuss, der durch die Lektüre insbesondere literarischer Texte erfahren werden kann (vgl. Hurrelmann 2007, S. 22ff.; Hurrelmann 2009, S. 126ff.).

Im Vergleich zu PISA ist das hier skizzierte Konstrukt Lesekompetenz komplexer und vielschichtiger angelegt. Das *Literacy*-Konzept ist, bezogen auf die Trias der lesebezogenen Bildungsnormen, am ehesten der Norm *Lesen als rationale Selbstbestimmung* zuzuordnen. Lesen hat demnach einen eher instrumentellen Charakter und konzentriert sich auf die Folgefunktionen von Informationslektüre. Neben dem eher pragmatisch orientierten Modell von Lesekompetenz sensu PISA begreift die Lesesozialisationsforschung Lesen als Medium der Persönlichkeitsbildung und formuliert in diesem Sinne die Leitidee eines *gesellschaftlich handlungsfähigen Subjekts* (vgl. Hurrelmann 2002), das insbesondere durch literarisches Lesen als Ausdruck kultureller Praxis ästhetische und sprachliche Sensibilität, Empathie und Fremdverstehen zu entwickeln vermag (vgl. Hurrelmann 2010, S. 22).

In diesem Sinne eröffnet die Lektüre literarischer Werke auch die Möglichkeit der Lebensbewältigung, der Befriedigung von Unterhaltungsbedürfnissen, des ästhetischen Erlebens und nicht zuletzt der Sinnfindung und Persönlichkeitsentfaltung (vgl. Hurrelmann 1994, S. 20f.). Im Horizont dieses normativen Ideals betont die Lesesozialisationsforschung sodann, dass der Prozess des Lesens immer eine Interaktion zwischen Text und Rezipient/in darstellt, an der leserseitig nicht nur Vorwissen und kognitive Leistungskomponenten, sondern auch motivational-emotionale sowie kommunikative Fähigkeiten beteiligt sind. Nach dem Verständnis der Lesesozialisationsforschung erfordert kompetentes Lesen neben (1) kognitivem Textverständnis auch (2) Motivation und emotionale Beteiligung sowie schließlich (3) die Bereitschaft zu reflexiver Anschlusskommunikation (vgl. ebd., S. 24) und fördert damit das soziale Verstehen und die emotionale Entwicklung.

Wenngleich die Definition in der Rahmenkonzeption von PISA 2009 erweitert und modifiziert wurde, ist für das Kompetenzmodell von PISA insbesondere die kognitive Teilleistung zentral, die von der kognitionsorientierten Lesetheorie erfasst und im Rahmen dieser Arbeit besondere Berücksichtigung findet (vgl. Kapitel 3).

Zwar rekurrieren die PISA-Studien auf ein pragmatisch-funktionales Verständnis von Lesen, das nicht nur schulspezifische Fähigkeiten abbildet, doch wird betont, dass die im Rahmen von PISA entwickelten Instrumente vor allem das Lesen, um zu lernen, im Blick hätten (vgl. Naumann et al. 2010, S. 23). Angesichts der berufsspezifischen Leseanforderungen könnte es sich allerdings als erkenntnisreich erweisen, Lesekompetenz mit Blick auf die realen Anforderungen in den beruflichen Domänen zu spezifizieren. Dabei wird der präskriptive und übergreifende Charakter des Konstrukts Lesekompetenz im zuvor erläuterten Sinn keinesfalls in Frage gestellt, sondern vielmehr um einen weiteren Bezugspunkt ergänzt. Mit dem Terminus *funktionale Lesekompetenz* (vgl. Ziegler et al. 2012) soll die auf berufliche Anforderungssituationen bezogene Facette von Lesekompetenz konnotiert werden: Lesen erfolgt hier primär integriert in komplexe Handlungssituationen und verknüpft mit einer konkreten Handlungsabsicht (vgl. ebd.).

Die spezifischen Merkmale *funktionalen Lesens* werden insbesondere in Kontrastierung und Abgrenzung zum *studierenden Lesen* deutlich (vgl. Tabelle 1).

„Studierendes" Lesen	„Funktionales" Lesen
Lesen im Lernkontext	Lesen im alltäglichen und beruflichen Handlungskontext
Lesen mit Lernintention	Lesen mit Handlungsintention
umfassendes Erschließen von eher unbekannten Lerngegenständen/Themen	zielgerichtete Informationssuche zu eher vertrauten Sachverhalten
didaktische Texte	Gebrauchstexte
zentrale Funktion: Behalten	zentrale Funktion: Umsetzen
ohne Handlungsdruck	eher unter Handlungsdruck
Verarbeitungstiefe abhängig von individuellen Lernzielen	mentale Modellierung der Handlung erforderlich

Tabelle 1: Merkmale von *studierendem* und *funktionalem* Lesen (Ziegler et al. 2012, S. 4)

Studierendes Lesen bezeichnet das Lesen im Lernkontext. Charakteristisch für das studierende Lesen ist seine klare Lernintention. Hier wird primär mit dem Ziel gelesen, sich einen Textinhalt intellektuell anzueignen, d. h. ihn vollständig zu erfassen, hinzugewonnene Erkenntnisse in bestehende Wissensstrukturen zu integrieren und langfristig zu behalten. Da die Lerninhalte im Rahmen studierenden Lesens meist unbekannt sind und erst durch Lesen erschlossen werden, erweist sich die zielgerichtete Suche nach spezifischen Informationen häufig als schwierig. Das zielorientierte Aufsuchen von Informationen ist nur möglich, wenn der Lernende bereits über ein gewisses Strukturwissen zum Lerngegenstand verfügt und dieses weiter elaborieren oder verdichten möchte (vgl. Ziegler et al. 2012, S. 4f.; Rexing/Keimes/Ziegler 2013, S. 45). Dabei werden im Kontext *studierenden Lesens* häufig Texte genutzt, die didaktisch aufbereitet oder nach didaktischen Kriterien ausgewählt wurden. Sie tragen insofern zu einer vertieften Informationsverarbeitung bei und unterstützen den Aufbau eines mentalen Modells (vgl. Kapitel 3.2.2.3).

Dabei erfordert eine vertiefte Auseinandersetzung mit weitgehend unbekannten oder abstrakten Lerngegenständen einen intensiven Lernprozess und ein hohes Maß an Lernmotivation (vgl. Schiefele 1996; Schnotz/ Dutke 2004).

Im Unterschied zum *studierenden Lesen* betrifft *funktionales* Lesen das Lesen in alltäglichen und beruflichen Handlungszusammenhängen. Es zeichnet sich durch eine klare Handlungsabsicht aus. D. h., Texte werden zielgerichtet gelesen, um spezifische Informationen aufzufinden, die für die Bewältigung einer beruflichen Handlungssituation notwendig sind. In kaufmännisch-verwaltenden Berufen könnte dies z. B. der Vergleich von Kaufangeboten im Warenverkehr sein oder in gewerblich-technischen Berufen die Inbetriebnahme eines neuen Elektrogerätes anhand der entsprechenden Einbauanleitung. Dabei handelt es sich meist um vertraute Sachverhalte der beruflichen Domäne. Die zentrale Funktion des Lesens besteht insofern darin, schriftlich dargebotene Informationen in Handlung umzusetzen, z. B. das günstigere Angebot auszuwählen oder das Elektrogerät einzubauen.

Die Texte, die im Berufsleben täglich gelesen werden müssen, sind in der Darbietung häufig komplexer als Lesetexte von Schüler/innen (vgl. Bonerad/Notter/Stoll 1999, S. 119), insofern sie nicht selten eine umfassende Kombination verschiedener Textquellen darstellen. Bei berufsbezogenen Fachtexten handelt es sich oft um Texte,

„die aus einem Gesamt von schriftlichem Text, Fotos, Zeichnungen, Diagrammen, Tabellen, Grafiken etc. bestehen und die der Leser in einen logischen Zusammenhang bringen muss, um die in solchen Texten enthaltenen Informationen entnehmen und mit seinem Vorwissen in Verbindung bringen zu können" (Grundmann 2009, S. 186).

Aber auch angesichts der medialen Vielfalt, in der Informationen heutzutage dargeboten werden, ist nicht nur die sprachliche Verarbeitung reiner Fließtexte, sondern in besonderem Maße auch die Verarbeitung von Bildern bzw. Diagrammen, Tabellen und weiteren Formen schriftlicher Dokumente von großer Bedeutung (vgl. Mosenthal/Kirsch 1991; Schnotz/Dutke 2004). Daher hat sich ein erweitertes Verständnis von Lesekompetenz durchgesetzt.

Lesekompetenz entspricht demnach der

„Fähigkeit zum Verstehen von multiplen Darstellungen in schriftlichen Dokumenten, die Texte, Bilder, Diagrammen, Tabellen oder andere Arten externer Repräsentationen enthalten können" (Schnotz/Dutke 2004, S. 63).

Zusammenfassend ist festzuhalten, dass im Kontext der weiteren Arbeit das Konstrukt Lesekompetenz nach PISA bzw. der Begriff des *funktionalen Lesens* als spezifische Facette leitend sind. Ausgehend von den Forschungsfragen erscheint die Fokussierung auf dieses Begriffsverständnis insofern geeignet, als das zentrale Anliegen dieser Arbeit in der Erfassung der berufsspezifischen Relevanz von Lesekompetenz in einer ausgewählten beruflichen Domäne besteht. Hier stehen auf Basis des Forschungsstandes und der daraus entwickelten Forschungsfragen insbesondere die kognitionstheoretischen und motivationalen Implikationen des Lesens im berufsbildenden Kontext im Vordergrund, die zentral über die entsprechenden Konstrukte abgebildet werden.

3 Kognitionstheoretische Grundlagen des Text- und Bildverstehens

Das folgende Kapitel steht in der Tradition der kognitionspsychologischen Struktur- und Prozessanalyse von Lesekompetenz. Im Horizont des erweiterten Begriffsverständnisses von Lesekompetenz (vgl. Kapitel 2) handelt es sich hierbei um die Fähigkeit zum Verstehen von multiplen Darstellungen in schriftlichen Dokumenten, die gleichermaßen Texte, Bilder, Diagramme u. ä. enthalten können (vgl. Schnotz/Dutke 2004, S. 63). Diese basieren auf unterschiedlichen Zeichensystemen, denen wiederum zwei Repräsentationsformate entsprechen.

Basis der weiteren Ausführungen ist die Erläuterung der Grundformate von Repräsentationen in Kapitel 3.1. Daraufhin werden in Kapitel 3.2 zunächst Leseprozesstheorien des Textverstehens skizziert, die den Leseprozess aus einer kognitionspsychologischen Perspektive modellieren. Sie gehen beim Leseprozess davon aus, dass sich dieser auf unterschiedlichen hierarchisch geordneten Ebenen vollzieht. Die Ausführungen rekurrieren hier primär auf Arbeiten von Kintsch und van Dijk (z. B. 1983, 1988, 1998). Äquivalent dazu werden anschließend in Kapitel 3.3 die kognitiven Verarbeitungsprozesse beim Bild- und Diagrammverstehen dargelegt, die insbesondere auf Schnotz (z. B. 2005, 2011) zurückgehen.

Während das Verstehen von (kontinuierlichen) Texten seit mittlerweile vier Jahrzehnten intensiv untersucht wird, steht die Analyse des Verstehens von Bildern und Diagrammen eher noch in den Anfängen und hat weder Umfang noch Stand der Forschung zum Wissenserwerb mit Texten erreicht. Dementsprechend gibt es bislang auch erst vergleichsweise wenige Untersuchungen über die spezifischen Quellen interindividueller Unterschiede beim Verstehen von Bildern und Diagrammen (vgl. Houghton/Willows 1987; Weidenmann 1994). Dies hat mit Blick auf die weiteren Ausführungen zur Folge, dass die Darstellungen zum Textverstehen weitaus elaborierter und umfangreicher erfolgen als zum Bild- bzw. Diagrammverstehen.

Die kognitionspsychologischen Erkenntnisse zum Text- bzw. Bild-/Diagrammverstehen werden sodann in Kapitel 3.4 zusammengeführt, in dem das von Schnotz und Bannert (2003) entwickelte *Integrierte Modell des Text- und Bildverstehens* (ITPC) vorgestellt wird.

Auf der Grundlage dieser aktuellen Theoriebildung wird dann in Kapitel 3.5 das Modell bzw. Instrument zur Erfassung funktionaler Leseanforderungen (vgl. Ziegler et al. 2012) skizziert. Dieses stellt wiederum die Basis für die Systematisierung und Ordnung konkreter betrieblicher Leseanforderungen dar, die im empirischen Teil der Arbeit im Fokus steht.

3.1 Repräsentationsformate

Texte, Bilder und Diagramme basieren auf unterschiedlichen Zeichensystemen, wobei in Anlehnung an Peirce (1906) Symbolzeichen und ikonische Zeichen voneinander unterschieden werden.

Symbolzeichen haben eine arbiträre Struktur und sind mit dem Bezeichneten durch eine Konvention verknüpft (z. B. die Laut- und Schriftzeichen der natürlichen Sprache), wie Schnotz anhand des folgenden Beispiels illustriert:

> *„The word **bird** for example, has no similarity with a real bird. It is a symbol, and its meaning is based on a convention."* (Schnotz 2005, S. 52)

Ikonische Zeichen hingegen besitzen keine arbiträre Struktur. Sie sind vielmehr mit dem bezeichneten Gegenstand durch Ähnlichkeit oder abstraktere strukturelle Gemeinsamkeiten verknüpft wie beispielsweise Bilder, Plastiken und Diagramme. Letztere besitzen zwar keine Ähnlichkeit mit dem Dargestellten, sind jedoch mit ihm durch gemeinsame Strukturmerkmale (Analogierelation) verknüpft und repräsentieren ihren Gegenstand aufgrund dieser strukturellen Gemeinsamkeiten. Beispielsweise können in einem Liniendiagramm durch räumliche Distanzen auch nichträumliche Merkmale wie etwa Zeitintervalle, Populationsgrößen und Ähnliches repräsentiert werden. Bilder sind demnach durch eine konkrete Ikonizität, Diagramme hingegen durch eine abstrakte Form der Ikonizität charakterisiert (vgl. Schnotz 1994, S. 108).

Diesen unterschiedlichen Zeichensystemen (Symbole, ikonische Zeichen) entsprechend lassen sich zwei grundsätzlich verschiedene Arten der Repräsentation differenzieren: *deskriptionale* Repräsentationen und *depiktionale* Repräsentationen (vgl. Schnotz/Bannert 2003; Schnotz/Dutke 2004).

Durch eine deskriptionale Repräsentation wird ein Sachverhalt mithilfe von Symbolen beschrieben (z. B. kontinuierliche Texte wie Zeitschriften- und Zeitungsartikel). Depiktionale Repräsentationen wie beispielsweise Bilder oder Diagramme enthalten keine solchen expliziten Relationszeichen. Sie besitzen vielmehr inhärente Struktureigenschaften, die mit bestimmten Struktureigenschaften des darzustellenden Sachverhalts übereinstimmen.

Deskriptionale Repräsentationen sind in besonderer Weise geeignet, *abstrakte* Sachverhalte zu vermitteln, wie Schnotz mithilfe des folgenden Beispiels aufzeigt:

> „*For example, it is no problem to say a sentence like ‚The Marsh Harrier feed on mammals or reptiles,‘ which connects abstract concepts (e.g., mammals, reptiles) by a disjunctive or.*" (Schnotz 2005, S. 52)

Gälte es, dieselbe Aussage (nämlich dass sich die Rohrweihe von Säugetieren oder Reptilien ernährt) mithilfe einer depiktionalen Repräsentation zu vermitteln,

> „*it is only possible to show a specific mammal (e.g., a mouse) or a specific reptile (e.g., a lizard). The disjuctive or cannot be represented by only one picture. It requires a series of pictures (e.g., one picture showing the bird eating a mouse and another picture showing the bird eating a lizard).*" (Schnotz 2005, S. 52)

Andererseits unterstützen depiktionale Repräsentationen die Bildung von Inferenzen, da neue Informationen häufig direkt von einer Abbildung, einem Diagramm o. ä. abgelesen werden können. Bezogen auf das Beispiel der Rohrweihe wäre es möglich, anhand einer bildlichen Darstellung, die den Greifvogel zeigt, wie er beispielsweise eine Maus frisst, Informationen z. B. über seine Gestalt, über Größenverhältnisse der Tiere etc. zu entnehmen (vgl. Kosslyn 1994).

3.2 Textverstehen

Leseverstehen als aktiver Konstruktionsprozess

Lange Zeit wurde Lesen im Rahmen eines deterministischen Kommunikationsmodells als spiegelbildliches Dekodieren von Textbedeutungen durch die Leser/innen verstanden (vgl. Gough 1972). Diese Vorstellung einer eher passiven, quasi mechanischen Textrezeption wurde zwischenzeitlich durch Modelle der kognitivaktiven Konstruktivität des Leseprozesses von Seiten der Rezipienten/innen abgelöst. Demzufolge ist Lesen heutzutage vielmehr als eine aktive Konstruktionsleistung aufzufassen, bei der Textinformationen aktiv mit dem Vor- und Weltwissen der Rezipienten/innen verknüpft werden (vgl. Artelt et al. 2007, S. 11).

Der Prozess des Lesens ist als eine solche Text-Leser-Interaktion einerseits ein textgeleiteter Konstruktionsprozess, andererseits als ein vom Welt- und Sprachwissen gesteuerter, konzept- und erwartungsgeleiteter Integrationsprozess (vgl. Richter/Christmann 2002, S. 27). Die kognitive Konstruktivität besteht demzufolge darin, einerseits sprachlich vermittelte Informationen einzelner Wörter und Sätze in einem aufsteigenden Verarbeitungsprozess mit den umgebenden Informationen des Kontextes in Verbindung zu bringen (*bottom-up*) und andererseits die aufgenommenen semantischen und syntaktischen Strukturen in einem absteigenden Verarbeitungsprozess in Relation zu eigenen Erfahrungen, Vorwissensbeständen und Emotionen zu integrieren (*top-down*) (vgl. Christmann/ Groeben 2006, S. 147; Groeben 1982, S. 48ff.; Hermann/Grabowski 1994, S. 291ff.; Hörmann 1976, S. 179ff.). Leseverstehen erschöpft sich also nicht in einer isolierten Rekonstruktion der Bedeutung im Text explizit enthaltener Informationen, sondern bedarf gleichermaßen der Konstruktion vorwissensgestützter Inferenzen (der/die Rezipient/in erschließt fehlende Informationen auf der Grundlage des allgemeinen Weltwissens). Als kommunikativer Akt der Sinnkonstruktion erfassen wir aus psycholinguistischer Perspektive

> *„im Vorgang des Verstehens nicht nur Informationen, wir schaffen auch Information, nämlich jene Information, die wir brauchen, um die Äußerung in einen sinnvollen Zusammenhang stellen zu können."* (Hörmann 1980, S. 27)

Insofern ist der Prozess des Lesens als Textverarbeitung durch eine kontinuierliche Reziprozität und Interaktion zwischen Textinformationen und Rezipient/in gekennzeichnet.

3.2.1 Leseprozesse auf Wort-, Satz- und Textebene

Auf der Grundlage der Erkenntnis, dass die Verarbeitung sprachlicher Informationen einen konstruktiven Akt der Sinngebung darstellt, haben sich zu Beginn der 1970er Jahre kognitionspsychologische Ansätze zur Textverarbeitung entwickelt. Zwar liegt bis heute keine einheitliche kognitionspsychologische Theorie zur Textverarbeitung vor, doch bestehen verschiedene, z. T. sich überlappende oder aufeinander aufbauende Ansätze und Modellentwürfe, die jeweils bestimmte Aspekte des Verarbeitungsprozesses akzentuieren. Übereinstimmend wird in der Kognitionspsychologie heute davon ausgegangen, dass Leser/innen einen Text auf verschiedenen Dimensionen bzw. Ebenen repräsentieren, d. h. beim Textverstehen multiple mentale Repräsentationen bilden (vgl. van Dijk/Kintsch 1983; Graesser/Millis/Zwaan 1997; Schnotz 1994; Zwaan/Radvansky 1998). Unterschieden werden u. a. die Repräsentation der Textoberfläche, die propositionale Repräsentation und das mentale Modell (*Situationsmodell*).

Aus kognitionspsychologischer Perspektive besteht Lesen als komplexer und beziehungsreicher Vorgang der Bedeutungsaufnahme aus mehreren flexiblen Teilprozessen, die sich auf der Wort-, Satz- und Textebene vollziehen (vgl. Christmann/Groeben 2006). Auf der Ebene der Buchstaben- und Worterkennung (Repräsentation der Textoberfläche) finden okulomotorische und perzeptuelle Prozesse statt, auf denen Prozesse der Wortidentifikation, der phonologischen Dekodierung und der lexikalischen Zuordnung basieren. Auf der Satz- und Textebene (propositionale Repräsentation bzw. mentales Modell) ist von Prozessen auszugehen, die die semantischen und syntaktischen Bezüge zwischen Teilausdrücken herstellen und durch die Integration von Vorwissen und Teilinformationen zu einer Bedeutungskonstruktion des Textes, der eigentlichen *Sinnstiftung*, führen (vgl. Aust 2003, S. 525). Wenngleich sich die vorliegenden Theorien darin unterscheiden, wie sie das Zusammenspiel der unterschiedlichen Ebenen modellieren, ist ihnen jedoch gemeinsam, dass sie vom Modell des/der erfahrenen Lesers/Leserin ausgehen, dessen/deren Dekodierfähigkeiten bereits sehr gut ausgeprägt sind und der/die schon über fundiertes Weltwissen verfügt.

Nachfolgend sollen die einzelnen Ebenen und Phasen des beschriebenen Interaktionsverhältnisses im Leseprozess elaboriert werden, indem aktuelle theoretische Modelle und empirische Belege für die kognitiv-konstruktive Text-Leser-Interaktion unter der Perspektive des Leseprozesses ausdifferenziert werden. Die einzelnen Verarbeitungsvorgänge werden dabei im Horizont der Frage beleuchtet, wie im Leseprozess eine semantische Textbedeutungsstruktur entwickelt wird. Wenngleich alle Ebenen des Leseprozesses zumindest in Grundzügen skizziert werden, liegt der Fokus der Ausführungen auf der Betrachtung der Satz- und Textebene. Dabei wird insbesondere das Leseprozessmodell der Kognitionsforschung sensu Walter Kintsch fokussiert, das, gleichwohl es nicht völlig unumstritten ist, aus theoretischen, wissenschaftskriterialen und forschungspraktischen Gründen als gut elaboriert und anerkannt gilt. Im Zentrum stehen dabei die grundlegenden Prozesse der mentalen Kohärenzbildung als Kernkonzept neuerer Verstehenstheorien, die für den Aufbau unterschiedlicher Textrepräsentationen bedeutsam sind.

3.2.1.1 Wortebene

Der Leseprozess beginnt mit einem primär visuellen Verarbeitungsvorgang, in dem Buchstaben und Wörter identifiziert und Wortbedeutungen erfasst werden. Die Umsetzung von Graphemen in Phoneme setzt dabei die Technik des Dekodierens (des Entschlüsselns von Buchstaben und Wörtern) voraus. Als reine Lesefertigkeit ist sie allerdings nicht ausreichend, um die Bedeutung eines Satzes zu erschließen, und unterscheidet insofern lediglich Leser/innen von Nichtleser/innen (vgl. Richter/ Christmann 2002, S. 29). Die Frage, wie der Prozess der Buchstaben- und Wortidentifikation im Einzelnen erfolgt, wird im Rahmen von zwei grundsätzlich unterschiedlichen Positionen diskutiert: So geht Gough (1972) etwa von einer seriellen Verarbeitungsweise aus, bei der einzelne Buchstaben von links nach rechts identifiziert werden, während Smith (1971) die Verarbeitung von Wörtern als ganzheitliche visuelle Muster unterstellt. Beide Modelle konnten sich in dieser Ausschließlichkeit nicht halten. Die serielle Verarbeitung von Buchstabenfolgen ließ sich bereits durch Befunde von Cattell (1986), der den *Wortüberlegenheitseffekt* beschrieben hat, widerlegen. Dieser Effekt konnte empirisch repliziert werden (vgl. z. B. Reicher 1969). Demnach werden in Wörter eingebettete Buchstaben leichter erkannt als isolierte Buchstaben oder Buchstaben von sog. Unsinnswörtern oder Nichtwörtern (zufällige Buchstabenkombinationen) (vgl. auch Rayner/Pollatsek 1989, S. 78ff.). Aber auch das von Smith angenommene Modell, dass Wörter als visuelle Muster gespeichert sind, erwies sich als nicht erklärungsmächtig. So zeigte sich in Untersuchungen, dass Leser/innen Wörter trotz typografischer Abweichungen von einem Standardformat identifizieren konnten. Daher besteht heute weitgehend Konsens darüber, dass der visuelle Identifizierungsprozess nicht auf konkreten Buchstabenformen, sondern abstrakten Buchstabeneinheiten in paralleler Verarbeitung basiert (vgl. Coltheart 1981; Rayner/Pollatsek 1989).

Das prominenteste Modell der Wortidentifikation, das die skizzierten Schwierigkeiten der frühen Ansätze überwindet und darüber hinaus den häufig konstatierten Wortüberlegenheitseffekt zu erklären vermag, ist das interaktive Aktivationsmodell von McClelland und Rumelhart (1981). Danach ist der Wortidentifikationsprozess durch eine Interaktion zwischen gegenseitiger Hemmung und Aktivierung von gespeicherten grafischen Merkmalen, Buchstaben und Wörtern gekennzeichnet. Der Prozess der Worterkennung beginnt zunächst mit der grafischen Analyse einzelner Buchstaben. Dabei lösen in einem ersten Schritt die Merkmale, die einem bestimmten im Gedächtnis gespeicherten Buchstaben entsprechen, eine Aktivierung aus. Zeitgleich werden Buchstaben, bei denen die thematischen Merkmale geringer ausgeprägt vorliegen, unterdrückt. In einem zweiten Schritt lösen die stark aktivierten Buchstaben diejenigen Wörter aus, in denen sie enthalten sind, die ihrerseits wieder solche Wörter hemmen, die die betreffenden Buchstaben in geringerem Ausmaß enthalten. Ein Wort ist dann identifiziert, wenn das Aktivierungsniveau einen bestimmten Schwellenwert übersteigt. Der beschriebene Wortüberlegenheitseffekt lässt sich auf der Grundlage dieses Modells nun folgendermaßen erklären: In Wörtern eingebundene Buchstaben werden schneller dekodiert als isolierte Buchstaben, weil sie sowohl auf Buchstaben- als auch auf Wortebene eine Aktivierung erfahren.

Nach Christmann und Groeben (2006) stößt das Aktivationsmodell bei der Identifikation von Wörtern an seine Grenze, die nicht als Einheit in einem mentalen Lexikon eingetragen sind. Mit diesem Modell kann weder das Erkennen von unbekannten Wörtern oder Komposita noch die Identifikation verschiedener Flexionsformen erklärt werden. Insofern wird angenommen, dass es neben einem direkten Zugang für im Lexikon gespeicherte Wörter auch einen indirekten Pfad über das phonologische System gibt (vgl. Seidenberg et al. 1984).

Als dritte Möglichkeit der Worterkennung sei auf das sequentielle Zugangsmodell verwiesen, das auf der Kodierung morphologischer Strukturen von Wörtern gründet (vgl. Taft/Forster 1975; Taft 1986; Feldmann 1991). Nach diesem Modell umfasst das mentale Lexikon sowohl morphologische Formmerkmale (auf der Grundlage abstrakter Buchstaben) als auch Inhaltsmerkmale. Der lexikalische Input wird im Prozess der Wortidentifikation in morphologische Einheiten zergliedert, wobei zunächst das Stamm-Morphem im Lexikon identifiziert wird. Anschließend werden die Präfixe und Suffixe unter Rückgriff auf spezielle Regeln analysiert (z. B. singen hat *sing* als Stamm-Morphem und *en* als Suffix). Nachweislich hängt die Zeit für das Erkennen eines Wortes von der Häufigkeit des Stamm-Morphems, nicht von der Häufigkeit des vollständigen Wortes ab (vgl. Taft 1979). Ferner kann die psychologische Bedeutsamkeit der morphologischen Struktur durch Untersuchungen belegt werden, die einen stärkeren Voraktivationseffekt für morphologisch verwandte Wörter (z. B. Maler – malen) als für morphologisch nicht-verwandte Wörter (z. B. Maler – tanzen) aufzeigen. D. h., bei der Vorgabe von Wörtern wie beispielsweise *Käufer, Kauf, Verkauf* (Vorreiz) ist die Erkennungszeit für ein kurz darauf folgendes morphologisch verwandtes Wort wie *kaufen* (Zielreiz) kürzer als für ein morphologisch nicht-verwandtes Wort wie *schreiben*. Aufgrund dieser kürzeren Erkennungszeit bei morphologisch verwandten Wörtern wird angenommen, dass morphologische Form-merkmale im Lexikon gespeichert sind. Auch für das Identifizieren von Komposita wurde ein solches morphologisches Dekompositionsmodell angenommen, wobei für jedes Stamm-Morphem ein Eintrag im mentalen Lexikon vorausgesetzt wird (vgl. z. B. Feldman 1991).

Zusammenfassend lässt sich festhalten, dass dem Leser/der Leserin bei der Wortidentifikation drei Möglichkeiten offen stehen: (1) der direkte visuelle Zugang über eine Aktivationsausbreitung für Wörter, die bereits im mentalen Lexikon eingetragen sind, (2) der indirekte Zugang über das phonologische System sowie für unbekannte und komplexe Wörter (3) ein Zugang über die morphologische Struktur (vgl. Christmann/Groeben 2006, S. 151).

Da im natürlichen Leseprozess Wörter nicht isoliert, sondern immer in einem weiteren sprachlichen Kontext verarbeitet werden, stellt sich analog zum *Wortüberlegenheitseffekt* die Frage nach dem Einfluss des Kontextes auf die Worterkennung. Die Forschungsbemühungen zum sog. *Satzüberlegenheitseffekt* haben zur Herausbildung von zwei kontroversen Theoriepositionen geführt, die sich primär darin unterscheiden, wie das Zusammenspiel der Ebenen des Leseprozesses modelliert wird: die inter-aktiven und die modularen Ansätze. Interaktive Modelle (vgl. z. B. das Logogen-Modell von Morton 1969, 1979) gehen dabei von der Annahme aus, dass sich die am Lesevorgang beteiligten Teilsysteme weitgehend par-allel oder in zeitlicher Überlappung vollziehen und höhere Verarbeitungs-prozesse bereits einsetzen, bevor die Verarbeitung auf niedrigeren Ebenen abgeschlossen ist (vgl. Herrmann 1990, S. 297). Insofern unterstellen sie, dass sich der sprachliche Kontext erleichternd auf die Wortidentifikation auswirkt. Die modularen Ansätze (vgl. Fodor 1983) hingegen lehnen die Parallelitätsannahme ab und postulieren grundsätzlich voneinander unabhängig agierende, autonome Teilsysteme. Danach setzen höhere Verarbeitungsprozesse erst dann ein, wenn die Verarbeitung auf einer niedrigeren Ebene (Wortidentifikation) abgeschlossen ist. Der lexikalische Zugriff erfolgt demnach gemäß dem Merkmal der informationellen Eingekapseltheit über ein lexikalisches Modul, das nicht mit anderen Modulen interagiert. Insofern sollte sich der Kontext nach der Modularitätsthese nicht erleichternd auf den lexikalischen Zugang auswirken (vgl. Christmann/Groeben 2006, S. 151).

Die Frage nach dem Einfluss des Kontextes auf die Wortidentifikation wurde u. a. im Rahmen von Untersuchungen zur Verarbeitung von Homonymen, also lexikalisch ambigen Wörtern (z. B. Bank: Sitzgelegenheit vs. Geldinstitut; Ball: kugelförmiges Spielgerät vs. feierliches Tanzvergnügen), geprüft. So haben Simpson und Krueger (1991) nachweisen können, dass abhängig vom gegebenen Kontext die passende Wortbedeutung schneller aktiviert wird als die nicht-passende Bedeutung. Folgt man der Modularitätsthese, sollte der sprachliche Kontext jedoch keinen Einfluss haben. In diesem Sinne wird angenommen, dass beide Bedeutungen aktiviert und so lange im Kurzzeitgedächtnis verfügbar gehalten werden, bis die Mehrdeutigkeit durch den Kontext aufgelöst werden kann (Desambiguierung). Diese Annahme wird durch Untersuchungen gestützt, die zeigen, dass sich die Reaktionszeiten für das Erkennen kontextangemessener bzw. -unangemessener Bedeutungen (für eine Desambiguierung) nicht unterscheiden und dass auch dann beide Bedeutungen aktiviert werden, wenn eine Bedeutung dominant ist (vgl. Onifer/Swinney 1981; Seidenberg et al. 1982).

Die empirische Befundlage scheint auf den ersten Blick uneinheitlich zu sein. Differenziertere Analysen haben jedoch gezeigt, dass der vermeintliche Widerspruch auflösbar ist. So beeinflussen sowohl die Stärke und Art des Kontextes als auch die Häufigkeit der jeweiligen Wortbedeutungen, ob eine oder beide Wortbedeutungen aktiviert werden (vgl. Duffy/Morris/ Rayner 1988; Gorfein/Bubka 1989; Tabossi 1988). Bieten der Kontext und die Häufigkeit der Wortverwendung ausreichend Unterstützung für eine

Interpretation, wird nur eine Bedeutung aktiviert; lassen die beiden Faktoren unterschiedliche Interpretationen zu, dann werden beide Bedeutungen aktiviert (Kawamoto 1993; zusammenfassend: Carpenter/Miyake/Just 1995). Die Verarbeitung erweist sich offensichtlich bereits auf Wortebene als ein sehr viel flexiblerer Prozess, als es von den einzelnen Modellen angenommen wird (vgl. Christmann/Groeben 2006, S. 152).

3.2.1.2 Satzebene: Das Zusammenspiel von Semantik und Syntax

Die Identifikation von Wörtern und das Erkennen der Wortbedeutung allein sind nicht ausreichend, um einen Satz semantisch zu verarbeiten, d. h. seine Bedeutung zu verstehen/erfassen. Vielmehr gehen kognitionspsychologische Theorien übereinstimmend davon aus, dass Wortfolgen (aufgrund ihrer semantischen Relationen) aufeinander bezogen und in ein strukturiertes Gesamtgefüge integriert werden. Das bedeutet, auf der Satzebene müssen semantische und syntaktische Relationen zwischen Syntagmen hergestellt und zu Bedeutungseinheiten zusammengefügt werden.

Propositionen

Der Bedeutungsgehalt von Sätzen wird in Anlehnung an das Prädikatenkalkül der formalen Logik in Form von Prädikat-Argument-Strukturen, sog. *Propositionen*, repräsentiert, wobei die Bedeutungen dieser Bezeichnungen nicht im landläufigen Sinn aufgefasst werden dürfen (vgl. Bremerich-Vos/Wieler 2003, S. 17).

Vielmehr wird *„(e)ine Proposition [...] als kleinste Bedeutungseinheit verstanden, die als selbständige Behauptung oder Aussage stehen kann"* (Schiefele 1996, S. 93) und die semantische Struktur des Textes repräsentiert (vgl. Kintsch 1998).

Propositionen bestehen aus einem relationalen Term, d. h. einem Prädikat (Zustände, Ereignisse, Eigenschaften), das ein oder mehrere implizierte

Argumente (Objekte, Personen, Sachverhalte) verknüpft und ihren Zusammenhang organisiert (vgl. Fillmore 1968, S. 24f.). Argumente können in Anlehnung an die von Fillmore (1968) und Chafe (1970) entwickelte Kasus-Grammatik thematische Rollen in einem Satz übernehmen. Fillmore differenziert dabei die Kasus (1) Agent als Auslöser einer Handlung, (2) Instrument als unbelebtes Mittel, mit dem eine Handlung ausgeführt wird, (3) Dativ als Betroffener einer Handlung, (4) Objektiv als betroffener Gegenstand einer Handlung, (5) Faktitiv (Verbergänzung) und (6) Lokativ (räumlich-örtliche Gegebenheiten). Eine ähnliche Unterscheidung nimmt Chafe (1970) vor, wenn er die Kasus (1) Agent, (2) Patient, (3) Wahrnehmender, (4) Benefizient, (5) Instrument und (6) Komplement gegeneinander abgrenzt (vgl. Christmann/Groeben 2006, S. 153). Die psychologische Bedeutsamkeit der Prädikat-Argument-Struktur liegt in der Annahme, dass es sich hierbei nicht um sprachliche, sondern um kognitive Bedeutungseinheiten handelt, die die Struktur unseres Wissens von der Welt abbilden (vgl. ebd.). Nach Befunden aus der empirischen Satzverarbeitungsforschung (vgl. z. B. Engelkamp 1973; Kintsch/Keenan 1973; Raue/Engelkamp 1977) gilt es als erwiesen, dass im Verarbeitungsprozess einzelne Satzelemente zu propositionalen Einheiten integriert werden.

Bei der semantischen Verarbeitung eines Satzes werden die Prädikat-Argument-Strukturen aus der zugrunde liegenden Satzstruktur herausgelöst. Durch die Transformation des Textes in Propositionen ergibt sich auch eine relative Nähe zur linguistischen Struktur des betreffenden Textes. Diese propositionale Repräsentation des Textes wird als sog. Tiefenstruktur von Sätzen bezeichnet, die sich beispielsweise darin zeigt, dass Prädikate an der Satzoberfläche als Verben, Adjektive oder Adverbien realisiert sein können (vgl. Christmann/Groeben 2006, S. 153). Prädikate und Argumente sind demnach Konzepte, also Bedeutungen, Referenten oder Denotate von Wörtern, und repräsentieren den dargestellten Textinhalt eher indirekt. Um zu verdeutlichen, dass es sich nicht um Wörter, sondern um Propositionen und die Relationen zwischen tiefenstrukturellen Wortkonzepten handelt, werden die Wortkonzepte in Majuskeln notiert (s. u.).

Im natürlichsprachlichen Satz *„Der Junge wirft den Ball.“* ist *werfen* das Prädikat, welches mindestens zwei Argumente impliziert: den Agenten (derjenige, der wirft) und das Objekt (welches geworfen wird). Der Agent im Beispielsatz wäre *Junge* und das Objekt *Ball*. Dieser Sachverhalt lässt sich beispielsweise durch die Proposition

(1) WERFEN (Agent: JUNGE, Objekt: BALL)

repräsentieren: Sie symbolisiert, dass zwischen den durch die Propositionsargumente JUNGE und BALL repräsentierten Referenten eine bestimmte Relation besteht, die durch das Propositionsprädikat WERFEN spezifiziert ist. Solche vergleichsweise einfachen Propositionen, *„atomic propositions"* (Kintsch 1998, S. 37), können wiederum Bestandteile von umfassenderen Propositionen, sog. *„complex propositions"* (ebd., S. 38), sein. Sie abstrahieren vom Wortlaut und der genauen syntaktischen Struktur der Sätze und stellen eine mentale Repräsentation des propositionalen semantischen Gehalts dar. Propositionale Repräsentationen sind damit weniger an den linguistischen Eigenschaften des Satzes als an dessen Inhalt interessiert. Dies spiegelt sich auch in den Notationssystemen wider, mit deren Hilfe Propositionen abgebildet werden können. So werden Propositionen konventionell meist in Großbuchstaben als (1) Wortliste repräsentiert oder in Form einer (2) grafischen Darstellung (vgl. Abbildung 2) abgebildet:

(2)

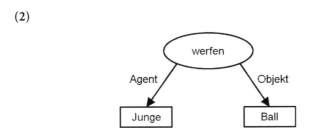

Abbildung 2: Grafische Darstellung einer Proposition *(eigene Darstellung)*

Bei der Notation in Großbuchstaben werden die Argumente in runden Klammern hinter dem Prädikat notiert und durch Komma voneinander getrennt. Bei der grafischen Darstellung werden die Relationen und Argumente als Knoten abgebildet. Das Prädikat ist durch beschriftete Pfeile mit seinen Argumenten verbunden. Trotz der unterschiedlichen Repräsentationsformate ist die inhaltliche Bedeutung beider Darstellungsweisen identisch. Auf diese Weise können Texte systematisch in Propositions-listen umgewandelt werden, die die semantische Struktur eines Textes wiedergeben.

Eine ausschließlich semantische Analyse ist für den Verstehensprozess nicht immer ausreichend, sondern muss durch eine syntaktische Analyse ergänzt werden. Dazu müssen Wörter identifiziert werden, die eine be-stimmte syntaktische Funktion übernehmen. Die Abfolge der Inhaltswör-ter bietet dem Leser/der Leserin in der Regel eine gute Orientierung. In einem einfachen Aussagesatz des Deutschen (z. B. *„Das Mädchen streichelt den Hund."*) steht meist am Anfang das Subjekt, in der Mitte das Verb und am Ende das Objekt (vgl. Herrmann 1990). Eine solche *kanonische Sen-toid-Strategie* reicht oftmals aus, um eine eindeutige Prädikat-Argument-Struktur zu konstruieren. Dass sich diese Strategie allerdings nicht in allen Fällen für eine eindeutige syntaktische Analyse als nützlich erweist, lässt sich leicht am Beispiel von Passiv-Konstruktionen zeigen. Aus diesem Grund hat die syntaxorientierte Psycholinguistikforschung zur vollstän-digen Analyse von Sätzen eine Reihe weiterer Segmentierungsvarianten, sog. *Parser*, entwickelt. Zu den prominentesten dieser Parser gehören beispielsweise die *Übergangsnetzwerke* von Woods (1970) und Wanner (1980) oder die *minimale Anbindung* und *späte Schließung* (vgl. Rayner/Pollatsek 1989, S. 245ff.).

Uneinigkeit herrscht in der Literatur insbesondere darüber, welche Be-deutung die syntaktische und semantische Analyse im Rezeptionsprozess hat. Die zentrale Frage besteht darin, ob der Syntax bei der Satzsegmen-tierung Priorität zukommt oder ob von einer Interaktion zwischen Syn-tax und Semantik auszugehen ist. Die autonome Syntaxtheorie folgt der Modularitätsthese und nimmt an, dass die syntaktische Verarbeitung der semantischen Verarbeitung vorausgeht und von dieser unabhängig erfolgt (z. B. Garfield 1989). Demgegenüber postuliert die interaktionistische Syntaxtheorie eine weitgehend parallele Verarbeitung, bei der die Analyse der syntaktischen Strukturen beeinflusst wird durch den pragmatischen und semantischen Kontext sowie vom Weltwissen der Rezipienten/innen (vgl. Altmann/Steedman 1988; McClelland/St. John/Taraban 1989). Unter Rekurs auf ältere und neuere psycholinguistische Studien ist insgesamt anzunehmen, dass vorrangig semantische Sinnstrukturen aufgebaut werden, die allerdings insbesondere bei komplexen und mehrdeutigen Sätzen durch eine Syntaxanalyse unterstützt werden (vgl. Christmann/Groeben 2006, S. 157).

3.2.1.3 Textebene: Satzübergreifende Integrationsmechanismen

Da ein Text ein kohärentes Ganzes bildet (vgl. Halliday/Hasan 1976; Rickheit/Strohner 1999) und zusammenhängende Sachverhalte beschreibt, bestehen auch zwischen den Propositionen einzelner Sätze entsprechende Zusammenhänge (vgl. van Dijk 1980a, 1980b). Nachdem der Leser/die Leserin Propositionen aus der zugrundeliegenden Satzstruktur extrahiert hat, müssen in einem weiteren Schritt die Inhalte einzelner Sätze aufeinander bezogen, verknüpft und in einen sinnvollen Zusammenhang gebracht werden. Die mikropropositionalen Verknüpfungen, die den semantischen Relationen zwischen den unmittelbar aufeinanderfolgenden Sätzen entsprechen, konstituieren die sog. lokale Kohärenz. Der Prozess der Kohärenzbildung gelingt umso besser, je kohärenter der zugrundeliegende Text ist, d. h. je mehr Hinweise er enthält, wie die Sätze des Textes sprachlich durch lexikalische und grammatische Mittel miteinander verknüpft und im Leseprozess zu einer semantischen Einheit zu integrieren sind (vgl. Christmann/Groeben 1996b, S. 157). Kohärenzbeziehungen können durch verschiedene semantische und syntaktische Mittel hergestellt werden. Die einfachste Form der Kohärenz ist die Koreferenz, zu der beispielsweise die Wortwiederholung (Rekurrenz), die Wiederaufnahme von Satzteilen durch sog. Pro-Formen (z. B. *dies, das, so*) und die pronominale Koreferenz gehören (vgl. Christmann/Groeben 2006, S. 158). Die Verarbeitungsrelevanz verschiedener Koreferenzarten wurde in einer Reihe von Arbeiten nachgewiesen. So konnte beispielsweise belegt werden, dass sich insbesondere die Wortwiederholung für die Verarbeitung des nachfolgenden Satzes erleichternd auswirkt, wenn das entsprechende Wort im ersten Satz in der Objekt- und im zweiten Satz in der Subjektposition steht (vgl. Yekovich/Walker/Blackman 1979; *zusammenfassend* Rickheit/Strohner 1993).

Eine globale Strategie des Koreferierens und syntaktische Integrationshilfe stellt die Thema/Rhema-Strategie – auch als Topic/Comment-Strategie bezeichnet – dar (vgl. Grimes 1975; Halliday 1980). Das Thema (Topic) eines Satzes ist die bereits bekannte, erwähnte oder durch den Kontext vermittelte Information. Es gibt an, worüber in dem betreffenden Satzteil etwas gesagt wird. Das sog. Rhema (Comment) gibt an, was über das Thema (Topic) gesagt wird, also worauf innerhalb der vorhandenen mentalen Repräsentation das Rhema zu beziehen ist. Bei der Behandlung eines bestimmten Themas konstruiert der Leser/die Leserin demnach eine topic-spezifische mentale Teilstruktur, die von Satz zu Satz mitgetragen und sukzessive angereichert wird, solange der betreffende Topic beibehalten wird (vgl. Schnotz 1987, S. 10). Das gedankliche Mittragen dieser topic-spezifischen Teilstruktur führt dann zu einem sog. *Sinnfluss* (vgl. z. B. Chafe 1979), weshalb Voss (1978) in diesem Kontext auch von den Teilstrukturen als *flowing chunks* spricht. Die empirische Befundlage bestätigt, dass Sätze schneller verarbeitet werden, wenn das Thema eines Satzes als Rhema des nachfolgenden Satzes aufgenommen wird, als wenn Sätze eher indirekt miteinander verbunden sind (vgl. Haviland/Clark 1974).

Neben den angeführten syntaktischen und semantischen Relationsarten, die dem Leser/der Leserin Hinweise geben, wie Sätze auf lokaler Ebene miteinander verknüpft werden können, gibt es auch auf der Ebene der globalen Textstruktur entsprechende Signale zur Integration von Textinformationen. Zu diesen gehören beispielsweise die sog. Topic-Indikatoren, die den Beginn eines neuen Themas, seine Fortsetzung oder Beendigung kennzeichnen (vgl. Schnotz 1994), oder sog. rhetorische Relationen als Markierung eines Themas im Gesamtkontext (vgl. Meyer 1975). Mithilfe von rhetorischen Relationen wie einführenden Sätzen, zusammenfassenden Aussagen oder Beispielen kann nachweislich die qualitative Behaltensleistung nach dem Lesen verbessert werden (vgl. Loman/Mayer 1983; Lorch et al. 1993).

Darüber hinaus können auch mikro- und makrotypografische Gestaltungsmittel Hinweise geben, wie Textteile auf der Ebene der globalen Textorganisation aufeinander zu beziehen sind und zu globaler Kohärenz führen (zusammenfassend: vgl. Ballstaedt et al. 1981; Groeben 1982;

Günther 1988; zur Beeinflussung des Leseprozesses: vgl. Hartley 1987, 1994; Waller 1987). Allerdings erweist sich die empirische Befundlage zu den Wirkeffekten solcher Markierungen als uneinheitlich. Aus einer differenzierteren Untersuchung von Auberlen (1990) ging hervor, dass systematische typografische Markierungen sowohl die Lesegeschwindigkeit als auch die Behaltensleistung begünstigen.

Vor dem Hintergrund der bisherigen Befundlage kann zusammenfassend konstatiert werden, dass Kohärenz nicht nur eine Eigenschaft des Textes darstellt, sondern von den Lesenden aktiv hergestellt werden muss (vgl. Givón 1995; Schnotz 1994). Die sprach- und textpsychologischen Forschungsbemühungen haben dabei eindrucksvoll belegt, dass im Leseprozess satzübergreifend eine semantische Textbedeutungsstruktur entwickelt wird. Die Herstellung satzübergreifender Zusammenhänge gelingt dabei umso besser, je klarer der Text den Rezipient/innen Hinweise gibt, wie Sätze und Textteile miteinander zu verknüpfen sind (vgl. Christmann/Groeben 1996b). Fehlen solche Hinweise, dann ist der Leser/die Leserin gefordert, durch eigene Inferenzbildungen Zusammenhänge zu erschließen und Textkohärenz herzustellen. Um die Klärung der Frage, wie auf der Grundlage sprachlichen Inputs eine satzübergreifende Gesamtbedeutungsstruktur des Textes entwickelt wird, sind die psychologischen Modelle des Textverstehens bemüht.

3.2.2 Theoretische Modellierungen des Textverstehens

Psychologische Modelle des Textverstehens befassen sich insbesondere mit der Frage, wie Leser/innen eine semantische Gesamtrepräsentation des Textes aufbauen (vgl. zusammenfassend z. B. Christmann/Groeben 2006). Ausgehend von dem Verständnis einer Text-Leser-Interaktion, bei dem der vorgegebene Text und die Kognitionsstruktur des Rezipienten/der Rezipientin zusammenwirken, lässt sich die Forschung zur Textverarbeitung danach klassifizieren, ob sie eher die Text- oder eher die Leserseite dieses Interaktionsprozesses fokussiert. Die textseitig orientierte Forschungsperspektive ist darum bemüht, auf unterschiedlichen Analyseebenen verarbeitungsrelevante Textmerkmale und deren Einfluss auf das Lesen, Verstehen und Behalten von Texten zu identifizieren. Das Anliegen der leserseitig orientierten Forschung hingegen besteht darin, die dem Rezeptionsprozess zugrundeliegenden kognitiven Aktivitäten (Vorwissen, Erwartungen, Zielsetzungen) und Kompetenzen der Leser/innen zu erfassen. Den Versuch, beide Forschungsperspektiven zusammenzuführen, stellt die Theorie der mentalen Modelle dar, die die Wechselwirkung zwischen propositionalen Strukturmomenten des Textes und dem Vor- und Weltwissen des Rezipienten beschreibt.

Die theoretischen Modellierungen des Aufbaus einer umfassenden Textbedeutung beim Lesen werden nachfolgend in Anlehnung an Christmann und Groeben (2006) in drei hauptsächliche Richtungen unterteilt: die textorientierte Modellierung, die leserorientierte Modellierung und die Modellierung des Textverstehens als Text-Leser-Interaktion.

3.2.2.1 Textorientierte Modellierung

Die textorientierte Modellierung des Textverstehens ist darauf konzentriert, die Struktur eines Textes möglichst objektiv und präzise zu erfassen (vgl. Christmann/Groeben 2006, S. 163). Den Ausgangspunkt aller heutigen kognitionspsychologischen Modelle zur Textbeschreibung und -verarbeitung stellt das Propositionsmodell von Kintsch (1974) dar, dem aus theoretischen, wissenschaftskriterialen und forschungspraktischen Gründen eine besondere Bedeutung beizumessen ist. Das Propositionsmodell wurde zunächst (von Kintsch) aus der Sprachwissenschaft (vgl. Fillmore 1968; Chafe 1970) übernommen und später zusammen mit van Dijk (1978) zum Modell der zyklischen Verarbeitung (s.u.) weiterentwickelt.

Nach dem frühen Propositionsmodell werden Texte in einem regelgeleiteten Zergliederungsprozess durch die Bildung, Ordnung und gegenseitige Bezugnahme von Propositionen in die Textbasis überführt. Auf diese Weise gelingt es, den jeweiligen Bedeutungsgehalt einer Textrepräsentation zu explizieren und zu gewährleisten, dass die Bedeutungsstruktur des Textes möglichst objektiv, d.h. intersubjektiv maximal präzise, abgebildet wird (vgl. Krommer 2003, S. 173). Auf der Grundlage der Textbasis wird sodann mit Hilfe semantischer Kohärenzrelationen eine hierarchische Textstruktur herausgearbeitet. Dabei verläuft die Verarbeitung der Propositionen umso flüssiger und leichter, je höher die Kohärenz der Textbasis ist. Alleiniges Kohärenzkriterium ist dabei im Anschluss an Kintsch und van Dijk (1978) die referenzielle Identität. Danach sind Propositionen kohärent, wenn sie ein gemeinsames Argument aufweisen (Argumentwiederholung) oder eine Proposition vollständig als Argument in eine andere eingebettet ist (Propositionseinbettung). Nach der intuitiven Auswahl einer zentralen Top-Level-Proposition (in Abhängigkeit von der Textstruktur, dem Vorwissen und den Zielen des Lesers/der Leserin) konstruiert der Leser/die Leserin relativ mechanisch über das Prinzip der Argumentwiederholung bzw. -einbettung eine hierarchische Textstruktur (vgl. Christmann/Groeben 2006, S. 163). D. h., Propositionen, die durch Argumentüberlappung bzw. Propositionseinbettung mit der Top-Level-Proposition verbunden sind, sind auf der zweiten Hierarchieebene angesiedelt. Analog dazu befinden sich auf der dritten Hierarchieebene Propositionen, die Verbindungen mit der zweiten, jedoch nicht mit der obersten Hierarchieebene aufweisen. Auf diese Weise wird sukzessive wie bei einem Puzzle (vgl. Schnotz 1994) eine Proposition an eine andere angefügt und ein sog. Kohärenzgraph als hierarchische Verknüpfung von Propositionen konstruiert (vgl. Abbildung 3).

Zur Illustration eines Kohärenzgraphen sei auf das häufig zitierte Beispiel von Kintsch (1974) verwiesen:

Text:

Die Griechen lieben schöne Kunstwerke. Als die Römer die Griechen besiegten, imitierten sie die Griechen und lernten so, schöne Kunstwerke zu schaffen.

Textbasis:

P1 (LIEBEN, GRIECHEN, KUNSTWERKE)
P2 (SCHÖN, KUNSTWERKE)
P3 (ALS, P4, P5)
P4 (BESIEGEN, RÖMER, GRIECHEN)
P5 (IMITIEREN, RÖMER, GRIECHEN)
P6 (LERNEN, RÖMER, P8)
P7 (KONSEQUENZ, P5, P6)
P8 (SCHAFFEN, RÖMER, P2)

Kohärenzgraph:

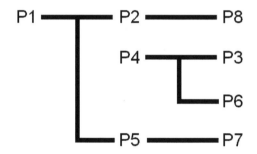

Abbildung 3:   Kohärenzgraph (Kintsch 1974)

Die psychologische Bedeutsamkeit von Propositionen wurde anhand verschiedener empirischer Maße gesichert. Dabei wird angenommen, dass die Qualität der Verarbeitung von bestimmten Strukturmerkmalen der hierarchisch organisierten Textbasis (z. B. Kohärenzgrad), deren propositionaler und relationaler Dichte (Grad der Vernetztheit von Propositionen) sowie insbesondere von der Hierarchiehöhe der Propositionen abhängt (zusammenfassend: Christmann 1989, S. 56ff.). So haben umfangreiche Forschungsarbeiten zum Hierarchieeffekt (levels effect) eine höhere Behaltensleistung für ranghohe Propositionen im Vergleich zu rangniedrigeren Propositionen empirisch nachgewiesen (vgl. z. B. Kintsch et al. 1975; McKoon 1977; Graesser 1978; Miller/Kintsch 1980; Beyer 1987). Für Top-Level-Propositionen fanden Kintsch et al. (1975) Reproduktionsraten von

80 %, während die Rate ab der dritten Hierarchieebene auf 30 % herabsank. Beyer (1987) konnte ergänzend zeigen, dass sich der Hierarchieeffekt erst bei längeren Texten mit mehr als 50 Propositionen einstellt. Bei kürzeren Texten besteht grundsätzlich das Problem eines Deckeneffekts (ceiling effect): Wenn die Anzahl der wiedergegebenen Propositionen eines Textes sehr groß ist, vermag das Modell nicht mehr zwischen den Hierarchieebenen zu differenzieren (zum *ceiling effect* vgl. auch Miller/Kintsch 1980). Auch wurde der Hierarchieeffekt gegen mögliche Konfundierungen gesichert: Der Effekt besteht unabhängig davon, wo die Proposition jeweils im Text vorkommt. Damit kann ein verborgener Priming-Effekt ausgeschlossen werden. Hierarchiehohe Propositionen werden auch dann mit einer hohen Wahrscheinlichkeit reproduziert, wenn sie nicht zu Beginn des jeweiligen Textes sprachlich realisiert werden. Schließlich zeigte sich der Hierarchieeffekt auch unabhängig davon, ob Leser/innen die ranghohen öfter respektive besser reproduzierten Propositionen subjektiv wichtiger einschätzten oder nicht (vgl. Waters 1983).

Die Befundlage zur psychologischen Relevanz von Propositionen und der hierarchischen Textstruktur erweist sich als weitgehend stabil und unterstützt den propositionalen Ansatz. Insofern besteht allgemeiner Konsens darüber, dass es sich beim Textverarbeitungsprozess um einen hierarchisch-sequentiellen Organisationsprozess handelt (vgl. Bock 1978; Christmann/Groeben 1996a; Groeben 1982).

Probleme propositionaler Beschreibungsmodelle

Wenngleich sich propositionale Modelle der Textverarbeitung in der Grundlagenforschung erfolgreich etabliert haben, verbindet sich mit ihnen eine Reihe von Problemen. Dazu gehört beispielsweise die Problematik des Objektivitätsanspruchs bei der Beschreibung der Textstruktur (s. o.). Da subjektive Verstehensprozesse bei der Zergliederung eines Textes in Propositionen ebenso wenig ausgeschlossen werden können wie bei der Konstruktion der hierarchischen Textstruktur, dürfte sich eine völlig objektive Beschreibung des Textes als relativ schwierig erweisen (vgl. Christmann 1989, S. 114ff.). Bremerich-Vos und Wieler (2003) verweisen in diesem Zusammenhang auf ihren

„Verdacht, dass man hier widersprüchlich argumentiert. Nach unserer Auffassung sind die Reden von der Konstruktivität des Verstehens auf der einen und von der Objektivität der Textvorgabe auf der anderen Seite miteinander unverträglich. Geht es um ‚Konstruktion der Bedeutung‘ oder um ‚Bedeutungsentnahme‘?" (Bremerich-Vos/Wieler 2003, S. 15, Herv. i. Orig.)

Die Vorstellung, den Bedeutungsgehalt eines Textes relativ genau abzubilden – als Summe der Propositionen eines Textes – widerspricht der Auffassung des Leseprozesses als aktiv-konstruktiven Prozess und Akt der Bedeutungsgenerierung.

Auch dürfte die Anwendung propositionaler Modelle auf umfangreiche Texte mitnichten unökonomisch sein, woraus sich auch Defizite bzgl. ihrer Prognosekraft ergeben (für eine empirische Überprüfung hinsichtlich der methodologischen Gütekriterien der Objektivität, Ökonomie, deskriptiven und explanativen Validität vgl. Christmann 1989). Da Propositionen nicht den ganzen Inhalt einer sprachlichen Äußerung, sondern nur deren abstrakte Struktur abbilden, erscheint die Anwendung des Modells zumindest nicht für alle Textsorten sinnvoll.

„So landet man – salopp gesagt – immer wieder bei ‚einfachen‘ Texten. Zumal bei LiteraturdidaktikerInnen mag sich deshalb der Eindruck verfestigen, den eher komplexen Texten, mit denen sie es in der Regel zu tun haben, könne die erklärtermaßen restriktive Begrifflichkeit von Kintsch und anderen nicht gerecht werden. Ist sie nicht schon dann inadäquat, wenn es um Landläufiges wie Ironie oder Metaphorik geht?" (Bremerich-Vos/Wieler 2003, S. 18).

Sachtexte sind von diesem Vorwurf allerdings weitestgehend ausgenommen. Für sie erscheint eine Bedeutungskonstruktion auf der Grundlage von Propositionen angemessen.

Als problematisch stellt sich weiter das von Kintsch und van Dijk (1978; Kintsch/Vipond 1979) gewählte Kohärenzkriterium der referenziellen Identität dar, nach dem Textkohärenz ausschließlich aufgrund von Argumentaufnahme und -einbettung erzeugt wird. Wenngleich die

Referenzidentität für die Behaltensleistung und Lesezeit als bedeutsam nachgewiesen werden konnte (vgl. Kintsch et al. 1975; Manelis/Yekovich 1976; Yekovich/Manelis 1980), ist sie nicht das alleinige kohärenzstiftende Mittel, wie eine Reihe empirischer Arbeiten belegt (vgl. Fletcher et al. 1995; Golding et al. 1995). Vielmehr gelten auch kausale oder funktionale Relationen als verarbeitungsrelevant (vgl. z. B. Fletcher/Bloom 1988; Murray 1995), wie folgendes Beispiel demonstriert: *„Es donnert. Sie ist nicht bereit, das Haus zu verlassen."* Gleichwohl die Sätze an der Textoberfläche keine Verknüpfung aufweisen, können sie unter Rückgriff auf das Vorwissen und den situativen Zusammenhang, in den die Sätze eingebettet sind, leicht kausal miteinander verknüpft werden. Die meisten Rezipienten würden wohl eine kausale Relation zwischen den Sätzen wahrnehmen, nämlich: *„Weil es donnert, ist sie nicht bereit, das Haus zu verlassen."*

Ein anderes Beispiel zur Problematisierung der Referenzidentität führt Kintsch (1979) selbst an:

> *„Among the warriors (of a tribe) were two unmarried men named Kakra and his younger brother Gum. Kakra was killed in a battle. According to tribal custom, Kakra was married subsequently to the woman Ami."* (Kintsch 1979, S. 11)

Dieser Text lässt sich gemäß des Modells von Kintsch und van Dijk (1979) in einem Kohärenzgraphen darstellen. Die Verknüpfungen der einzelnen Propositionen ergeben eine kohärente Struktur, die ohne Inferenzen auskommt. Dennoch dürfte dieser Text bei den meisten Leser/innen Verwirrung auslösen, denn *„A dead Kakra does not make a good husband"*, wie Kintsch bemerkt (1979, S. 11f.). Erst mit dem Wissen, dass in bestimmten Stammesgebräuchen der jüngere Bruder den Platz des älteren einnimmt, kann diese Kohärenzlücke überbrückt werden. Anhand dieses Beispiels zeigt sich sehr anschaulich die besondere Bedeutung des Vor- bzw. Hintergrundwissens für die Textverarbeitung. Der Leser/die Leserin aktiviert sein/ihr Wissen über die nicht-sprachliche Realität nicht erst, wenn er/sie auf eine Kohärenzlücke stößt, vielmehr stellt das Vor- bzw. Hintergrundwissen einen integralen Bestandteil bei der Konstruktion der Textrepräsentation dar (vgl. auch Collins/Brown/Larkin 1980; Sanford/Garrod 1981). In diesem Kontext sind auch Arbeiten von Black, Freeman und Johnson-Laird (1986) einzuordnen, die Probanden Texte mit identischer referenzieller Struktur vorgelegt haben. Derjenige Text wurde besser verarbeitet, dessen Sätze vor dem Hintergrund des Weltwissens plausibler erschienen. Dies impliziert allerdings nicht, dass referenzielle Identität für die Etablierung einer kohärenten Textstruktur irrelevant ist – sie erweist sich aber in vielen Fällen für die Textverarbeitung als unzureichend (vgl. Christmann/Groeben 2006, S. 164).

Insgesamt konnten Kintsch und Mitarbeiter mit ihrem Modell die Verarbeitungsrelevanz der propositionalen Texteinheiten eindrucksvoll nachweisen. Sie entwickelten ein Regelsystem zur Transformation eines Textes in seine propositionale Tiefenstruktur, das sie für robust und intersubjektiv valide erklärten (vgl. Kintsch/Vipond 1979, S. 341). Kennzeichnend für das Modell ist die Annahme einer hierarchischen Textstruktur, die aufgrund formaler Verbundenheit (Argumentwiederholung und -einbettung) in aufeinanderfolgenden Propositionen herausgearbeitet wird.

Weiterentwicklung zum Modell der zyklischen Textverarbeitung

Um eine Textbedeutungsstruktur zu konstruieren, sind offensichtlich auch rezipientenseitig vorhandene Wissensbestände und inferenzielle Aktivitäten beim Lesen eines Textes bedeutsam. Diesem Umstand haben Kintsch und van Dijk (1978) in ihrem *Modell der zyklischen Verarbeitung* Rechnung getragen, das eine Weiterentwicklung des strukturellen Propositionsmodells von Kintsch (1974) darstellt. Es handelt sich bei diesem Modell um die erste prozedurale Theorie der Textrezeption, die den zeitlichen Ablauf des Verarbeitungsprozesses ins Blickfeld rückt.

Im zyklischen Modell wird Textverarbeitung nicht länger als ein starrer regelgeleiteter Vorgang betrachtet, vielmehr wird (Text-)Verstehen hier als variabler, dynamischer und strategischer Prozess konzipiert, der auch extratextuale Faktoren (z. B. Ziele, Erfahrungen und Vorwissensbestände des Lesers/der Leserin) berücksichtigt. Die Textverarbeitung erfolgt dabei in einzelnen Zyklen, die jeweils mehrere Phasen umfassen und sich teilweise parallel vollziehen. Im ersten Zyklus wird in Abhängigkeit der leserspezifischen Kapazität des Arbeitsgedächtnisses eine Gruppe von 2–20 Textpropositionen (*Chunk*) ins Arbeitsgedächtnis eingelesen und auf Kohärenz geprüft. Auf der Grundlage der Propositionen dieses Chunks wird ein Kohärenzgraph angelegt. Dazu wird zunächst eine Top-Proposition ausgewählt, der die anderen Propositionen hierarchisch untergeordnet werden. Der so entwickelte Teilgraph wird anschließend vollständig ins Langzeitgedächtnis überführt. Außerdem werden einige wenige Propositionen selegiert, die parallel im Arbeitsgedächtnis verbleiben und ins Kurzzeitgedächtnis (*Kurzzeitbuffer*) überführt werden. Hierarchiehohe und zuletzt eingelesene Propositionen finden nach Kintsch und van Dijk (1978) bevorzugt Eingang ins Kurzzeitgedächtnis. Im nachfolgenden Zyklus wird sodann versucht, zwischen neu eingelesenen Propositionen des zweiten Chunks und der im Kurzzeitgedächtnis abgelegten Teilstruktur Kohärenz herzustellen. Gelingt dies, so beginnt der Selektionsprozess erneut. Am Ende des Prozesses liegt im Langzeitgedächtnis der vollständige Kohärenzgraph des Textes vor. Kommt es allerdings zu Verarbeitungsschwierigkeiten, müssen Kohärenzlücken durch Reinstatements, Umorganisationen oder Inferenzen geschlossen werden.

a. *Reinstatements*: Kohärenzlücken können durch eine erneute Aktivierung von Propositionen geschlossen werden, indem die bereits ins Langzeitgedächtnis überführten Teilgraphen nach Propositionen abgesucht werden, die Anknüpfungsmöglichkeiten bieten, und wieder ins Kurzzeitgedächtnis eingesetzt werden. Beim Lesen eines Textes geschieht dies durch Rückwärtsbewegung im Text, also durch das erneute Lesen einer Passage.

b. *Umorganisationen*: Eine weitere Möglichkeit zur Schließung von Kohärenzlücken besteht darin, den bis dato generierten Graphen vollständig oder partiell umzuorganisieren, indem etwa eine andere Top-Proposition als Organisationskern des Graphen gewählt wird.

c. *Inferenzen*: Wenn der Text zur Schließung der Kohärenzlücke nicht die erforderliche Information bereitgestellt hat, müssen diese Kohärenzlücken durch Inferenzen geschlossen werden. Solche Inferenzen können schlussfolgernd aus dem bisher gelesenen Text oder durch das Herantragen zusätzlichen Weltwissens gewonnen werden.

Alle Möglichkeiten, Kohärenzlücken zu schließen, erweisen sich jedoch als zeitintensiv und verarbeitungserschwerend.

Wie aus den vorangegangenen Darlegungen hervorgeht, gehören zu den wichtigsten für die Verarbeitung eines Textes relevanten Modellmerkmale die Aufnahmefähigkeit des Arbeitsgedächtnisses, die Speicherkapazität des Kurzzeitgedächtnisses, der Kohärenzgrad der propositionalen Textbasis sowie die Anzahl der Umorganisationen, Inferenzen und Reaktivierungen zur Schließung von Kohärenzlücken. Das Wissen um diese Merkmale ermöglicht es, Prognosen über die Lesezeit, Behaltensleistung und den Schwierigkeitsgrad des Textes zu treffen (vgl. z. B. Kintsch/Vipond 1979). In einer Untersuchung von Miller und Kintsch (1980) erwiesen sich die Anzahl der Inferenzen und Reinstatements bei schwierigen Texten mit Kohärenzlücken als beste Prädiktoren für die Lesezeit und Behaltensleistung: Je mehr Inferenzen und Reinstatements ein Text erforderte, desto länger war die Lesezeit und desto schwieriger war das Gelesene zu erinnern. Zugleich zeigten sich jedoch auch Beschränkungen des Modells: Zutreffende Vorhersagen konnten nur bei gut, nicht aber bei schlecht strukturierten Texten getroffen werden. In einer Untersuchung von Vipond (1980) wurde die Brauchbarkeit des Modells für die Prognose von Verstehensleistungen geprüft und eine Wechselwirkung zwischen Textverstehen und Lesekompetenz der Probanden festgestellt.

Wenngleich das Modell Unterschiede zwischen Leser/innen abzubilden vermag, liegt seine Grenze weiterhin im Anspruch der Referenzidentität als alleiniges Kohärenzkriterium. Daneben betrifft eine weitere Schwierigkeit die praktikable Anwendung dieses Modells für Verstehensvorgänge längerer und komplexerer Texte. Die Repräsentation in einer propositionalen Mikrostruktur stößt hier an ihre Grenzen, da einerseits die Gedächtniskapazität erheblich überlastet würde und andererseits das Verständnis eines längeren Textes nicht notwendigerweise alle Detailinformationen erfordert.

Vielmehr wird angenommen, dass Lesende die Textinformationen komprimieren und auf das Wesentliche verdichten (vgl. z. B. Kintsch/van Dijk 1978; van Dijk 1980b). Dazu wurden sog. Makrostrukturmodelle entwickelt, die auf einer abstrakteren Ebene als die oben beschriebenen

Propositionsmodelle die globalere Textstruktur abbilden. Das wohl am explizitesten entfaltete Konzept der Makrostruktur wurde von van Dijk im Kontext der Erzähltextanalyse entwickelt, das nachfolgend in seinen Grundzügen dargestellt wird.

Makrostrukturmodelle

Ausgangspunkt für die Makrostrukturmodelle bildet die Überlegung, dass das Gelesene aufgrund der begrenzten kognitiven Verarbeitungskapazität jeweils nur ausschnittsweise mental präsent ist. Demnach ist davon auszugehen, dass Leser/innen einen Text nicht Phrase für Phrase in Propositionen transformieren, sondern auf der Grundlage der propositionalen Textbasis gleichzeitig auch sog. Makropropositionen, d.h. globalere semantische Einheiten, generieren. Diese sind den detaillierteren elementaren Mikropropositionen der Textbasis übergeordnet und repräsentieren deren Inhalt in zusammenfassender, verdichteter Form (vgl. Schnotz 1987, S. 8). Auf diese Weise bilden Leser/innen bereits nach der Verarbeitung weniger Sätze eine ganzheitliche, integrierte Repräsentation des Gelesenen, die aus Mikro- und Makropropositionen entwickelt wurde (vgl. ebd., S. 8f.). Durch den Prozess der Makrostrukturbildung kann das Arbeitsgedächtnis trotz seiner begrenzten Kapazität relativ umfassende mentale Teilstrukturen aufnehmen (vgl. ebd., S. 9).

Während die semantische Mikrostruktur die lokalen Verknüpfungen zwischen Propositionen eines Textes repräsentiert, gibt die Makrostruktur die abstrakteren Relationen zwischen thematisch übergeordneten Informationen wieder. Die Reduktion der aus Mikropropositionen bestehenden Textbasis auf eine semantische Makrostruktur erfolgt dabei periaktional während des Lesens mithilfe sog. Makrooperationen oder Makroregeln, indem Gruppen von Mikropropositionen zu Makropropositionen verdichtet werden. Van Dijk (1980b) identifiziert folgende vier Makroregeln als Operationen für die semantische Informationsreduktion:

1. *Auslassen*: Für das Verständnis des Textes irrelevante Propositionen können getilgt werden. Der Satz „*Ein Mädchen mit einem gelben Kleid lief vorbei.*" enthält drei Informationen (vgl. van Dijk 1980b, S. 46):

Mikroebene: Makroebene:

Ein Mädchen lief vorbei.
Sie trug ein Kleid.   → Ein Mädchen lief vorbei.
Das Kleid war gelb.

Die letzten beiden Informationen können vernachlässigt werden, wenn sie für die Interpretation des Satzes nicht-essenziell sind, d. h., wenn es irrelevant ist, ob das Mädchen ein Kleid oder eine Hose trug und, a fortiori, das Kleid gelb oder andersfarbig war.

2. *Selektieren*: Propositionen können selegiert werden, wenn sie bekannte Bedingungen, Bestandteile, Präsuppositionen oder Folgen von Handlungen, Situationen etc. einschließen und implizieren, wie folgendes Beispiels illustriert (vgl. van Dijk 1980b, S. 47):

Mikroebene: Makroebene:

Peter lief zu seinem Auto.
Er stieg ein.   → Peter fuhr nach Frankfurt.
Er fuhr nach Frankfurt.

Die Proposition „*Peter fuhr nach Frankfurt.*" enthält übergeordnete Informationen, die die ersten beiden Informationen bereits einschließt. So ist es aufgrund allgemeiner Kenntnis der Situation und Handlung (Rahmen) obligatorisch, dass man zuerst zum Fahrzeug gehen und einsteigen muss, um zu einem Zielort fahren zu können. Diese Regel weist Ähnlichkeiten mit der zweiten Makroregel auf, unterscheidet sich allerdings darin, dass nur solche Propositionen ausgeklammert werden, die Bestandteile, Voraussetzungen etc. der ausgewählten Proposition sind und folglich auch wieder rekonstruiert werden können.

3. *Generalisieren*: Propositionen können generalisiert werden, wenn sie in einer begrifflich übergeordneten Proposition abstrahiert subsummiert werden. Essenzielle, merkmalskonstituierende Komponenten eines Konzepts werden ausgelassen und Informationen durch ein gemeinsames Superkonzept bzw. einen Oberbegriff ersetzt, weshalb

van Dijk in diesem Zusammenhang auch von „*Abstraktion*" spricht (vgl. van Dijk 1980b, S. 48). Die getilgten Informationen gehen dabei auf der Makroebene verloren. Dies bedeutet jedoch nicht, dass die Information auch auf Mikroebene verloren ist. Eine Proposition kann auf der Makroebene ausgelassen werden, aber weiterhin auf der Mikroebene verfügbar sein.

Mikroebene: Makroebene:

Eine Puppe lag auf dem Boden.
Eine Holzeisenbahn lag auf dem Boden.   →   Spielzeug lag auf dem Boden.
Bausteine lagen auf dem Boden.

4.   *Konstruieren*: Beim Konstruieren wird eine neue Proposition gebildet, die die inhärenten Zusammenhänge zwischen den Begriffen der einzelnen Propositionen, nämlich gewöhnliche Bedingungen, Folgen, Eigenschaften oder Komponenten einer Handlung u. ä., umfasst. Insofern ähnelt das Konstruieren hinsichtlich seiner Funktion Regel 2, operiert aber wie Regel 3, wenn die Information ersetzt und nicht ausgelassen oder selegiert wird. Im Unterschied zum Generalisieren werden hier aber nicht nur Superkonzepte gebildet, sondern Propositionen abgeleitet, die aus den zugrundeliegenden Mikropropositionen gefolgert werden können.

Mikroebene: Makroebene:

Anna ging zum Bahnhof.
Sie kaufte eine Fahrkarte.
Sie lief zum Bahnsteig.   →   Anna fuhr mit dem Zug.
Sie stieg in den Zug.
Der Zug fuhr ab.

Wie das Beispiel illustriert, enthalten die einzelnen Mikropropositionen obligatorische und optionale Elemente unseres konventionellen Wissens, des *frames* Zugfahrt. Der Begriff *Zugfahrt* muss selbst also gar nicht explizit genannt werden, er kann aus den gegebenen Informationen abgeleitet werden.

Die Konstruktion der Makrostruktur erfolgt ähnlich wie die Bildung der Mikrostruktur in einem zyklischen Prozess. Da Makroregeln rekursiv sind, können sie fortlaufend auf bereits gebildete Makrostrukturen angewendet werden und so den Text auf unterschiedlichen Globalitätsniveaus beschreiben (vgl. van Dijk 1980a, 1980b). Durch die rekursive Anwendung der Makroregeln entsteht dann eine Repräsentation mit mehreren hierarchisch geordneten Repräsentationsebenen von unterschiedlichem Auflösungs- bzw. Detailliertheitsgrad (vgl. van Dijk 1980a, S. 41).

Für die Anwendung der vier Makroregeln bestehen nach van Dijk (vgl. ebd.) zwei Beschränkungen. Zum einen muss die Makrostruktur durch die Mikrostruktur semantisch impliziert sein bzw. aus ihr folgen, damit Abstraktionen nicht bedeutungslos werden (z. B. „*Jemand machte etwas.*"). Zum anderen dürfen Propositionen, die Präsuppositionen für andere Propositionen darstellen, nicht getilgt werden. Zum anderen muss auch bei den Makrostrukturen das Kohärenzprinzip erfüllt werden. Das bedeutet, dass Propositionen, die Präsuppositionen für andere Propositionen darstellen, nicht ausgelassen werden dürfen, da andernfalls keine kohärente Makrostruktur aufgebaut werden kann (vgl. ebd., S. 46).

Die Reduktion und die Rekonstruktion erfolgen nicht ausschließlich auf der Grundlage des vorgegebenen Textes, sondern stets unter Beteiligung von vorwissens-, text-, interessen- und zielbasierten Inferenzen. Inferenzen haben also nicht nur die Funktion, Kohärenzlücken zu schließen, sondern auch semantische Makrostrukturen zu bilden und die mentale Repräsentation insgesamt anzureichern (vgl. Schnotz 1987, S. 12). In diesem Sinne handelt es sich auch bei der Makrostrukturbildung um einen konstruktiven Prozess der Bedeutungsreduktion (Text-Leser-Interaktion) und integralen Bestandteil des Verstehensvorgangs.

Neben den Makroregeln enthält die Oberflächenstruktur von Texten häufig Hinweise, die für die Makrostrukturbildung hilfreich sind. Zu ihnen gehören beispielsweise sog. *thematische Indikatoren* wie Metaaussagen

(z. B.: Im Folgenden geht es um …), Zusammenfassungsindikatoren (z. B.: Insgesamt lässt sich festhalten …), Relevanzindikatoren (z. B.: Wichtig ist …), Konnektoren (z. B.: Darüber hinaus…; einerseits…andererseits) oder Indikatoren des Themenwechsels (z. B.: Richten wir den Blick auf einen anderen Aspekt …) (vgl. van Dijk 1980b, S. 102ff.).

Die Befunde zur psychologischen Bedeutsamkeit der Makrostrukturbildung zeigen, dass Makropropositionen bei der unmittelbaren Textwiedergabe signifikant besser behalten (vgl. Kintsch/van Dijk 1978) und weniger schnell vergessen werden als Mikropropositionen (vgl. Beyer 1987). Dieser Effekt konnte insbesondere bei längeren Texten und zunehmender zeitlicher Distanz zwischen Rezeption und Reproduktion nachgewiesen werden. Eine Analyse von Kintsch (1974) zeigt, dass makrorelevante Propositionen nach einem Behaltensintervall von dreizehn Wochen noch zu 70 %, makroirrelevante hingegen nur noch zu 11 % erinnert wurden. Dabei blieb der Anteil der erinnerten makrorelevanten Propositionen etwa ab der fünften Woche nach der Textdarbietung relativ stabil, während der Anteil makroirrelevanter Propositionen deutlich sank. Dieser Befund bestätigt die Annahme von Kintsch und van Dijk (1978), wonach die Verarbeitungsrelevanz von Makropropositionen am ehesten nach einem längeren Behaltensintervall manifest wird (vgl. Christmann 1989, S. 73).

Kintsch und Yarborough (1982) untersuchten den Einfluss des Aufbaus von Informationstexten auf die Makrostrukturbildung: Dabei zeigte sich, dass Fragen zu thematisch wichtigen Gedanken (main ideas) bei rhetorisch gut aufgebauten Texten signifikant besser beantwortet wurden als im Falle von rhetorisch schlecht aufgebauten Texten (eine Definition wird nicht gegeben). Dieser Effekt erwies sich als unabhängig von der Komplexität der dargebotenen Texte und konnte in einem makrosensitiven Behaltenstest nachgewiesen werden. Mit einem Cloze-Procedure-Verfahren konnte der Effekt allerdings nicht bestätigt werden (vgl. Kintsch/Yarborough 1982, S. 833f.).

Die Kritik am Konzept der Makrostruktur bezieht sich im Wesentlichen auf die Anwendung der Makroregeln. Obwohl die Makroregeln formal klar formuliert sind, sind die zugrundeliegenden kognitiven Operationen relativ unscharf gefasst. Es wird nicht ausreichend deutlich, wie die Makroregeln konkret anzuwenden sind. Die Wahl relevanter Propositionen erfolgt eher intuitiv als regelgeleitet und unterliegt damit einer erheblichen interindividuellen Variabilität (vgl. Kintsch/van Dijk 1978). Eine wesentliche Ursache dafür dürfte die erwähnte Text-Leser-Interaktion darstellen, insofern die Anwendung der Makroregeln nicht nur vom Text (*bottom-up*), sondern auch von den individuellen Vorwissensstrukturen, Erfahrungen und Interessen (*top-down*) des Lesers beeinflusst werden. In diesem Zusammenhang erscheint auch problematisch, dass das Verfahren – entgegen der Intention van Dijks – wohl stets ein interpretatives Vorgehen bleibt, da die Makroregeln nicht automatisch zu einem einzigen richtigen Textthema führen und darüber hinaus auch nicht im Text Implizites erfassen können (vgl. Brinker 2005, S. 52ff.; Adamzik 2004, S. 130f.).

Zusammenfassend lässt sich festhalten, dass Makrostrukturmodelle Prozesse der semantischen Informationsreduktion beschreiben, die insbesondere bei längeren Texten und nach größeren Behaltensintervallen wirksam werden. Die Bildung semantischer Makrostrukturen erfolgt dabei auf der Grundlage von Inferenzprozessen. Das Modell von Kintsch und van Dijk beschränkt sich allerdings auf die Struktur von Makropropositionen und bezieht kaum die Flexibilität menschlicher Informationsverarbeitung ein.

3.2.2.2 Leserorientierte Modellierung

Während die textseitig orientierte Forschung mit der *Textverständlichkeit* befasst ist und die sprachlich-stilistischen, kognitiv-inhaltlichen sowie motivationalen Merkmale von Texten analysiert (vgl. Groeben 1982, S. 6; Christmann/Groeben 2006, S. 178f.), konzentriert sich die leserseitig orientierte Forschung auf die Kompetenz und Aktivitäten der Rezipient/innen beim Verstehen eines Textes.

Im Unterschied zu den propositionalen Modellen fokussieren die etwa zeitgleich ausgearbeiteten schematheoretischen Ansätze zur Textverarbeitung den Einfluss von (Vor-)Wissensstrukturen, Erwartungen und Zielsetzungen der Lesenden auf das Verstehen und Behalten von Texten (vgl. Christmann 2000, S. 117). Zentral für diese Ansätze ist das

Schema-Konzept, das in der Psychologie bereits auf eine lange Tradition zurückblickt (vgl. z. B. Piaget 1926; Bartlett 1932). Schank und Abelson (1977) haben das Schema-Konzept Mitte der 1970er Jahre präzisiert als ein Konzeptgefüge, das auf variierenden Abstraktionsebenen Wissen über typische Zusammenhänge von Realitätsbereichen (z. B. Bibliotheken, Computer, Filme, Autos etc.) repräsentiert (vgl. Christmann 2000, S. 117).

Wenngleich der Schema-Begriff in der Kognitionspsychologie uneinheitlich verwendet wird, besteht zumindest hinsichtlich folgender Charakteristika des Schema-Konzepts Konsens: (1) Schemata bestehen als mentale Wissensstrukturen aus einer Konfiguration von Konzepten und deren Interrelationen (z. B. Teil-Ganzes-Relationen oder temporale, kausale, räumliche Relationen), die jeweils Abstraktionen der ursprünglich dargebotenen Konzepte abbilden. (2) Sie sind nach dem Allgemeinheitsgrad ihrer Begriffe organisiert (3) und können Subschemata/Substrukturen enthalten. (4) Schemata weisen sog. *Leerstellen* (*slots*) auf, die entweder durch eingehende Informationen gefüllt oder durch hypothetische Konzepte besetzt werden können. Auf diese Weise wird die Eingliederung neuer Informationen in die vorhandene Wissensstruktur möglich (*Schemainstantiierung*).

(5) Schemata generieren Erwartungen bzgl. der zu einem Schema passenden Information und leiten die Interpretation neu aufzunehmender Information. Ein einfaches Beispiel zeigt, dass die Sätze „*Schütte den Saft in das Gefäß!*" und „*Schütte die Äpfel in das Gefäß!*" bei Leser/innen wohl unterschiedliche Vorstellungen des Begriffs *Gefäß* evozieren dürften: im ersteren Fall vermutlich ein Glas, im zweiten eher ein korbähnliches Behältnis (vgl. Groß 1994, S. 19). (6) Schemata werden also durch Induktion aus Einzelerfahrungen abgeleitet und sind (7) prozessual durch die Interaktion von datengeleiteten (*bottom-up*) und schemageleiteten (*top-down*) Verarbeitungsaktivitäten gekennzeichnet. Im Textverarbeitungsprozess haben Schemata eine aufmerksamkeitssteuernde Funktion, erleichtern die Integration und Interpretation neuer Informationen und steuern in der Abrufphase die Rekonstruktion gespeicherten Wissens (vgl. Thorndyke 1984; zusammenfassend Mandl/Friedrich/Hron 1988). In diesem Sinne aktiviert ein neuer Text bereits vorhandene Schemata, die ihrerseits wieder Hypothesen und Erwartungen hinsichtlich der neuen Informati-

onen generieren. Insofern leitet der Vorhersagecharakter von Schemata die Interpretation neu aufzunehmender Information und stützt die bei unvollständiger Informationsvorgabe notwendig werdenden Inferenzprozesse (vgl. Ballstaedt et al. 1981, S. 28).

Die Relevanz von Schemata für die Textverarbeitung wurde in einer Reihe von empirischen Untersuchungen anhand von Texten mit ambiguen Inhalten überprüft. Dabei wurden die Texte einmal mit einer sinnstiftenden Integrationshilfe wie Texttitel, Thema und Bildvorlage angereichert und einmal ohne eine solche Hilfe dargeboten. Wie die Befunde zeigen, resultierte bei der Vorgabe einer Integrationshilfe eine signifikant bessere Behaltensleistung (z. B. Dooling/Lachman 1971). Es ist anzunehmen, dass Integrationshilfen Schemata aktivieren, die die Interpretation und Organisation des Textes unterstützen (z. B. Bransford/Johnson 1972). In die gleiche Richtung weisen auch Untersuchungen mit vorgegebenen Leseperspektiven. Sie beeinflussen die Wahrnehmung relevanter Textelemente. In Abhängigkeit von den durch eine Leseperspektive aktivierten Schemata werden unterschiedliche Textinformationen als bedeutsam wahrgenommen und erinnert (vgl. auch Flammer/Tauber 1982). Darüber hinaus liegt eine Reihe von Studien vor, die die aufmerksamkeitssteuernde Funktion von Schemata belegen. Danach werden schemarelevante Textinformationen länger gelesen und besser behalten als schemairrelevante Textelemente (z. B. Britton et al. 1978; Cirilio/Foss 1980; Goetz et al. 1983). Gleichwohl deuten Untersuchungen von Britton et al. (1979) darauf hin, dass schemabezogene Informationen zwar besser behalten werden, aber nicht mehr Aufmerksamkeit auf sich ziehen als schemairrelevante Textinformationen. Graesser (1981) weist in seiner Studie sogar eine hohe negative Korrelation zwischen Lesezeit und Behaltensmaße bei schemarelevanten Informationen nach. Erst nach längeren Behaltensintervallen (mehr als zwei Tage) zeigt sich nach Graesser (1981) eine behaltensförderliche Wirkung von Schemata. Wenngleich etliche positive Evidenzen zur aufmerksamkeitssteuernden Wirkung von Schemata vorliegen, ist die empirische Befundlage in toto uneindeutig. Insgesamt haben die entsprechenden Studien jedoch aufgezeigt, dass rezipientenseitig vorhandene Wissensstrukturen im Bereich der Textverarbeitung eine bedeutsame Einflussgröße darstellen.

Skripts und Geschichtengrammatiken

Der schematheoretische Ansatz stellt heute einen integrativen Rahmen für eine Fülle von Konzepten zur Beschreibung verschiedener Typen von Wissensstrukturen bereit. Dazu gehören u. a. Skripts und Geschichtengrammatiken, die für das Textverstehen zwei besonders relevante Spezifikationen des Schemabegriffs sind. Während sich Schemata auf die Abbildung allgemeinen Weltwissens beziehen, repräsentieren Skripts und Geschichtengrammatiken spezifisches Wissen. Schank und Abelson (1977) haben das Konstrukt der Skripts auf der Grundlage der Rahmentheorie von Minsky (1975) als routinierte Verhaltens- und stereotype Ereignisabläufe ausgearbeitet. Skripts (z. B. Restaurantbesuch) sind hierarchisch organisiert und weisen wie Schemata Leerstellen auf, die im Verarbeitungsprozess durch typische Objekte (Tisch, Speisekarte, Essen etc.) und Rollen (Gast, Kellner, Koch etc.) belegt werden. Unter Rekurs auf entsprechendes Skriptwissen ist es einem Leser/einer Leserin daher möglich, trotz fehlender Informationen einen Text soweit zu rekonstruieren, dass er verständlich wird (vgl. Abbott/Black/Smith 1985).

Die zweite im Rahmen der Schematheorie intensiv untersuchte Variante des Schemabegriffs sind die sog. Geschichtengrammatiken, die die globale Ordnung und Struktur von Textelementen bei literarischen Erzähltexten beschreiben. Die sog. *story grammars* bestehen aus Regeln, die die Konstituenten einer Geschichte (z. B. Thema, Setting, Ereignis, Charaktere etc.) und die hierarchische und sequenzielle Position dieser Elemente in der Gesamtstruktur spezifizieren. Es wird angenommen, dass Geschichtengrammatiken im Sinne eines Schemas im Kognitionssystem fundiert sind. Demnach werden Erzähltexte unabhängig von den speziellen Inhalten so verstanden und behalten, wie es in den jeweiligen Grammatiken spezifiziert wird.

Diese Annahme bestätigen Studien, die die Darbietungsfolge eines nicht optimalen Erzähltextes mit der Reproduktionsfolge verglichen. Dabei zeigte sich, dass bei wiederholter Darbietung der reproduzierte Text immer stärker vom Ausgangstext abwich (z. B. Mandler 1978; Stein/Nezworski 1978). In diesem Zusammenhang wurden zwei Hypothesen besonders intensiv geprüft: So postuliert die Hierarchiehypothese, dass die Hierarchieebene Einfluss auf die Behaltensleistung hat. Demnach sollen Elemente, die in der story grammar auf einer höheren Hierarchieebene platziert sind und für das Verstehen der Geschichte besonders zentral sind, besser behalten werden als solche auf niedrigen Hierarchieebenen. Die Ordnungshypothese geht davon aus, dass das Verstehen und Behalten einer Geschichte von der Reihenfolge abhängt, in der die einzelnen Konstituenten aufeinander folgen. Die Befundlage ist allerdings uneinheitlich: Zwar konnten beide Hypothesen empirisch bestätigt werden, aber es zeigte sich auch, dass das Verstehen und Behalten nicht nur eine Funktion der hierarchischen und sequentiellen Struktur der Elemente ist (vgl. z. B. Mandler/Johnson 1977; Thorndyke 1977). Bedeutsam sind vor allem Befunde, die auf die Bedeutung der einzelnen Textelemente im Gesamtzusammenhang sowie die Art und Anzahl ihrer Relationen für andere Textelemente verweisen (z. B. Black/Bower 1980). In der Folge wurden Ansätze entwickelt, die Geschichten als Ketten von Problemlösehandlungen konzipieren (vgl. z. B. Trabasso/Sperry 1985). Als zentrales Verknüpfungsprinzip gelten hier Ursache und Konsequenz. Die Anzahl kausaler Relationen und die Zugehörigkeit zu einer kausalen Kette bestimmt dann die Wichtigkeit einzelner Textelemente für den Gesamtzusammenhang (vgl. ebd.). In diesem Zusammenhang konnte empirisch nachgewiesen werden, dass Elemente innerhalb der zentralen kausalen Kette besser behalten werden als solche außerhalb (vgl. z. B. van den Broek 1988; Trabasso/Secco/van den Broek 1984).

Zusammenfassend lässt sich festhalten, dass die schematheoretischen Ansätze die Bedeutung des Vorwissens als zentrale Einflussvariable im Rezeptionsprozess nachhaltig herausgearbeitet haben. Gleichzeitig dürfte auch die Schwierigkeit deutlich geworden sein, die Vorwissensstrukturen von Rezipienten/innen in einer Weise zu modellieren, die es erlaubt, zuverlässige Vorhersagen darüber zu treffen, wie Texte verstanden und behalten werden. Entsprechend sind die klassischen schematheoretischen Konzeptionen häufig auch massiv kritisiert worden. Ein zentraler Kritikpunkt betrifft die mangelnde Flexibilität und Kontextsensibilität der Modelle, um die Nutzung von Wissensbeständen im Prozess der Textverarbeitung angemessen zu beschreiben (vgl. Waldmann 1990). Offenbar können Leser/innen in Verbindung mit persönlichen Zielsetzungen, Aufgabenstellungen (vgl. Schraw/Wade/Kardash 1993), Interessen, Rezeptionsbedingungen etc. eine Fülle von unterschiedlichen Wissensteilmengen nutzen (für empirische Belege vgl. Waldmann 1990).

Allein schon die Vielzahl der gegenwärtig vorliegenden Modellierungen und der sie stützenden empirischen Evidenzen spricht dafür, dass Rezipienten/innen zu einer grundsätzlich flexiblen Teilrezeption fähig sind (vgl. Christmann/Groeben 1996a). Der Versuch, dieser Flexibilität gerecht zu werden, stellt das zentrale Bestreben der gegenwärtigen Textverarbeitungsforschung dar. Dabei ist insbesondere die Theorie der mentalen Modelle als Versuch zu betrachten, diese Flexibilität adäquat zu modellieren (vgl. Garnham/Oakhill 1992).

3.2.2.3 Text-Leser-Interaktion: Mentale Modelle

Seit den späten 1980er Jahren wird die Kognitionspsychologie von der Theorie der sog. *mentalen Modelle* bestimmt, die gleichermaßen die Text- und Leserseite im Rezeptionsprozess berücksichtigt. Sie bildet damit den integrativen Rahmen für die umfassende Modellierung der Interaktion von textbasierten Informationen mit Weltwissen und nicht-sprachlichen Vorwissensstrukturen. Das mentale Modell stellt in der Textverstehensforschung ein heterogenes Konzept dar, dem je nach (Begriffs-)Verständnis unterschiedliche Sichtweisen und theoretische Ansätze zugrunde liegen (z. B. Johnson-Laird 1983, 1996; Glenberg 1997, 1999; Zwaan 2004; Zwaan/ Radvansky 1998). Aus den verschiedenen konzeptionellen Auffassungen resultieren auch die alternativen Begriffsbezeichnungen *referenzielles Modell*, *Situationsmodell*, *discourse model* oder *Szenariorepräsentation*, die in der Literatur jedoch weitgehend synonym verwendet werden. Wenngleich das mentale Modell kein einheitliches Konstrukt in der Textverstehensforschung darstellt, besteht zumindest allgemeiner Konsens darüber, dass das mentale Modell eine *„analoge, inhaltsspezifische und anschauliche Repräsentation des im Text beschriebenen Sachverhalts"* (Richter/Christmann 2002, S. 34) ist, deren Qualität auch über das erreichte Textverständnis entscheidet. Die Analogierelation beinhaltet, dass bestimmte Merkmale des mentalen Modells bestimmte Eigenschaften des Originals abbilden. Diese müssen den zu repräsentierenden Eigenschaften des Originals funktional analog sein. D. h., es bedarf keiner physikalischen, sondern bloß einer natürlichen Isomorphie zwischen Modell und Original (vgl. Schnotz 1994, S. 158f.).

Im Unterschied zu den bislang dargestellten (propositionalen) Ansätzen (vgl. Kapitel 3.2.1.2) geht die Theorie der mentalen Modelle davon aus, dass Texte nicht nur symbolisch in Form von unterschiedlich komplexen Bedeutungseinheiten repräsentiert werden (Mikro- und Makropropositionen), sondern dass zusätzlich ein internes Modell des im Text beschriebenen Sachverhalts gebildet wird (vgl. Johnson-Laird 1983; van Dijk/Kintsch 1983; Gentner 1983). Mentale Modelle repräsentieren den betreffenden Sachverhalt auf der Grundlage der Textinformation in funktionaler und struktureller Analogie zu einem Sachverhalt in der Realität. Während eine propositionale Repräsentation von einer relativen Nähe zur linguistischen Struktur des Textes geprägt ist, repräsentieren mentale Modelle den darzustellenden Sachverhalt direkt auf der Grundlage eines analogen Abbildungsprinzips. Sie bilden demzufolge inhaltsspezifische Konkretisierungen von Sachverhalten ab, die eine ähnliche Struktur aufweisen wie der betreffende Wirklichkeitsausschnitt.

> *„Mental Models represent what the text is about, not the text itself"* (Glenberg et al. 1987, S. 70),

> *„a [mental] model goes beyond the literal meaning of the discourse, because it embodies inferences, instantiations, and references"* (Johnson-Laird 1983, S. 245).

Dies bedeutet jedoch nicht, dass mentale Modelle den betreffenden Sachverhalt vollständig repräsentieren müssen. In Abhängigkeit von Vorwissensbeständen, Zielsetzungen und Interessen der Rezipienten/innen kann das mentale Modell den jeweiligen Realitätsausschnitt entweder in elaborierter oder in aspekthaft verkürzter Weise modellieren (vgl. Dutke 1994, S. 76ff.). In der Regel ist der spezifische Ausschnitt des Realitätsbereiches unvollständig oder einfacher als der reale Sachverhalt, den sie repräsentieren (vgl. Johnson-Laird 1983, S. 10).

Gemäß der Theorie der mentalen Modelle erfolgt die Repräsentation der Texte sowohl auf der Ebene der propositionalen Repräsentation als auch auf der Ebene der mentalen Modelle. Die ursprüngliche Annahme von Johnson-Laird (vgl. Johnson-Laird 1985, S. 156ff.), dass die mentale Modellbildung eines im Text repräsentierten Sachverhalts zunächst die propositionale Repräsentation der Textbasis erfordere, gilt zwischenzeitlich als überholt (vgl. Zwaan 2004; Leopold 2009). Vielmehr ergänzen im Verarbeitungsprozess beide Ebenen einander. Das mentale Modell wird durch die propositionale Struktur aktiviert und während des Verarbeitungsprozesses unter Rückgriff auf Vorwissensstrukturen sukzessive angereichert und ausdifferenziert. Die propositionale Struktur ist dabei als Anleitung für die Modellkonstruktion zu verstehen, determiniert sie jedoch nicht vollständig (vgl. Christmann/Groeben 2006, S. 170).

Das vom/von der Leser/in konstruierte mentale Modell kann zwar durch digitale Informationseinheiten bzw. Symbole beschrieben werden, geht aber stets über diese Beschreibung hinaus: So wie an einer geometrischen Figur (z. B. ein Dreieck) anhand der Beschreibung durch einige notwendige Bestimmungsstücke (z. B. zweier Dreiecksseiten und des von ihnen eingeschlossenen Winkels) weitere, in der Beschreibung nicht erwähnte Merkmale (z. B. die Länge der dem Winkel gegenüberliegenden Dreiecksseite) identifiziert werden können, indem sie an der konstruierten Figur abgelesen werden, bietet auch ein mentales Modell die Möglichkeit, Informationen aus dem konstruierten Modell abzuleiten, die in der Beschreibung implizit geblieben sind (vgl. Schnotz 1987, S. 17f.). Die Erweiterung der Textbasis zeigt sich auch darin, dass einem mentalen Modell stets eine gewisse Imaginationskraft inhärent ist. So stellt das mentale Modell eines Dreiecks immer eine Konkretisierung seiner Beschreibung dar. Es ist unmöglich, sich ein Dreieck vorzustellen oder durch ein Modell abzubilden, ohne das Dreieck zu konkretisieren. Insofern bildet das mentale Modell gewissermaßen immer eine Konkretisierung seiner Beschreibung ab, während eine propositionale Repräsentation aufgrund ihrer Nähe zur sprachlichen Struktur vergleichsweise eher abstrakt ist (vgl. ebd., S. 18).

Mentale Modelle können aber nicht nur strukturelle, topologische Gegebenheiten abbilden, sondern auch dynamische Sachverhalte repräsentieren. Sie

> *„ermöglichen es, Inferenzen zu bilden und Vorhersagen zu treffen,*
> *Phänomene zu verstehen, Handlungsentscheidungen zu treffen und*
> *deren Ausführung zu kontrollieren und vor allem Ereignisse stellver-*
> *tretend zu erfahren; sie erlauben es, durch Sprache Repräsentationen*
> *zu erzeugen, die mit jenen vergleichbar sind, die durch eine direkte*
> *Kenntnis von der Welt abgeleitet werden"* (Johnson-Laird 1985,
> S. 357, zit. n. Christmann 1989, S. 87).

Insofern gelten mentale Modelle als anschaulich (i. S. v. vorstellbar) und eröffnen damit die Möglichkeit zum gedanklichen Probehandeln. Handlungen und Prozesse können dadurch mental simuliert werden, d. h., mentalen Modellen ist damit stets eine gewisse Imaginationskraft inhärent (vgl. Johnson-Laird 1985, S. 156).

Weiterentwicklungen

Die wohl elaborierteste Modellierung des Textverarbeitungsprozesses im Rahmen mentaler Modelle haben van Dijk und Kintsch (1983) erarbeitet. Mit ihrem *Situationsmodell* legen sie ein Konzept vor, bei dem der Prozess der Textrezeption als Wechselwirkung zwischen einem vorgegebenen Text und der Kognitionsstruktur der Leser/innen modelliert wird. Danach wird der Text zwar gemäß der zuvor entwickelten Propositionsanalyse (vgl. Kintsch/van Dijk 1978) repräsentiert, aber zusätzlich ein Situationsmodell konstruiert, das gleichermaßen textbezogene Informationen und leserseitige Wissensbestände enthält. Textverstehen wird hier als dynamischer, konstruktiver und interpretativer Prozess konzipiert, bei dem Leser/innen in einem schrittweisen Prozess (online-Annahme) die Bedeutung eines Textes unter Rückgriff auf sachbezogenes Weltwissen, Erwartungen, Erfahrungen und Rezeptionsziele (*präsuppositive Annahme*) konstruieren. Das mentale Modell/Situationsmodell wird sukzessive durch die enge Interaktion zwischen Textinformationen und wissensbasierten Inferenzen spezifiziert und elaboriert (vgl. Schnotz 1988, S. 305ff.). Kintsch (1998) selbst bemerkt zur Rolle des Vorwissens bei der Konstruktion eines Situationsmodells:

> *„Usually [...] texts are incomplete and rely on the comprehender to*
> *fill in gaps and make links to prior knowledge – domain knowledge,*

knowledge of the world and knowledge of the specific communicative situation. Therefore, in the general case, the situation model [...] is a mixture of text-derived [...] and knowledge-derived elements. [...] Often a comprehender needs a good model of the situation under discussion to make some of the bridging inferences required by the text." (Kintsch 1998, S. 292f.)

Neben den wissensbasierten Inferenzen werden bei der Konstruktion eines Situationsmodells gleichermaßen die Funktion des Textes im sozialen Kontext (*funktionalistische Annahme*), die antizipierte Autorintention (*kommunikative Funktion*, z. B. des Erzählens, Berichtens, Erklärens, Überzeugens, Unterhaltens, Warnens usw.) sowie die pragmatische, interaktive und situative Einbettung des Textes berücksichtigt (vgl. Christmann/Groeben 2006, S. 171; van Dijk/Kintsch 1983, S. 6ff.). Der Unterschied des Situationsmodells zur Mikro- und Makrostruktur besteht in der jeweiligen Funktion der Inferenzprozesse. Während bei Kintsch und van Dijk (1978) lediglich diejenigen Inferenzen in die Textrepräsentation aufgenommen werden, die für die Herstellung von lokaler bzw. globaler Kohärenz notwendig sind, handelt es sich beim Situationsmodell um eine elaboriertere multidimensionale Repräsentation, die die vielfältigen Informationen aus der Wissensbasis der Rezipienten/innen integriert (vgl. van Dijk/Kintsch 1983). Die Funktion der Inferenzbildung verschiebt sich demzufolge von der linguistischen Ebene hin zur Ebene der mentalen Modelle. Insofern stellt der Prozess der Textrezeption einen strategisch flexiblen, vom Rezeptionsziel gesteuerten Vorgang dar.

Die Annahme der Textverarbeitung als strategischer Prozess ist besonders bedeutsam und wurde im *Strategiemodell* (van Dijk/Kintsch 1983) weiter ausgearbeitet. Es gehört „*zweifellos zu den am weitesten fortgeschrittenen theoretischen Entwicklungen der Textverarbeitungsforschung*" (Rickheit/Strohner 1985, S. 25). Die Konstruktion des mentalen Modells (Situationsmodells) erfolgt demnach nicht beliebig, sondern strategisch. Strategien meinen in diesem Zusammenhang keine regelgeleiteten Prozesse, sondern Arbeitshypothesen, die auf der Grundlage einer flexiblen Nutzung interner und externer Wissensbestände (z. B. Vorwissen, Interessen, Kontextbedingungen, Kommunikationssituation) formuliert werden. Die wichtigste Strategie besteht darin, eine kohärente Textbasis herzustellen, die den Kriterien der lokalen und globalen Kohärenzbildung Rechnung tragen muss (vgl. van Dijk/Kintsch 1983, S. 11). Damit wird zugleich die restriktivste Annahme des propositionalen Beschreibungsmodells (vgl. Kintsch 1974) und des zyklischen Verarbeitungsmodells (vgl. Kintsch/van Dijk 1978) aufgegeben: Kohärenz wird nun nicht mehr bloß in Form von Argumentwiederholung bzw. -einbettung angenommen, vielmehr wird das Kriterium der referenziellen Identität als eine von vielen Möglichkeiten betrachtet, eine kohärente Textbasis zu schaffen (vgl. van Dijk/Kintsch 1983, S. 46).

Dementsprechend sind die Kohärenzbedingungen nun deutlich weiter gefasst: Textkohärenz liegt dann vor, wenn Propositionen aufeinander beziehbare Tatsachen einer möglichen Welt denotieren (vgl. ebd., S. 13). Es werden keine konkreten Regeln formuliert, um die Kohärenzbedingungen für Propositionssequenzen festzulegen. Stattdessen wird betont, dass Kohärenz in Abhängigkeit von der gewählten Verarbeitungsstrategie (die ihrerseits wieder vom jeweiligen Rezeptionsziel und dem rezipientenseitig vorhandenen Wissen abhängt) flexibel erzeugt werden kann. Dies hat zur Folge, dass auch Hierarchieverhältnisse, wie sie im Rahmen propositionaler Beschreibungsmodelle postuliert wurden, ad hoc nicht mehr bestimmbar sind. In Abhängigkeit von den Annahmen und Interessen der Leser/innen kann sich die hierarchische Position von Propositionen ändern (vgl. Christmann 1989, S. 92).

In einer Weiterentwicklung der vorangegangenen Entwürfe, dem sog. *Construction-Integration Model*, geht Kintsch (1988, 1998) von einem Arbeitsgedächtnis aus, das er in ein Kurzzeit- und ein Langzeitarbeitsgedächtnis ausdifferenziert (vgl. Kintsch 1998, S. 217ff.). Die Gedächtnisse werden dabei als assoziative Netzwerke (*associative net*), bestehend aus Knoten und Verbindungen zwischen diesen Knoten, konzeptualisiert. Die Knoten bilden beispielsweise aus dem Text abgeleitete Konzepte, Propositionen, Schemata und Skripte ab, die in einem gemeinsamen Netzwerk organisiert sind. Die Verbindungen zwischen benachbarten Knoten stellen deren Verbindungsstärke bzw. Aktivationspotenziale dar. Diese können unterschiedlich stark ausgeprägt sein (vgl. Kintsch 1988, S. 165) und korrelieren positiv mit der Häufigkeit ihrer bisherigen Aktivation. Wird ein Knoten im Netzwerk aktiviert, bestimmt die Stärke der Verbindungen zu den benachbarten Knoten die weitere Ausbreitungswahrscheinlichkeit und -richtung innerhalb des Netzwerkes. Elemente ohne oder mit schwachen Verknüpfungen zu anderen Knoten werden aufgrund ihrer wechselseitigen Konkurrenz mit verbindungsstärkeren Knoten deaktiviert (vgl. Kintsch 1988, 1998).

Ausgehend von einem textuellen Stimulus werden im Kurzzeitgedächtnis zunächst Mikropropositionen konstruiert (vgl. Kintsch 1998, S. 218). Aufgrund der begrenzten Verarbeitungskapazität des Kurzzeitgedächtnisses erfolgt unter Anwendung der Makroregeln (vgl. Kapitel 3.2.2.1) eine Aggregation der Mikropropositionen in Makropropositionen. Die konstruierte Wissensstruktur wird sodann ins Langzeitgedächtnis übertragen und ist bis auf wenige Propositionen mit hohen Aktivierungswerten nicht mehr im Arbeitsgedächtnis verfügbar (vgl. Kintsch 1998). Diese verbleiben im Fokus der Aufmerksamkeit, um die gesamte Wissensstruktur zugänglich zu machen, und fungieren als Anknüpfungspunkte für den nächsten Verarbeitungszyklus.

Während des Lesens konstruiert das Langzeitarbeitsgedächtnis die propositionalen Netzwerke zunächst aus Mikro- bzw. Makropropositionen und ggfs. bestehendem inhaltlichen Vorwissen. Das inhaltliche Vorwissen erfährt eine Aktivierung gemäß der Systemlogik assoziativer Netzwerke, d. h., die im Arbeitsgedächtnis konstruierten Knoten der Textbasis aktivieren einen oder mehrere Knotenpunkte (Wörter, Propositionen Skripte, Konzepte etc.) (vgl. Kintsch 1998, S. 232). Die Aktivation von Langzeitgedächtnisknoten geschieht im Leseprozess zum einen aufgrund der Ähnlichkeit zwischen den Knoten des Arbeits- und Langzeitgedächtnisses (vgl. ebd.), zum anderen bei Kohärenzlücken durch die Bildung von Inferenzen und Anwendung von Informationsverarbeitungsstrategien. Die aktivierten Langzeitgedächtnisknoten können wiederum andere Langzeitgedächtnisknoten anregen und auf diese Weise ein Netzwerk konstituieren, das Knotenpunkte 1) der Textbasis, 2) der durch die Textbasis aktivierten Langzeitgedächtnisknoten und 3) durch Aktivationsausbreitung im Langzeitgedächtnis angeregten Knotenpunkte beinhaltet.

Das Ergebnis dieser Konstruktionsphase ist demnach eine Repräsentation, die gleichermaßen durch Vorwissen und assoziative Aktivierungen von Inhalten des Langzeitgedächtnisses elaboriert wurde. Da der Konstruktionsprozess *bottom-up* verläuft, handelt es sich hierbei nicht um eine konsistente und kohärente Repräsentation, insofern nicht nur textkontextadäquate Elaborationen, sondern aufgrund der umfangreichen assoziativen Aktivierungen auch inkohärente Knotenpunkte aktiviert werden (vgl. Kintsch 1988, S. 166). Um Textkohärenz zu entwickeln, ist es daher notwendig, das Wissensnetzwerk zu stabilisieren. Dazu erhalten wichtige Konzepte, die viele Verknüpfungen zu textrelevanten Konzepten aufweisen, hohe Aktivierungswerte. In einem Integrationsprozess werden unter Berücksichtigung des Kontextes und des individuellen Vorwissens inkonsistente, unplausible Konstruktionen gehemmt und jene Strukturen gefestigt, die sich in ein kohärentes Ganzes einfügen (vgl. Kintsch 1988, S. 168; Kintsch 1998).

Dabei bedarf es stets der situativen Passung der tentativ gebildeten Netzwerke, indem ein neu eingelesener Satz sich in das bisher entwickelte Netzwerk widerspruchsfrei einfügen lässt. Das Wissensnetzwerk wird während des Leseprozesses permanent modifiziert, erweitert und umorganisiert, bis Konvergenz zwischen der Netzwerkstruktur des Langzeitgedächtnisses und der Netzwerkstruktur der Textbasis gesichert ist. Der Integrationsprozess mündet schließlich in einer kohärenten, wohl organisierten mentalen Repräsentation (vgl. ebd.).

Insgesamt hat sich die Forschung darauf konzentriert, den empirischen Nachweis zu erbringen, dass die zu einem Text gebildete Repräsentation eher der Struktur des beschriebenen Sachverhalts und nicht der Propositionenstruktur des Textes entspricht (im Überblick Garnham/Oakhill 1996; Kelter/Kaup 1996). Befunde, die die Annahme eines mentalen Modells unterstützen, liegen vor allem aus Studien vor, die die Verarbeitung von räumlichen Informationen aus Texten untersuchten (vgl. Glenberg/Meyer/Lindem 1987; Mani/Johnson-Laird 1982; Perrig/Kintsch 1985). Diese erschienen gut geeignet, um den Unterschied zur propositionalen Struktur des Textes herauszuarbeiten. Zum anderen ist die Forschung darauf konzentriert, die Bedingungen der mentalen Modellkonstruktion in Abhängigkeit von bestimmten Textgestaltungsmerkmalen zu untersuchen. Hier konnte beispielsweise der Nachweis erbracht werden, dass die Konstruktion eines mentalen Modells gerade auch bei wissenschaftlichen

Texten durch die Verwendung von Analogien und Metaphern gestützt werden kann, woraus sich positive Effekte für das kurz- und langfristige Behalten, auf Problemlösungen und die Güte der Beantwortung schlussfolgernder Fragen ergeben (vgl. Halpern/Hansen/Riefer 1990).

Probleme mentaler Modelle

Die Stärke mentaler Modelle/des Situationsmodells ist sicherlich in der Berücksichtigung der vielen Einflussgrößen zu sehen, die den Textrezeptionsprozess umfassend modellieren. Die Schwäche mentaler Repräsentationen betrifft die Frage, ob und wie deren psychologische Realität nachgewiesen werden kann. Mentale Modelle sind prinzipiell nicht unmittelbar beobachtbar. Um ihre Plausibilität zu überprüfen, müssen entsprechende äquivalente, beobachtbare Verhaltensweisen erhoben bzw. generiert werden. Dennoch ist der empirische Nachweis analoger mentaler Modelle höchst problematisch, da die Analyse des Informationsgehaltes einer mentalen Repräsentation keinen Rückschluss darauf erlaubt, ob es sich dabei um ein mentales Modell handelt oder nicht (vgl. Schnotz 1994, S. 163). Anhand eines Experiments von Bransford, Barclay und Franks (1972) soll exemplarisch die Problematik aufgezeigt werden. Versuchspersonen wurden verschiedene Sätze wie

a. Drei Schildkröten ruhten auf einem schwimmenden Holzstück und ein Fisch schwamm unter ihnen.

dargeboten und mussten anschließend für bestimmte Testsätze wie beispielsweise

b. Drei Schildkröten ruhten auf einem schwimmenden Holzstück und ein Fisch schwamm unter ihm.

entscheiden, ob diese unter den zuvor gehörten Sätzen vorgekommen waren oder nicht. Wie sich zeigte, wurden Sätze wie b) fälschlicherweise als bereits gehört identifiziert. Dieser Befund legt unterschiedliche Interpretationsmöglichkeiten nahe. Einerseits wäre denkbar, dass die Versuchspersonen ein mentales Modell zum dargebotenen Satz a) konstruieren und den Testsatz b) überprüfen, ob er mit dem Modell übereinstimmt.

Im Falle einer Übereinstimmung wird vermutet, den Satz bereits gehört zu haben, auch wenn dies de facto nicht der Fall war. Andererseits könnte das Ergebnis so interpretiert werden, dass die Versuchspersonen eine propositionale Repräsentation des gelesenen Satzes a) bilden und durch Inferenzregeln eine zusätzliche Proposition generieren, wonach der Fisch auch unter dem Holzstück schwamm. Diese Proposition wäre dann wie die übrigen Propositionen expliziter Bestandteil der mentalen Repräsentation, so dass die Probanden auch hier nicht mehr zwischen den Sätzen a) und b) unterscheiden können (vgl. Schnotz 1994, S. 163).

Insgesamt ist festzuhalten, dass es nach dem derzeitigen Forschungsstand zwar keine zwingenden empirischen Belege für die Bildung mentaler Modelle gibt, jedoch die Annahme der mentalen Modellkonstruktion zumindest plausibel erscheint (vgl. Schnotz 1994) und durch eine Reihe aktueller empirischer Arbeiten gestützt wird. Insofern bleibt die Theorie der mentalen Modelle zwar zunächst ein hypothetisches Konstrukt, stellt aber derzeit die überzeugendste Möglichkeit dar, die Interaktion mehrerer Komponenten des Textverstehensprozesses unter Berücksichtigung der kognitiven Flexibilität der Rezipienten/innen adäquat zu modellieren (vgl. Christmann/Groeben 2006, S. 172).

Zusammenfassend ist festzuhalten, dass das zentrale, die Textverarbeitung leitende Prinzip die Erstellung einer kohärenten Textstruktur ist. Dabei wird die eingelesene Textinformation dual auf zwei Ebenen kognitiv repräsentiert: auf der propositionalen Ebene und auf der Ebene der mentalen Modelle (des Situationsmodells). Auf der Ebene der propositionalen Beschreibung wird die explizite Textbedeutung abgebildet, auf der mentalen Modellebene erfolgt die Verknüpfung mit rezipientenseitig aktivierten Vorwissensbeständen. Beide Verarbeitungsmodi greifen im Verstehensprozess ineinander und ergänzen sich. Das mentale Modell wird von Satz zu Satz sukzessive mitgetragen und durch die eingelesenen Informationen kontinuierlich erweitert und ggfs. modifiziert (online-Annahme). Der Text stellt dabei die Anleitung für die mentale Modellkonstruktion dar. Dabei gilt nun nicht mehr die Kohärenz des Textes als entscheidendes Kriterium, sondern die Kohärenz des mentalen Modells, das einer ständigen Evaluierung (und ggfs. Revision) unterzogen wird.

3.2.3 Konsequenzen für das Textverstehen

Die meisten kognitionspsychologischen Ansätze zum Textverstehen stimmen darin überein, dass das Leseverständnis auf der Konstruktion der unterschiedlichen Repräsentationsebenen basiert. Individuelle Unterschiede im Textverständnis sind demzufolge darauf zurückzuführen, welche Textrepräsentationen durch die Leser/innen konstruiert worden sind. Propositionale Repräsentationen und mentale Modelle dürften unterschiedlichen Zwecken dienen. Der Aufbau der propositionalen Repräsentation ermöglicht aufgrund der sprachnahen Übertragung in eine mentale Repräsentation ein eher oberflächliches Verstehen und eignet sich insbesondere für ein genaues Erinnern der Textinformation. Es wird angenommen, dass die Konstruktion der propositionalen Repräsentation dementsprechend auch einen geringeren Verarbeitungsaufwand erfordert. Die propositionale Repräsentation eines Textes ist beständiger als die Textoberfläche, unterliegt jedoch gegenüber dem mentalen Modell einer höheren Vergessensrate (vgl. Schmalhofer/Glavanov 1986). Propositionale Textrepräsentationen ermöglichen ein Verstehen des Textinhaltes, aber noch keine von der Textbasis gelöste Vorstellung zum Sachverhalt (vgl. Schnotz 2006a, b). Während das propositionale Verstehen also ein eher oberflächliches, an linguistischen Strukturen orientiertes Verstehen darstellt, führt das Verstehen in Termini von mentalen Modellen zu einem tieferen Verständnis des in einem Text beschriebenen Sachverhalts. Bei der Konstruktion eines mentalen Modells wird über die unmittelbar gegebene Textinformation hinausgegangen, indem inhaltsspezifisches Vorwissen, explizite und implizite Textbedeutung zu einer angemessenen Repräsentation des beschriebenen Sachverhalts integriert werden. Ein gutes Textverständnis im Sinne eines adäquaten Situationsmodells ist insofern auf domänenspezifisches Vorwissen der Leser/innen angewiesen. Rezipientenseitig vorhandene Vorwissensstrukturen gewinnen insbesondere dann an Bedeutung, wenn der Text voraussetzungsreich und wenig kohärent ist. Inhaltliche Expertise kann sich insofern positiv auf die Güte des Situationsmodells auswirken, weil die mangelnde Textkohärenz eine aktiv-konstruktive, inferenzielle Verarbeitung anregt (vgl. Artelt et al. 2007, S. 14). Die Entwicklung hierarchiehoher Lesekompetenzen im Sinne der mentalen Modellkonstruktion und die Entwicklung inhaltlichen Wissens dürften eng miteinander interagieren: Um aktiv-konstruktive, inferenzielle Prozesse ausführen zu können, wird Weltwissen benötigt. Umgekehrt dürfte der Erwerb von Weltwissen aus schriftlichen Texten durch gute Lesefähigkeiten begünstigt werden. Diese reziproken Effekte dürften sich im Laufe der (Schul-)Zeit akkumulieren. Der Aufbau eines mentalen Modells erfolgt, wie bereits dargelegt, schrittweise (online-Annahme). Es wird parallel zu den aufgenommenen Informationen entwickelt, von Satz zu Satz mitgetragen, angereichert und modifiziert. Dabei wird die Übereinstimmung des mentalen Modells mit dem Text und den Vorwissensbeständen, seine interne Verbundenheit, Vollständigkeit und Konsistenz überprüft. Konsistenz bezieht sich in diesem Zusammenhang auf *„das Erleben einer stimmigen Einsicht in die Zusammenhänge, unbeschadet der Möglichkeit, daß sich diese Zusammenhänge als nicht zutreffend erweisen könnten"* (Dutke 1994, S. 46). Gelingt es nicht, *Sinnkonstanz* (vgl. Hörmann 1976) herzustellen, muss der/die Leser/in das mentale Modell revidieren bzw. so umstrukturieren, dass sich die Textinformationen mit den Wissensvoraussetzungen kompatibel erweisen und widerspruchsfrei sind. Insofern ist diese Art der Repräsentation vor allem geeignet, um Fragen zu beantworten, die auf das Verständnis des Gelernten zielen, oder Aufgaben und Probleme zu lösen, die eine Anwendung des Gelernten erfordern (vgl. Schnotz 1987, S. 17). Befunde von Mani und Johnson-Laird (1982) sowie Schmalhofer und Glavanov (1986) zeigen, dass Lesende den Hauptakzent der Verarbeitung je nach Kontext und Zielsetzung auf unterschiedliche Repräsentationsebenen legen kann.

3.3 Bild- und Diagrammverstehen

Ähnlich wie beim Textverstehen konstruiert der Betrachter auch beim Verstehen von Bildern und Diagrammen multiple mentale Repräsentationen (vgl. Engelkamp/Zimmer 1994; Schnotz 2001; Weidenmann 1994). Dabei kann beim Bild- und Diagrammverstehen zwischen weitgehend automatisierten Wahrnehmungsprozessen, die zu einer perzeptiven Verarbeitung führen, und Prozessen der bewussten semantischen Analyse unterschieden werden.

3.3.1 Perzeptive Informationsverarbeitung

Die perzeptive Informationsverarbeitung basiert gemäß Neisser (1976) zunächst auf präattentiven subsemantischen Prozessen. D. h., diese Stufe der Verarbeitung operiert auf sensorischen Informationen, die das Gehirn von den Sinnesrezeptoren erreichen, bevor die Aufmerksamkeit bewusst darauf gelenkt wird. Bei diesen Prozessen handelt es sich um visuelle Routinen, die weitgehend automatisiert, d. h. nicht bewusst kontrolliert, ablaufen, sodass individuelle Vorwissensstrukturen und Zielsetzungen des Betrachters (vermutlich) nur geringen Einfluss auf die Verarbeitung von Bildern und Diagrammen haben (vgl. Ullman 1984).

Die Wahrnehmung von Bildern oder Diagrammen auf der Grundlage präattentiver Prozesse beinhaltet das Erkennen, Identifizieren und Gruppieren von grafischen Elementen – also von Punkten, Linien und Flächen – anhand ihrer visuellen Merkmale (z. B. Strichstärke, Farbe, Form und Textur) (vgl. Neisser 1974; Winn 1994).

Die Komponenten eines Bildes bzw. Diagramms werden durch Gruppierungsprozesse zu größeren Einheiten zusammengefasst, wobei die präattentive Wahrnehmungsorganisation im Wesentlichen den sog. Gestaltgesetzen bzw. -prinzipien folgt (vgl. Wertheimer 1938). Wenngleich in der Gestaltpsychologie etwa 30 verschiedene Gestaltprinzipien voneinander unterschieden werden, erweisen sich fünf von ihnen für kognitive Verarbeitungsprozesse beim Bild-/Diagrammverstehen als besonders wichtig (vgl. Abbildung 4):

- Nach dem *Gesetz der räumlichen Nähe* werden benachbarte Elemente eher zu einer Gruppe zusammengefasst als weiter entfernt liegende (vgl. Pomerantz/Schwaitzberg 1975).
- Das *Gesetz der Ähnlichkeit* besagt, dass Elemente mit ähnlichen visuellen Eigenschaften – zum Beispiel ähnlicher Form, Farbe, Orientierung, Textur usw. – vom visuellen System gruppiert, d. h. als zusammengehörig wahrgenommen werden, als Komponenten mit unterschiedlichen Merkmalen.
- Das *Gesetz der Geschlossenheit* bzw. das *Gesetz der guten Gestalt* beschreibt die Organisation von optischen Reizen zu visuell wahrge-

nommenen Einheiten. Demnach werden beispielsweise Strukturen so wahrgenommen, dass möglichst einfache und prägnante Formen entstehen. In diesem Sinne wird beispielsweise ein Davidstern als eine aus zwei gleichseitigen Dreiecken bestehende Figur wahrgenommen und nicht als ein Sechseck mit sechs angefügten gleichseitigen Dreiecken (vgl. Pomerantz 1981; Rock 1986).

- Das *Gesetz der guten (Linien-)Fortsetzung* besagt, dass mehrere sich schneidende Linien so wahrgenommen werden, als folgten sie dem einfachsten Weg und verliefen jeweils kontinuierlich.
- Nach dem *Gesetz des gemeinsamen Schicksals* (gemeinsamen Bereichs) werden insbesondere dynamische Elemente als zusammengehörig wahrgenommen, die sich gleichmäßig verändern oder bewegen, da sie gewissermaßen ein gemeinsames Schicksal teilen. So werden beispielsweise mehrere parallel verlaufende Kurven gleicher Form jeweils zu einer Einheit zusammengefasst und als Kurvenschar wahrgenommen.

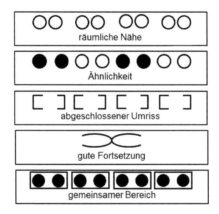

Abbildung 4: Gestaltgesetze (modifiziert nach Rock/Palmer 1991, S. 72)

Die weiteren Verarbeitungsprozesse beim Verstehen von Bildern und Diagrammen schließen sich diesem ersten Verstehensmodus an und führen zur Wahrnehmung des gezeigten Bildes oder Diagramms, d. h. zur Bildung einer *perzeptuellen Repräsentation* (vgl. Schnotz/Dutke 2004, S. 91).

Kontrovers diskutiert wird die Frage, ob die perzeptuelle Repräsentation allein aus verfügbaren Informationen des sensorischen Inputs gewonnen wird, d. h. ausschließlich datengesteuert ist, oder auch durch das Vorwissen und den jeweiligen Zielsetzungen des Rezipienten beeinflusst wird. Schnotz (1994) geht beispielsweise ausschließlich von einer *Bottom-up*-Verarbeitung aus, die nur im geringen Maße vom Vorwissen abhängig und kaum willentlich beeinflussbar ist (vgl. Zimbardo/Gerrig 2004, S. 161). Demgegenüber postuliert Weidenmann, dass es sich bei präattentiven Rezeptionsprozessen nicht lediglich um registrierende *Bottom-up*-Prozesse handelt, sondern um Aktivitäten, die durch höhere Zentren beeinflusst werden und konstruktiver Natur sind (vgl. Weidenmann 1994, S. 29f.). Als Indizien für die Beteiligung höherer Zentren bereits bei präattentiven Rezeptionsprozessen zieht er physiologische Messungen von Arousal und emotionalen Reaktionen heran, die schon bei der kurzzeitigen Betrachtung von Bildern auftreten (vgl. z. B. Greenwald/Cook/Lang 1989), sowie Studien, die Hinweise auf Inferenzbildungen geben (vgl. Weidenmann 1994, S. 31).

Weidenmann verweist in diesem Zusammenhang beispielsweise auf eine Untersuchung von Freyd (1987), die ihren Versuchspersonen das Foto eines Mannes zeigte, der von einer kleinen Mauer herunterspringt. Sie konnte darüber den Nachweis erbringen, dass Bewegungsvorstellungen induziert wurden. Die Probanden erfassten nämlich nicht nur automatisch das (statische) Bild als Ausschnitt aus einem Bewegungsablauf, sondern inferierten aus ihrem Alltagswissen ebenso die Richtung der Bewegung (vgl. Weidenmann 1994, S. 30).

Ähnliche Ergebnisse berichteten Instraub und Richardson (1989), die ihren Versuchspersonen Fotos von vertrauten Objekten und Szenen aus einem engen Kamerawinkel vorlegten. Die später aus der Erinnerung angefertigten Zeichnungen zeigten ebenfalls die Wirkung von Inferenzen, insofern die Probanden den Bildausschnitt aufgrund von Alltagswissen zum Bildinhalt erweitert hatten (vgl. ebd.)

3.3.2 Semantische Informationsverarbeitung

Um ein Bild oder Diagramm nicht nur wahrzunehmen, sondern es auch zu verstehen, ist eine semantische Informationsverarbeitung notwendig. Diese besteht darin, dass anhand der präattentiv konstruierten depiktionalen mentalen Repräsentation ein *mentales Modell* entwickelt wird (vgl. Schnotz/Dutke 2004, S. 74).

Beim *Diagrammverstehen* beispielsweise wird ein *mentales Modell* des dargestellten Sachverhalts entwickelt, indem bestimmte grafische Entitäten (z. B. Punkte, Linien, Balken, Kreissektoren, Säulen) bestimmten mentalen Entitäten zugeordnet werden und bestimmte räumliche Relationen zwischen diesen grafischen Entitäten bestimmten semantischen Relationen entsprechen (vgl. Schnotz/Dutke 2004, S. 75; Schnotz 1994, S. 128). Konkret bedeutet dies beispielsweise, dass ein *Mehr* eines räumlichen Merkmals – z. B. die Länge einer Säule oder die Höhe eines Punktes in einem Koordinatensystem – ein *Mehr* einer bestimmten Merkmalsausprägung des dargestellten Sachverhalts (z. B. der Geburtenzahl, Umsatzrendite, Eheschließungen) repräsentiert.

Dieser Abbildungsprozess kann unterstützt werden, indem Symbolzeichen depiktionale Repräsentationen in Form von Beschriftungen ergänzen (z. B. Bezeichnung der Achsen in Diagrammen oder Städtenamen in Landkarten).

Hierbei handelt es sich allerdings lediglich *„um Benennungen, nicht um Beschreibungen von Entitäten"* (Schnotz/Dutke 2004, S. 75). D. h., die Verwendung von Symbolen in Diagrammen oder Karten ändert nichts am depiktionalen Charakter der Repräsentation, zumal diese Symbole häufig auch durch piktorale Darstellungen ersetzt werden können (vgl. ebd.).

Parallel zur mentalen Modellkonstruktion findet eine *konzeptgeleitete Analyse* statt. Diese besteht in einer Interaktion von *Bottom-up-* und *Top-down*-Prozessen. Die konzeptgeleitete Analyse umfasst attentive Ablese- bzw. Inspektionsprozesse, bei der Informationen am internen Modell (d. h. an der perzeptuellen Repräsentation oder am mentalen Modell) abgelesen und deskriptional (propositional) enkodiert, d. h. in Form einer propositionalen mentalen Repräsentation gespeichert werden (vgl. Schnotz/Dutke 2004, S. 74f.; Schnotz 2005, S. 53).

Bei der semantischen Verarbeitung von *Bildern* verläuft die konzeptgeleitete Analyse durch die Aktivierung *kognitiver Schemata* der alltäglichen Wahrnehmung. Dabei wird beispielsweise die wahrgenommene Konstellation der dargestellten Objekte mithilfe von im Vorwissen gespeicherten Schemata hinsichtlich bestimmter Objektkonstellationen analysiert und interpretiert, was zu propositional enkodierter Information führt, die der bereits vorhandenen propositionalen mentalen Repräsentation hinzugefügt wird (vgl. Schnotz/Dutke 2004, S. 75, 77). Weidenmann (1994) spricht bei dieser Art der Bildinterpretation von einem natürlichen oder *„ökologischen Bildverstehen"* (Weidenmann 1994, S. 27), bei dem der Betrachter erkennt, was auf dem Bild dargestellt ist. Bei logischen Bildern wie Diagrammen scheint dieser Terminus zunächst irritierend, weil diese (im Unterschied zu realistischen Bildern) keine Realitätsausschnitte darstellen. Die nähere Analyse zeigt jedoch, dass auch hier grundlegende organisierende Wahrnehmungsprozesse zur Mustererkennung, zur Unterscheidung zwischen Figur-Grund usw. zusammen mit Vorerfahrungen zu Prototypen von logischen Bildern (z. B. Kurven-, Kreis-, Flussdiagramm) ein automatisches Erkennen bewirken. Ökologisches Bildverstehen bei Diagrammen meint insofern, dass diese als logische Bilder erfasst und automatisch in ihrer speziellen Typik erkannt werden (vgl. ebd.).

Wie aus den Arbeiten von Palmer, Rosch und Chase (1981) hervorgeht, werden dargestellte Gegenstände und Sachverhalte in Bildern schneller und leichter identifiziert, wenn die Darstellung aus einem vertrauten (typischen) Blickwinkel erfolgt, als wenn eine ungewöhnliche Perspektive verwendet wird (vgl. ebd., S. 92). Da die Typizität einer Darstellungsperspektive in erster Linie auf den jeweiligen Erfahrungen eines Individuums basiert, unterliegt die Fähigkeit zur Identifikation und Kategorisierung des in einem Bild gezeigten Gegenstandes oder Sachverhaltes dem individuellen Vorwissen. Hieran knüpfen Erkenntnisse auch von Carney und Levin (2002) an, die nachwiesen, dass visuelle Darstellungen umso häufiger und intensiver von Leser/innen fokussiert werden, je schwieriger der zu verstehende Inhalt und je geringer das Vorwissen sowie die individuelle Verarbeitungskapazität ist.

Im Unterschied zu realistischen Bildern kann bei der Interpretation von *Diagrammen* nicht auf kognitive Schemata der alltäglichen Wahrnehmung zurückgegriffen werden, da diese Darstellungen keine perzeptuelle Ähnlichkeit mit dem repräsentierten Gegenstand besitzen. Vielmehr handelt es bei der Fähigkeit zum Verstehen von Diagrammen um eine spezifische Kulturtechnik, die jeweils erst durch den Umgang mit logischen Bildern erlernt werden muss. Insofern gilt es hier, spezielle Graphikschemata zu entwickeln, mit deren Hilfe es möglich ist, an den grafischen Konfigurationen eines Diagramms relevante Informationen abzulesen (vgl. Pinker 1990). Dabei handelt es sich teils um *globale* Schemata, teils um *lokale* Schemata. Globale Schemata beziehen sich auf die räumliche Konfiguration der verschiedenen grafischen Komponenten und folgen jeweils spezifischen syntaktischen Regeln. Bei Diagrammen gilt dies beispielsweise für die Rechtwinkeligkeit des Koordinatensystems, für die Skalierung der Abszisse von links nach rechts und der Ordinate von unten nach oben (vgl. Schnotz 1994, S. 106; S. 122f.). Lokale Schemata beziehen sich demgegenüber auf Darstellungsdetails wie zum Beispiel Minima und Maxima im Kurvenverlauf eines Liniendiagramms. Die Graphikschemata werden sodann semantisch interpretiert, in Form von Propositionen fixiert und den bereits vorhandenen propositionalen mentalen Repräsentationen hinzugefügt.

Hinsichtlich der Tiefe der konzeptgeleiteten Analyse unterschätzen Lernende häufig den Informationsgehalt visueller Darstellungen. Sie meinen oft, Bildern/Diagrammen bereits mit einem Blick genügend Informationen entnehmen zu können, und merken dabei nicht, dass sie eine Darstellung nicht hinreichend erfassen (vgl. Pettersson 1988; Weidenmann 1989). Lernende besitzen häufig keine adäquaten metakognitiven Verstehensstandards und vollziehen an depiktionalen mentalen Repräsentation zu wenige Ableseprozesse, um die entsprechende propositionale deskriptionale Repräsentation hinreichend zu elaborieren (vgl. Schnotz/Dutke 2004, S. 93f.).

In diesem Zusammenhang zeigen empirische Befunde, dass Lernende mit geringeren Verstehensvoraussetzungen oft (eher) Einzelinformationen aus einem (Linien-)Diagramm entnehmen können. Sie haben häufig Schwierigkeiten, übergreifende Muster zu interpretieren, obwohl diese eigentlich unmittelbar am Kurvenverlauf ablesbar wären (vgl. Guthrie/ Weber 1991; Kerslake 1977; Kirsch/Jungeblut 1986). Diese Schwierigkeit ist auf das Fehlen entsprechender kognitiver Schemata zurückzuführen, welche das Ablesen komplexerer Zusammenhänge ermöglichen. Gleichzeitig gibt es empirische Evidenzen dafür, dass Lernende mit höherem inhaltsspezifischem Vorwissen offenbar über elaboriertere kognitive Schemata verfügen und daher eher fähig sind, Entwicklungstrends zu erkennen (vgl. Lowe 1993, 1994). Insgesamt werden Diagramme wissenschaftlichen Erkenntnissen zufolge

> *„umso besser verstanden, je besser die vom Leser präattentiv wahrgenommene graphische Konfiguration mit der Struktur des darzustellenden Sachverhalts übereinstimmt und je besser der Lernende in der Lage ist, diese Übereinstimmung durch Aktivierung geeigneter kognitiver Schemata zu erkennen."* (Schnotz/Dutke 2004, S. 93)

Auch hier sind individuelle Unterschiede im Vorwissen bedeutsam. Dwyer (1978) und seine Mitarbeiter überprüften in ihren Experimenten frühere Realismustheorien, nach denen aus einem Bild umso mehr gelernt werden kann, je realitätsnäher es ist, also je mehr Details und Informationen es aufweist (vgl. z. B. Dale 1946). Dwyers Studien führten jedoch zu der Erkenntnis, dass weniger detaillierte, schematisierte Bilder Lesenden mit geringeren Vorkenntnissen bessere Verstehensleistungen ermöglichen als detaillierte, fotorealistische Abbildungen.

Sowohl bei der Bildung propositionaler Repräsentationen als auch bei der mentalen Modellkonstruktion handelt es sich um attentive, d. h. bewusst kontrollierte Analyseprozesse. Diese gehen sowohl mit einem größeren Zeitaufwand (vgl. Neisser 1974, S. 117) als auch mit einer größeren mentalen Anstrengung einher. Diese semantischen Verarbeitungsprozesse von Bildern und Diagrammen operieren notwendigerweise seriell (vgl. Schnotz/Dutke 2004, S. 75), da sie das Arbeitsgedächtnis beanspruchen und dessen Verarbeitungskapazität begrenzt ist. So werden in Abhängigkeit von der individuellen Verarbeitungskapazität jeweils nur vier bis sieben Einheiten gleichzeitig im visuell-räumlichen Notizblock *(visual sketch-pad)* des Arbeitsgedächtnisses mental präsent gehalten (vgl. Baddeley 1986; Ericsson/Chase/Faloon 1980; Kosslyn 1985).

Wie bereits angedeutet wurde, wird der Prozess des Bild-/Diagrammverstehens neben der unterschiedlichen Kapazität des Arbeitsgedächtnisses bzw. des visuell-räumlichen Notizblocks auch durch das Vorwissen der Lesenden beeinflusst. D. h., die individuellen Vorwissensbestände haben Einfluss darauf,

> „wie das Gezeigte kategorisiert wird, worauf sich die Aufmerksamkeit richtet, welche Information aufgenommen und verarbeitet, sowie darauf, in welchem Kontext das Gezeigte gesehen wird (Sekuler/Blake 1994)" (Schnotz/Dutke 2004, S. 91f.).

Bezogen auf ein mentales Modell bedeutet dies, dass es stets mehr Information enthält als das dargestellte Bild oder Diagramm selbst bzw. die entsprechende perzeptuelle Repräsentation, da es durch die Aktivierung von Weltwissen elaboriert wird. Beispielsweise beinhaltet ein mentales Modell einer technischen Anlage Informationen über Kausalbeziehungen, die in dem entsprechenden Bild selbst gar nicht enthalten sind. Wie Mayer (z. B. 1997) und Schnotz, Zink und Pfeifer (1996) nachweisen konnten, profitieren Lesende mit unzureichendem Vorwissen, aber hohen räumlichen kognitiven Fähigkeiten von der Unterstützung der mentalen Modellkonstruktion durch Bilder und Diagramme mehr als Lesende mit hohem Vorwissen oder Lesende mit mangelnden räumlichen Fähigkeiten. Weiterhin können Lesende mit elaborierterem Vorwissen offensichtlich auch ohne Bildunterstützung nur anhand eines Textes ein mentales Modell entwickeln, während Lernenden mit geringeren räumlichen Fähigkeiten scheinbar die Voraussetzungen fehlen, um von Bildern profitieren zu können (vgl. Schnotz/Dutke 2004, S. 92f.).

Sweller und Kollegen (1998) haben festgestellt, dass bei Lernenden mit ausgeprägtem Vorwissen und hohen kognitiven Fähigkeiten, die auch ohne Bildunterstützung ein mentales Modell konstruieren können, sogar die Gefahr eines „Redundanzeffektes" bestehe (vgl. Sweller/van Merrienboer/Paas 1998, S. 283). Dieser tritt dann auf, wenn unter einer Split-Attention-Bedingung (d. h., wenn mehrere Informationsquellen gleichzeitig zur Erfassung eines Lerninhalts verarbeitet werden müssen) die Informationsquellen selbsterklärend bzw. redundant sind und nicht der gegenseitigen Referenzierung bedürfen. D. h., die zusätzliche Bereitstellung redundanter Bilder kann zu einer verstehenshemmenden Wirkung bzw. der Entstehung von Interferenzen führen (vgl. ebd.).

Andererseits zeigt sich nach Lowe (1996, 2003) mangelndes Vorwissen insbesondere beim Aufbau dynamischer mentaler Modelle anhand von statischen Bildern. Novizen sind hier aufgrund ihres unzureichenden Wissens häufig stärker von der visuellen Salienz in der Wahrnehmung beeinflusst als von der inhaltlichen Relevanz der gezeigten Elemente (vgl. Schnotz/Dutke 2004, S. 92f.).

Zusammenfassend kann festgehalten werden, dass das Erfassen eines Bildes oder Diagramms nicht einzig auf externen Informationsquellen, sondern auch auf dem Vorwissen als einer internen Informationsquelle basiert. Insoweit kann Vorwissen einen Mangel an externen Informationen, eine geringere Kapazität des Arbeitsgedächtnisses (vgl. Adams/Bell/ Perfetti 1995; Miller/Stine-Morrow 1998) und Defizite von propositionalen Repräsentationen (vgl. Dutke 1996; McNmara/Kintsch/Songer 1996; Soederberg-Miller 2001) teilweise kompensieren.

3.4 Das Integrierte Modell des Text- und Bildverstehens (ITPC)

Mit dem Integrierten Modell des Text- und Bildverstehens (Integrated Model of Text and Picture Comprehension, ITPC) haben Schnotz und Bannert (2003) ein theoretisches Rahmenwerk zur Analyse des Erfassens von Texten und Bildern entwickelt (vgl. Abbildung 5), das auf der Unterscheidung zwischen verbalen und piktoralen Repräsentationen basiert. Dabei handelt es sich um eine Weiterentwicklung der Dualen Kodierungstheorie von Paivio (1986; Clarc/Paivio 1991), insofern auch hier die Verarbeitung verbaler und piktoraler Stimuli in zwei Subsystemen mit verschiedenen Formen von mentalen Kodierungen postuliert wird.

Wenngleich das Integrierte Modell des Text- und Bildverstehens eine Erweiterung durch die Ergänzung einer Kommunikations- und Genreebene erfuhr (vgl. Schnotz/Dutke 2004, S. 76), beziehen sich die weiteren

Ausführungen auf die ursprüngliche Fassung. Dies ist insofern sinnvoll, als sie die Grundlage für das Modell funktionaler Lesekompetenz (vgl. Kapitel 3.5) darstellt.

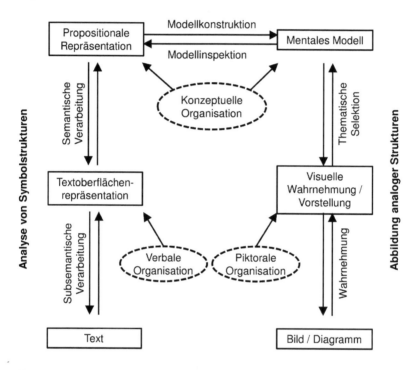

Abbildung 5: Integriertes Modell des Text- und Bildverstehens (Schnotz/Bannert 2003, S. 145)

Der *deskriptionale Repräsentationsz*weig (linke Seite) des Modells erfasst den (externen) Text, d. h. die (interne) mentale Repräsentation der Oberflächenstruktur des Textes und die (ebenfalls interne) mentale propositionale Repräsentation des semantischen Inhalts (vgl. Schnotz/Bannert 2003, S. 144; Schnotz et al. 2011, S. 223; Kapitel 3.2). Die Interaktion zwischen diesen Repräsentationsarten basiert dabei auf verbal-symbolischen Prozessen.

Demgegenüber erfasst der *depiktionale Repräsentationszweig* (rechte Seite) die (externen) Bilder oder Diagramme, die (interne) visuelle Wahrnehmung oder Bilder der grafischen Anzeige sowie das (interne) mentale Modell des bildlichen Gegenstandes. Entsprechend basiert hier die Interaktion zwischen diesen Repräsentationen auf Prozessen einer analogen Strukturabbildung (vgl. Kapitel 3.3).

Wie in den vorangegangenen Ausführungen bereits detailliert dargelegt wurde, erzeugen Leser/innen beim Textverstehen zunächst eine mentale Repräsentation der Textoberfläche. Ausgehend von dieser Oberflächenrepräsentation wird eine propositionale Repräsentation und/oder ein mentales Modell entwickelt. Diese Prozesse verlaufen parallel bzw. quer zueinander. Die ursprüngliche Annahme, dass die mentale Modellkonstruktion zwingend die Bildung einer propositionalen Repräsentation erfordere, gilt zwischenzeitlich als widerlegt (vgl. Kapitel 3.2.2.3).

Beim Bild-/Diagrammverstehen konstruieren Leser/innen ausgehend von präattentiven Verarbeitungsprozessen zunächst eine visuelle mentale Repräsentation der grafischen Anzeige und entwickeln anschließend – in Abhängigkeit der jeweiligen Leseintention – ein mentales Modell und/oder eine propositionale Repräsentation (vgl. Schnotz/Bannert 2003, S. 146; Kapitel 3.3). Dabei kann das mentale Modell durch vorhandene themenspezifische Schemata sowie relevante Informationen aus der propositionalen Repräsentation eines dazugehörigen Textes ergänzt werden. Zudem ermöglicht das mentale Modell das Ablesen von Informationen und Inferenzprozessen, dessen Ergebnisse der propositionalen Repräsentation als neue Informationen hinzugefügt werden können. Insofern kann die propositionale Repräsentation zur Konstruktion eines mentalen Modells (Prozesse der Modellkonstruktion) und das mentale Modell zum Aufbau einer propositionalen Repräsentation (Prozess der Modellinspektion) genutzt werden (vgl. Schnotz/Dutke 2004, S. 75). D. h., rezeptive Verarbeitungsprozesse verlaufen gemäß des Modells nicht nur unidirektional, also ausgehend von der externen Repräsentation zu multiplen mentalen Repräsentationen. Vielmehr werden aus dem Bild oder Diagramm entnommene und mental modellierte Informationen in eine externe symbolische Repräsentation überführt, indem der dargestellte Sachverhalt verbalisiert wird. Anders herum kann ein verbal-symbolisch repräsentierter Textinhalt über Modellierungsprozesse in eine piktorale Darstellungsform transformiert und in Form einer bildlichen Darstellung extern visualisiert werden. Diese Interaktion zwischen propositionaler Repräsentation und mentalem Modell ist zentrales Charakteristikum des Integrierten Modells des Text- und Bildverstehens und basiert auf einem Moduswechsel des Repräsentationsformates.

3.5 Das Modell *funktionale Lesekompetenz*

Das Modell *funktionale Lesekompetenz* wurde originär als Instrument im Rahmen der ASCOT-Forschungsinitiative entwickelt. Hierbei handelt es sich um ein vom BMBF aufgelegtes Programm, dessen Ziel darin besteht, Messinstrumente zur technologiebasierten Erfassung beruflicher Kompetenzen in ausgewählten Berufsfeldern am Ende der Ausbildung zu entwickeln (vgl. Ziegler et al. 2012, S. 6). Mithilfe dieses Instruments sollen Lesefähigkeiten im beruflichen Kontext erfasst werden, wobei das Instrument domänenübergreifend eingesetzt werden soll.

Das Instrument wird nachfolgend hinsichtlich seiner zentralen Gestaltungsparameter *Textformate* bzw. *Repräsentationsmodi, Leseanforderungen* und *Leseintention* dargelegt.

Grundlegend für das Instrument sind zunächst die relevanten *Textformate*, die hinsichtlich ihres *Repräsentationsmodus'* differenziert werden. Unterschieden werden hier (1) *deskriptionale* Repräsentationen, die ein kontinuierliches Darstellungsformat aufweisen und daher auch als kontinuierliche Texte (Naumann et al. 2009, S. 25) bezeichnet werden (z. B. Zeitschriften- und Zeitungsartikel), und (2) *depiktionalen* Repräsentationen, die ausschließlich ikonische Repräsentationen enthalten (z. B. Bilder und Zeichnungen). Im Rahmen des Instruments werden ferner (3) *gemischte Formate/Mischformate* als dritten Repräsentationsmodus ergänzt. Zu diesen *Mischformaten* zählen ausschließlich sprachlich verfasste Texte, die aufgrund ihrer explizit typografischen Struktur als nichtkontinuierliche Texte (vgl. ebd.) gelten (z. B. Listen und Formulare), aber auch nicht als depiktional im engeren Sinne eingeordnet werden können.

Diese Ergänzung um ein drittes Repräsentationsformat erweist sich insofern als sinnvoll und notwendig, als im Alltag oder beruflichen Kontext meist solche Mischformen auftreten (vgl. Ziegler et al. 2012, S. 8).

Neben den Repräsentationsmodi sind die *Leseanforderungen* bzw. die *Leseintention* zentrale Gestaltungsparameter für das Instrument. Die Konstruktion der Leseanforderungen orientiert sich am Integrierten Modell des Text- und Bildverstehens von Schnotz und Bannert (2003) (vgl. Kapitel 3.4) und stellt die Grundlage für das Kognitive Prozessmodell zur Modellierung funktionaler Leseanforderungen dar.

Ausgehend von den kognitiven Repräsentationen beim Text- und Bildverstehen (vgl. Kapitel 3.2 und 3.3) werden hier die Anforderungsbereiche (1) *Identifizieren* bzw. *Lokalisieren*, (2) *Integrieren* und (3) *Generieren* unterschieden (vgl. Ziegler et al. 2012). Diese rekurrieren auf die *Aspekte des Lesens* (Identifizieren und Extrahieren, Integrieren und Interpretieren sowie Reflektieren und Bewerten) aktueller LSA-Studien der OECD (PISA, PIAAC) (vgl. Artelt et al. 2001; Naumann et al. 2010; OECD 2009). Da sich die *Aspekte des Lesens* stark an den Gegenständen schulischen Lernens orientieren, erscheinen sie für die Erfassung *funktionaler Lesekompetenz* wenig kompatibel (zur ausführlichen Begründung s. Ziegler et al. 2012, S. 8f.). Im beruflichen Kontext steht vielmehr das Lesen mit Handlungsintention im Vordergrund und damit die Fähigkeit, die zur Bewältigung alltäglicher oder beruflicher Anforderungen notwendigen Informationen aus schriftlichen Dokumenten entnehmen und unmittelbar nutzen zu können. Lesen erfolgt in diesem Verständnis zielorientiert mit Handlungsabsicht. D. h., die zentrale Funktion des Lesens ist hier die Umsetzung, nicht das Behalten von Informationen (vgl. Kapitel 2).

Aus diesem Grund werden ausgehend von den dargestellten kognitiven Verarbeitungsprozessen beim Text- und Bildverstehen sowie in Anlehnung an Kirsch (1999) die o. g. Anforderungsklassen unterschieden:

Der Anforderungsbereich *Identifizieren* bzw. *Lokalisieren* erfordert vom Lesenden das Auffinden von einzelnen Bild- oder Textelementen. Um eine Leseanforderung dieses Schwierigkeitsgrades zu bewältigen, dürfte die Konstruktion einer Oberflächenrepräsentation des Textes bzw. der visuellen Wahrnehmung eines Bildes ausreichend sein. Der Schwierigkeitsgrad kann dabei dadurch erhöht werden, dass Informationen beispielsweise an einer eher ungewohnten Stelle im Text aufgefunden werden müssen (vgl. Naumann et al. 2010).

Demgegenüber erfordert das *Integrieren* von Informationen mindestens die Bildung einer propositionalen Repräsentation. Dies kann beispielsweise bedeuten, dass mindestens zwei Informationen innerhalb eines Textes aufeinander bezogen und integrativ verarbeitet werden müssen. Bezogen auf depiktionale Repräsentationen heißt dies, dass mehrere Informationen eines Bildes/Diagramms integriert bzw. einfache Relationen zwischen ihnen hergestellt werden müssen. Eine Integrationsleistung besteht ferner darin, wenn Text- und Bildinformationen miteinander verknüpft werden müssen, um eine Aufgabe adäquat zu lösen. Der Schwierigkeitsgrad kann hier über die Anzahl der zu integrierenden Informationen, die Stärke ihrer Verbindung, die Anordnung der Informationen im Dokument sowie den Umfang und die Informationsdichte der externen Repräsentation variiert werden (vgl. Ziegler et al. 2012, S. 11).

Die Anforderungsklasse *Generieren* erfordert schließlich die Konstruktion eines mentalen Modells. Dazu muss ein Moduswechsel vollzogen werden. D. h., bei deskriptionalen Repräsentationsformaten müssen die dargebotenen Sachverhalte in externe Visualisierungen überführt werden, während es depiktionale Repräsentationsformate (Bilder, Diagramme) zu verbalisieren gilt. Eine Variation der Schwierigkeit kann hier in Bezug auf die Komplexität des mentalen Modells erfolgen, die wiederum vom Informationsumfang und von der -dichte des externen Repräsentationsformates bestimmt wird (vgl. ebd., S. 11f.).

Im Kontext der vorliegenden Arbeit soll das vorgestellte Instrument zur Erfassung *funktionaler Lesekompetenz* für die Charakterisierung und Systematisierung beruflicher Leseanforderungen/Anforderungssituationen, die im Rahmen der Interviewstudien erhoben wurden, genutzt werden (vgl. Kapitel 7.4).

4 Erhebungsmethoden und -instrumente

Nach Darlegung des theoretischen Bezugsrahmens schließt sich nun die empirische Untersuchung dieser Arbeit an. Hierzu werden wie eingangs dargelegt zunächst die methodischen Zugänge (Experten-, Gruppeninterview), Erhebungsinstrumente (Interviewleitfäden) und Auswertungsprinzipien (Transkription, Gesprächsinventar, qualitative Inhaltsanalyse) erläutert und hinsichtlich ihrer jeweiligen Leistungen reflektiert (vgl. Kapitel 4.1–4.7). Anschließend wird das Forschungsfeld bzw. die hier relevante Zielgruppe der angehenden Maurer und Straßenbauer[7] in den Blick genommen und bezüglich der zugrunde liegenden (Ausbildungs-) Berufsbilder und Lernvoraussetzungen charakterisiert (vgl. Kapitel 5). Im Zentrum des empirischen Teils steht sodann die forschungsmethodische Deskription und Reflexion der inhaltsanalytischen Interviewauswertung (vgl. Kapitel 6) sowie die Darstellung zentraler Erkenntnisse (vgl. Kapitel 7).

4.1 Experteninterviews

Experteninterviews sind häufig eingesetzte Verfahren der empirischen Sozialforschung. Lange Zeit waren sie dem Vorwurf einer unterentwickelten Methodenreflexion ausgesetzt und wurden im Vergleich mit anderen Interviewtechniken eher randständig behandelt. Wie ein Blick in die allgemeinen Lehr- und Handbücher der Sozialforschung offenbart, kommt dem Experteninterview heutzutage zwar mehr Anerkennung als Erhebungsinstrument zu, es gilt in methodischer Hinsicht dennoch nicht selten weiterhin als problematisch (vgl. Bogner/Menz 2009, S. 17f.). Die mangelhafte methodische Fundierung erklärt sich aus der Perspektive von Meuser und Nagel (z. B. 1991, 1994) mit der Persistenz einer Forschungstradition, die dem Experteninterview meist nur eine explorative Funktion zugesteht. So besteht im Streit um das Experteninterview bis heute nicht nur Uneinigkeit darüber, wie Experteninterviews methodisch fundiert

---

7   Da es sich bei der befragten Zielgruppe ausschließlich um männliche Auszubildende handelt, wird nachfolgend entsprechend die maskuline Form „Maurer" bzw. „Straßenbauer" gewählt.

werden können, sondern ob dies grundsätzlich überhaupt möglich erscheint. Dabei wird argumentiert, dass es kein „*kodifiziertes Leitbild ‚des'* *Experteninterviews*" geben könne (Bogner/Menz 2005, S. 34), da ihm (1) in Abhängigkeit vom Untersuchungsgegenstand ein relationaler Expertenbegriff zugrunde liege (vgl. Deeke 1995, S. 7), (2) die Kontextualität der Forschungspraxis übersehen werde und (3) Expertengespräche je nach spezifischem untersuchungsleitendem Interesse unterschiedlich stark vorstrukturiert, offen geführt, verschieden aufbereitet, ausgewertet und interpretiert werden könnten (vgl. Bogner/Menz 2009, S. 61f.). Insofern gilt es anzuerkennen, dass das Experteninterview nicht klar konturiert, also kein einheitliches Konzept ist, sondern sowohl auf der Ebene der Interviewdurchführung als auch auf der Ebene der Textanalyse in einem Kontinuum von Strukturierung und Offenheit realisiert werden kann. Die konkrete Positionierung innerhalb dieses Kontinuums wird durch die spezifischen Forschungsfragestellungen und Zielsetzungen vorgegeben. Bogner und Menz (2009) sehen genau hierin – und nicht in grundsätzlichen methodologischen Schwierigkeiten – die eigentliche Ursache des Paradigmenstreits. Sie vermuten vielmehr, dass die Kontroverse um das Experteninterview „*aufgrund der Defizite in der Systematisierung der* *unterschiedlichen Erkenntnisinteressen und Forschungsdesigns lebendig* *gehalten wird*" (Bogner/Menz 2009, S. 62), und haben infolgedessen in Anlehnung an die Arbeiten von Vogel (1995), Meuser und Nagel (vgl. 1991, 1994) eine Typologie von Experteninterviews herausgearbeitet. In Abhängigkeit von ihrer erkenntnisleitenden Funktion unterscheiden sie drei dominante Formen von Experteninterviews:

1. das *explorative* Experteninterview als Bestandteil eines multimethodischen Designs zur thematischen Strukturierung des Untersuchungsfeldes,

2. das *systematisierende* Experteninterview mit einem Schwerpunkt auf praxisbasiertes Handlungs- und Erfahrungswissen des Experten,

3. das *theoriegenerierende* Experteninterview mit Interesse für subjektive Handlungsorientierungen und implizite Entscheidungsmaximen der Experten (vgl. Bogner/Menz 2009, S. 63ff.).

Ausgehend von der vorgeschlagenen Typologie erweist sich das *systematisierende* Experteninterview im hier gegebenen Forschungskontext als angemessenes Erhebungsinstrument. Ähnlich wie das explorative Interview orientiert es sich an der Erhebung exklusiven Expertenwissens:

> *„Im Vordergrund steht hier das aus der Praxis gewonnene, reflexiv verfügbare und spontan kommunizierbare Handlungs- und Expertenwissen."* (Bogner/Menz 2005, S. 37)

Die Wahl des Experteninterviews zielt insofern auf die spezifische Form von professionellem Wissen und einer systematischen Informationsgenerierung. In diesem Sinne gilt es, im Rahmen der systematisierenden Experteninterviews objektiv-faktische, sachdienliche Informationen zu den leitenden Forschungsfragestellungen zu gewinnen. Da die Interviewpartner im Rahmen dieser Untersuchung als Funktionsträger (Polier, Meister, Ausbildungsleiter) befragt werden, werden sie nicht als ganzheitliche Persönlichkeiten (mit ihren privaten Lebensumständen) betrachtet. Vielmehr tritt als spezifisches Charakteristikum des Experteninterviews – im Unterschied zu anderen Formen des offenen Interviews – hier

> *„die Person des Experten in ihrer biografischen Motiviertheit in den Hintergrund, stattdessen interessiert der in einem Funktionskontext eingebundene Akteur"* (Meuser/Nagel 2011, S. 57).

Die Äußerungen des Experten sind demzufolge stets im Kontext ihrer institutionell-organisatorischen Handlungsbedingungen einzuordnen. In diesem Sinne besteht die Zielrichtung der Experteninterviews darin, die überindividuellen, handlungs- bzw. funktionsbereichsspezifischen Muster des Expertenwissens herauszuarbeiten.

Aus methodischer Perspektive erscheint ein halbstrukturiertes Interview in diesem Zusammenhang ein angemessenes Erhebungsinstrument, um in einer offenen Interviewsituation Narrationen herauszufordern und Raum für multiperspektivische Breite zu bieten. Für das Gelingen des Experteninterviews resultiert daraus die Notwendigkeit eines Leitfadens, der nicht im Sinne eines starren Ablaufschemas, sondern eines thematischen Tableaus verwendet wird. Nachfolgend wird die Entwicklung des Leitfadens skizziert.

4.2 Konstruktion des Leitfadens für die Experteninterviews

Die Konzeption des Interviewleitfadens erfolgte systematisch und theo-riegeleitet in Anlehnung an das Verfahren von Helfferich (2005). Mit der von ihr vorgestellten SPSS-Methode liegt ein Modell zur Generierung von Interviewleitfäden vor, das gleichermaßen das Prinzip der Offenheit wahrt und dennoch die für das Forschungsinteresse notwendige Strukturierung vorgibt. Theoriekonform wurde in der ersten Phase (S) der SPSS-Methode in einer Arbeitsgruppe mit fünf Mitgliedern unterschiedlicher Disziplinen ein Brainstorming zu den leitenden Forschungsfragen initiiert, um die eigene Perspektive zu erweitern und eine Pluralität und assoziative Breite des Themenfeldes zu erreichen. Die hier entwickelten Fragen wurden zu-nächst unreflektiert auf Zettelkärtchen notiert und zusammengetragen. In der zweiten Arbeitsphase (S) wurde der Fundus an Fragen – *entgegen* der Reihenfolge bei Helfferich – gemeinsam gesichtet und nach inhaltlichen Dimensionen und als zentral ermittelten Themenkomplexen kategorisiert. Durch die modifizierte Vorgehensweise sollte vermieden werden, dass wichtige Fragen vorschnell verworfen wurden. Erst dann erfolgte die Prüfung (P) der ausformulierten Fragen hinsichtlich ihrer Eignung für den gegebenen Forschungskontext. Zum Ausschluss oder zur Revision führten insbesondere

- geschlossene Fragen, die nicht dazu geeignet waren, offene Antwor-ten oder Narrationen zu evozieren,
- wertende Fragen,
- Fragen mit Präsuppositionen, die implizit oder explizit Vorstellun-gen vermittelten,
- Fragen, mit denen implizite Erwartungen verbunden waren,
- Suggestivfragen, bei der der Interviewte durch die Fragestellung bereits beeinflusst würde,

- Fragen, mit denen auf Klärung insistiert worden wäre (vgl. Kruse 2010, S. 68f.),
- Fragen nach abstrakten Zusammenhängen, deren Beantwortung eine Überforderung des Befragten dargestellt hätte (vgl. Helfferich 2005, S. 163) sowie
- multiple Fragen, d. h. eine Kette aufeinanderfolgender Fragen (vgl. Gläser/Laudel 2010, S. 141).

Neben diesen Konstruktionsanforderungen wurden die Fragen, sofern notwendig, auch sprachlich überarbeitet. Hier wurde insbesondere die Wortwahl dem soziolinguistischen Niveau der Interviewten angepasst, um das Verständnis der Fragen zu sichern und Mehrdeutigkeiten zu vermeiden. Die spezifischen Frageformulierungen wurden einzeln geprüft und bei Bedarf noch einmal korrigiert, denn

> „[e]iner der wichtigsten Grundsätze ist, daß eine Frage so einfach formuliert sein soll, wie noch eben mit dem sachlichen Zweck der Fragestellung vereinbar ist. Dies impliziert, daß Fragen möglichst kurz sein sollen, grammatikalisch schwierige Konstruktionen zu vermeiden sind (wie doppelte Verneinung), man sich der Alltagssprache möglichst anzunähern habe und sehr vorsichtig bei Unterstellungen über den Wissensstand der Befragten sein müsse." (Scheuch 1967, S. 115)

In der letzten Phase des Arbeitsprozesses (S) wurden die geprüften und revidierten Fragen strukturiert. Dabei wurden einzelne inhaltliche Facetten unter übergeordnete Themenbereiche subsumiert und zu einem Leitfaden zusammengeführt.

Dieses Vorgehen war notwendig, um das wissenschaftliche Erkenntnisinteresse adäquat mithilfe von Fragen zu operationalisieren, die dem kulturellen Kontext der Befragten angemessen waren. Die Operationalisierung der Fragen setzte sich kontextsensitiv in den verschiedenen Kommunikationssituationen fort und musste permanent spontan während der Interviews bewältigt werden.

Vor dem ersten Einsatz wurde der Interviewleitfaden im Sinne einer Validierung zusätzlich von zwei unabhängigen Gutachtern kritisch geprüft und entsprechend der Verbesserungsvorschläge modifiziert.

Die in den geführten Interviews schließlich verwendete Fassung des Leitfadens wird nachfolgend hinsichtlich seiner Struktur und inhaltlichen Ausgestaltung auszugsweise skizziert.[8] Dieser besteht aus vier Leitfragen, die jeweils ein zentrales Themenfeld des übergeordneten Forschungskontextes abbilden und einen möglichst natürlichen Gesprächsverlauf begünstigen sollen.

Die Funktion der Leitfragen und Erzählaufforderungen besteht darin, erzählgenerierend zu wirken und das Gespräch thematisch zu fokussieren. Über den zunächst bewusst offen gewählten Stimulus *„Erzählen Sie doch mal, was ein Straßenbauer so alles können muss."*[9] wird dem Befragten zu Beginn des Gesprächs angeboten, über Relevanzmarkierungen, zentrale Topics und die Art der Versprachlichung selbst zu entscheiden. Wenngleich der erste Erzählimpuls für den Interviewpartner eine offene Hinführung zum Thema ist, deuten sich anhand der spontanen Relevanzsetzungen die für ihn wichtigsten Konstrukte an.

Die Verwendung der Abtönungspartikel *doch, mal* und *so* soll dazu beitragen, dass die Erzählaufforderung an Direktheit verliert und einen positiven kommunikativen Effekt generiert. Der wenig strukturierte Gesprächseingang unterstützt die Erzählperson darin, das eigene Relevanzsystem frei zu entfalten und sich eigenstrukturiert zu äußern. Sie ist insofern in der Form ihrer Antwort weitestgehend frei, was es ihr erleichtern dürfte, sich auf die oft eher ungewohnte Situation vertrauensvoll einzulassen. Gleichzeitig ermöglicht dieser erzählgenerierende Zugang der Interviewerin, sich auf den jeweiligen Gesprächspartner, etwa auf seinen Sprachstil,

---

8   Dabei werden jene Leitfragen vorgestellt, die auf Basis des späteren Auswertungsprozesses einen substanziellen Beitrag zur Klärung der Forschungsfragen beitragen konnten und daher auch in der nachfolgenden Auswertung fokussiert werden.

9   Da ausschließlich Männer an der Befragung teilgenommen haben und die Berufe Maurer/in bzw. Straßenbauer/in insgesamt eine Männerdomäne darstellen, werden nachfolgend ausschließlich maskuline Bezeichnungen gewählt.

„seine non-verbale Artikulation und sein Referenzsystem einzustellen, um sich im weiteren Verlauf des Interviews daran anpassen zu können" (Boedeker 2012, S. 164).

Die Fragen des Leitfadens orientierten sich an dem Prinzip der Offenheit und dem Prinzip des Verstehens als Basishandlung. Patton hat für das qualitative Interview die Forderung formuliert, dass die Fragen mindestens offen, neutral, einfach und klar formuliert sein müssen (vgl. Patton 1990, S. 295). Werden interessierende Aspekte von dem Befragten nicht selbst thematisiert, können bestimmte inhaltliche Dimensionen durch konkrete Nachfragen fokussiert werden. Es müssen situationsgebundene allgemeinere Forschungsfragen in konkret bezogene Interviewfragen umgesetzt werden und umgekehrt (vgl. Hopf 1979, S. 11).

Beispielsweise wird die Erzählaufforderung durch die elaborierende Nachfrage *„Welche Fähigkeiten sollte ein Straßenbauer auf jeden Fall haben?"* auf das berufsbezogene Kompetenzprofil ausgerichtet und akzentuiert die Fragerichtung im Hinblick auf notwendige Eigenschaften eines qualifizierten Straßenbauers. Sie strukturiert damit stärker das gewünschte Topic und kann gleichzeitig bei einer abgeschlossenen oder stockenden Narration aufgrund ihrer offenen Formulierung einen neuen Impuls geben. Ebenso dienen die inhaltsleeren Aufrechterhaltungsfragen insbesondere bei relativ kurzen Versprachlichungspassagen dazu, die Befragten zum Weitererzählen zu motivieren und Interesse und Verstehen zu bekunden (vgl. Helfferich 2005, S. 165).

Die zweite Nachfrage intendiert, mögliche Unterschiede in den Kompetenzprofilen von ausgebildeten Straßenbauern/Maurern (Gesellen/Facharbeiter) und Personen mit Führungsverantwortung (Poliere, Meister) zu thematisieren und steuert den Interviewverlauf im Sinne des Forschungsgegenstands.

Ausgehend von den zentralen Kompetenzen wird als ein zentrales Forschungsinteresse die Relevanz des Lesens als weitere inhaltliche Dimension fokussiert, indem nach konkreten Anforderungssituationen und Textbeispielen in der betrieblichen Praxis gefragt wird. Durch den zunehmenden Grad an Strukturierung und Steuerung werden die spezifischen für das zentrale Erkenntnisinteresse relevanten Fragestellungen verfolgt.

Leitfrage 1: *Erzählen Sie doch mal, was ein Straßenbauer so alles können muss.*		
Inhaltliche Aspekte	Konkrete Nachfragen	Aufrechterhaltungsfrage
Zentrale Eigenschaften und Kompetenzen von Gesellen/Facharbeitern	1. Welche Fähigkeiten sollte ein Straßenbauer (Geselle/Facharbeiter) auf jeden Fall haben?	Welche Fähigkeiten sind Ihrer Meinung nach sonst noch von zentraler Bedeutung?
Zentrale Eigenschaften und Kompetenzen von Personen mit Führungsverantwortung	2. Was sollten darüber hinaus Führungspersonen können (Polier, Meister etc.)?	
Relevanz von Lesekompetenz	3. In welchen konkreten Situationen müssen Sie als Straßenbauer lesen?	Zum Verständnis: Lesen bezieht sich in diesem Zusammenhang, nicht nur auf umfangreichere Texte, sondern auch auf Tabellen, Formulare etc.
	4. Nennen Sie doch bitte einige Beispiele für mögliche Texte, die ein Straßenbauer in der betrieblichen Realität lesen muss (z. B. Formulare, Tabellen, Handbücher).	Wichtig ist für uns zu erfahren, wo Sie bei der Bewältigung von Arbeitsaufgaben/Tätigkeiten lesen müssen (im o. g. Verständnis).

Abbildung 6: Leitfrage 1 des Interviewleitfadens *(eigene Darstellung)*

Die zweite Leitfrage (vgl. Abbildung 7) richtet den Blick vom Gesellen/Facharbeiter auf die Zielgruppe der Auszubildenden und fokussiert jene Kompetenzen, die am Ende der Ausbildung erworben sein sollten. Gleichsam als Kontrastierung hierzu werden in Form einer ersten Nachfrage für die Ausbildung notwendige Voraussetzungen thematisiert. Die nächste Frage zielt auf eine Priorisierung der wichtigsten Fähigkeiten. Deren Beantwortung verspricht sowohl explizite als auch implizite Hinweise, wie die Bedeutung des Lesens in der betrieblichen Ausbildung eingeschätzt werden kann. Die letzte Nachfrage knüpft hier an, indem sie die Bedeutung des Lesens für die betriebliche Ausbildung anspricht, und dient damit gleichsam als Überleitung zu Leitfrage 3.

Leitfrage 2:		
Was sollte aus Ihrer Sicht ein Auszubildender am Ende der Ausbildung können?		
Inhaltliche Aspekte	Konkrete Nachfragen	Aufrechterhaltungsfrage
Voraussetzungen für die Ausbildung	1. Welche Voraussetzungen sollten Ihrer Meinung nach Auszubildende/ Jugendliche mitbringen, um eine Ausbildung als Straßenbauer beginnen zu können/erfolgreich bestehen zu können?	Und was noch? Welche Voraussetzungen sind sonst noch wichtig?
Zentrale Eigenschaften und Kompetenzen von Gesellen/Facharbeitern	2. Welche Fähigkeiten erachten Sie bei der Ausbildung Ihrer Straßenbauerlehrlinge dabei als besonders wichtig?	Welche Fähigkeiten sind Ihrer Meinung nach sonst noch von zentraler Bedeutung?
Relevanz von Lesekompetenz	3. Wie schätzen Sie in diesem Kontext für Ihre Auszubildenden die Bedeutung des Lesens ein (hinsichtlich der beruflichen Praxis)?	

Abbildung 7: Leitfrage 2 des Interviewleitfadens *(eigene Darstellung)*

Während im Rahmen der zweiten Leitfrage im Wesentlichen ein allgemeines Fähigkeitsprofil von Auszubildenden thematisiert wurde, soll mithilfe von Leitfrage 3 (vgl. Abbildung 8) nun die konkrete Bedeutung von Lesekompetenz für die betriebliche Ausbildung bzw. beruflicher Anforderungssituationen erhoben werden. Elaboriert und konkretisiert wird diese Frage durch explizite Nachfragen, die auf leserelevante Situationen und Texte gerichtet sind. Bei Bedarf wird hier im Sinne einer begrifflichen Klärung und gemeinsamen Gesprächsbasis das zugrunde liegende Begriffsverständnis von Texten erläutert. Die genannten Lesesituationen und Texte können im Rahmen erster konzeptioneller Überlegungen einen zentralen Anknüpfungspunkt für die Entwicklung eines adressatenspezifischen Förderkonzeptes darstellen. Die Berücksichtigung von authenti-

schen Texten und Lesesituationen gewinnt insbesondere aus motivationaler Perspektive für die Förderung von Lesekompetenz an Bedeutung. Eine
stärkere Anbindung an die Anforderungen der betrieblichen Ausbildung
soll die Relevanz des Lesens erkennbar machen. Auch die Frage nach der
Häufigkeit von Leseanlässen dient als Hinweis, wie der Stellenwert des
Lesens für die betriebliche Ausbildung einzuschätzen ist.

Leitfrage 3:		
Sie haben bereits angedeutet, dass auch die Lesefähigkeit für die Ausbildung zum Straßenbauer wichtig ist. Welche Bedeutung hat Lesen ganz konkret für die berufliche Ausbildung?		
Inhaltliche Aspekte	Konkrete Nachfragen	Aufrechterhaltungsfrage
Lesesituationen/ Leseintentionen von Auszubildenden	1. In welchen konkreten Situationen müssen Ihre Auszubilden-den beispielsweise lesen?	Zum Verständnis: Lesen bezieht sich in diesem Zusammenhang nicht nur auf umfangreichere Texte, sondern auch auf Tabellen, Formulare etc.
		Wichtig ist für uns zu erfahren, wo Sie bei der Bewältigung von Arbeitsaufgaben/Tätigkeiten lesen müssen (im o. g. Verständ-nis).
Texte von Auszubil-denden	2. Welche Texte oder schriftlichen Infor-mationen müssen Ihre Auszubildende lesen können?	(Zur Klärung: Wenn ich von Texten spreche, meine ich nicht nur Fließtexte, sondern darüber hinaus auch z. B. Formulare, Tabellen, Lieferscheine etc.)
		Welche Texte müssen Ihre Auszu-bildenden weiterhin lesen?
Lesehäufigkeit in der Ausbildungspraxis	3. Wie häufig müssen Ihre Auszubilden-den solche Texte lesen?	

Abbildung 8: Leitfrage 3 des Interviewleitfadens *(eigene Darstellung)*

Die Bedeutung von Lesekompetenz soll ferner eingeschätzt werden mithilfe von Leitfrage 4 (vgl. Abbildung 9), die die üblichen Kommunikationsformen innerhalb der betrieblichen Arbeit erfassen soll. Dabei interessiert insbesondere, ob den Auszubildenden Arbeitsaufträge und Aufgaben überwiegend mündlich oder schriftlich mitgeteilt werden, um daraus Rückschlüsse auf die Relevanz von Lesefähigkeit zu ziehen.

Leitfrage 4:

Wie/In welcher Form geben Sie den Auszubildenden Arbeitsaufträge und Aufgaben, die sie ausführen sollen?

Abbildung 9: Leitfrage 4 des Interviewleitfadens *(eigene Darstellung)*

Eine offene Ausstiegsfrage (vgl. Abbildung 10) gibt dem Befragten am Ende des Interviews die Möglichkeit selbst zu entscheiden, ob noch weitere Gesichtspunkte zu ergänzen sind, und sichert ab, dass tatsächlich alle für den Interviewten relevanten Aspekte thematisiert wurden (vgl. König/Volmer 2005, S. 103). Die Abschlussfrage soll damit die immanente Gefahr des Leitfadens mildern, die Interviewpartner durch die grobe Strukturierung zu stark in vorgezeichnete Richtungen zu drängen.

Ausstiegsfrage:

Ja, von meiner Seite aus wär's das nun. Möchten Sie noch irgendwas erzählen, was Ihnen wichtig ist, das hier in unserem Interview aber noch nicht zur Sprache gekommen ist?

Abbildung 10: Ausstiegsfrage des Interviewleitfadens *(eigene Darstellung)*

4.3 Gruppeninterviews

In der Praxis der empirischen Sozialforschung stellen die Gruppeninterviews eine Variante qualitativer Gruppen*befragungen*[10] dar. Gruppeninterviews gelten neben Einzelinterviews als übliche Technik, um auf ökonomische Weise Erfahrungen und Einschätzungen mehrerer Interviewteilnehmer/innen gleichzeitig zu ermitteln (vgl. Bortz/Döring 2006, S. 319). Zwar geht mit Interviews – im Unterschied zur teilnehmenden Beobachtung – gewissermaßen ein Anschauungs- und Erfahrungsverlust einher, doch bieten sie eine gute Möglichkeit, die Perspektiven und Erfahrungen der Gesprächspartner/innen wenigstens mittelbar und in verdichteter Form zu erfassen (vgl. Honer 2011, S. 98). Neben der höheren Datendichte ist die Gruppenbefragung häufig durch eine entspannte Gesprächsatmosphäre gekennzeichnet, da nicht jeder Einzelne so stark gefordert ist und sich in der Gruppe zurückziehen kann. Dieses Charakteristikum von Gruppeninterviews ist angesichts der befragten Auszubildenden sicherlich als eine Stärke einzuschätzen, da die Teilnahme an einem Interview vermutlich eine ungewohnte Situation darstellt. So kann das Mithören der Antworten stimulierend wirken und die Entwicklung eigener Gedanken anregen. Wenngleich Gruppeninterviews auf diese Weise zwar Einblicke in die Gesprächsdynamik der Kommunikation erlauben (vgl. Bortz/Döring 2006, S. 319), ist im Unterschied zur Gruppendiskussion weder die Gruppe Gegenstand des Forschungsinteresses noch die Diskussion der Gruppenmitglieder untereinander (vgl. Loos/Schäffer 2001, S. 11ff.). Im Mittelpunkt steht vielmehr die Erfassung gegenstandsbezogener Informationen zur Relevanz von Lesekompetenz in der betrieblichen (Ausbildungs-)Praxis. Insofern könnten in Anlehnung an den relationalen Expertenbegriff nach Deeke (1995) die Gruppeninterviews mit Auszubildenden zum Maurer bzw. Straßenbauer gewissermaßen auch als Experteninterviews begriffen werden, erfüllen die Befragten doch das Kriterium der *„aktiven Partizipation"* (Meuser/Nagel 2009, S. 468) und verfügen über spezialisiertes Sonderwissen des Berufes. Dieses wurde ebenfalls mithilfe eines Interviewleitfadens erhoben.

---

10   Weitere Interviewformen/Methoden der Gruppenbefragung sind z.B. die Gruppendiskussion und die Moderationsmethode (vgl. Bortz/Döring 2006, S. 319).

4.4 Konstruktion des Leitfadens für die Gruppeninterviews

Die Konstruktion des Leitfadens für die Gruppeninterviews erfolgte äquivalent zum Interviewleitfaden der Expertengespräche. Die weitgehend parallele Struktur beider Leitfäden stellte die Voraussetzung dar, um im Sinne des Forschungsinteresses eine Vergleichbarkeit der Perspektiven zwischen den befragten Experten und Auszubildenden zu ermöglichen. Aufgrund der natürlichen Heterogenität beider Gruppen waren einige Modifizierungen bzw. Kürzungen im Leitfaden notwendig. D. h., Fragen, deren Beantwortung beispielsweise Berufserfahrung und berufsbezogenes Reflexionsvermögen erforderten (vgl. z. B. Experteninterview, Leitfrage 1), wurden getilgt. So umfasste der eingesetzte Interviewleitfaden bei den befragten Auszubildenden insgesamt drei Leitfragen mit jeweils entsprechenden Nachfragen und Aufrechterhaltungsfragen (vgl. Anhang 1).

4.5 Qualitative Datenanalyse

Die methodologische Entwicklung in der Forschung der Human- und Sozialwissenschaften hat in den letzten Jahrzehnten zu grundlegenden Veränderungen im Prozess der Datenerhebung und -analyse geführt. Einerseits wurden komplexe quantitative Auswertungsmodelle entwickelt, die rigide Anforderungen an das Datenmaterial stellen (z. B. große Stichproben, Einsatz standardisierter Instrumente), andererseits erwuchs aus der Kritik an ebendiesen Methoden die Forderung nach interpretativen Ansätzen, die qualitativ orientiert und an der Erfassung latenter Sinnstrukturen interessiert sind. Zu diesen gehören beispielsweise narrative Ansätze im Kontext der Biografieforschung (vgl. z. B. Bertaux/Kohli 1984), aus der Ethnologie stammende deskriptive Ansätze der teilnehmenden Feldforschung (z. B. Malinowski 1922) oder explorative, theoriebildende Ansätze wie die Grounded Theory (z. B. Glaser/Strauss 2011) (vgl. Mayring 2010, S. 9f.).

Gemeinsam ist diesen methodischen Ansätzen, dass sich die Auswertung des erhobenen Materials als problematisch herausstellte und häufig eher nach dem Prinzip selektiver Plausibilisierung und episodischer Evidenz erfolgte. In den Human- und Sozialwissenschaften fand die Frage einer Methodik zur Auswertung von qualitativen Daten lange Zeit nur wenig Beachtung. Vielmehr galt das Interesse vor allem der Datenerhebung und den Problemen der Feldarbeit (vgl. Kuckartz 2007, S. 9). Mayring führt diese Problematik insbesondere auf einen Mangel an einer systematischen Anleitung zur Auswertung komplexeren sprachlichen Materials zurück (vgl. Mayring 2010, S. 10). Qualitative Datenanalyse arbeitete offensichtlich lange Zeit eher nach dem Prinzip impressionistischer Ausdeutungen und weniger in systematisch organisierter Form. Auch Techniken aus dem Umfeld der Sozialwissenschaften, wie beispielsweise die philosophische Hermeneutik oder die kommunikationswissenschaftliche Inhaltsanalyse, erwiesen sich für die Auswertung sprachlichen Materials als ungeeignet, da sie oftmals zu vage, unsystematisch oder einseitig quantitativ ausgerichtet seien (vgl. ebd.). Offensichtlich gab es lange Zeit im sozialwissenschaftlichen Methodeninventar keine konkreten Auswertungstechniken, die gleichermaßen methodisch kontrolliert, intersubjektiv überprüfbar und der Komplexität sprachlichen Materials angemessen sind.

Das Ziel qualitativer Datenanalyse besteht darin, die z. B. in Form von Notizen, Beobachtungsprotokollen, Audio- oder Videodateien vorliegenden Rohdaten so zu reduzieren, dass eine Zusammenfassung von systematischen Aussagen über die Datensätze erstellt werden kann (vgl. z. B. Kuckartz 2012). Der Prozess der Datenreduktion wird in der qualitativen Datenanalyse als Kodieren bezeichnet und stellt bereits eine subjektive Interpretation der erhobenen Daten dar. Der qualitativen Datenanalyse liegt ein qualitativ-verstehender Ansatz zugrunde, dessen Anliegen nicht nur die Analyse komplexer Gegenstände, sondern vielmehr das Verstehen und Interpretieren grundlegender Sinnkonzepte ist. Dazu bedarf es einer Theorie, deren Ausgangspunkt, ähnlich wie in der Grounded Theory, in dem erhobenen Material liegt. Aus methodologischer Perspektive ist das Vorgehen einer qualitativen Datenanalyse nicht an spezifische Forschungstraditionen, Datentypen oder Forschungsinteressen gebunden. Vielmehr sind die Merkmale und Leitlinien einer qualitativen Datenanalyse in Abhängigkeit vom Erkenntnisinteresse und Forschungsdesign durch je individuelle Vorgehensweisen gekennzeichnet. Unabhängig vom zugrunde liegenden Stil zeichnet sich der Analyseprozess qualitativer Datenanalyse durch ineinander übergehende und zirkulär ablaufende Phasen aus (z. B. Steinke 1999, S. 40f.; Witt 2001).

Mayring sieht den Einsatz qualitativer Methoden insbesondere im Bereich der Hypothesenfindung und Theoriebildung, in Pilot- und Einzelfallstudien, zur Vertiefung, Klassifizierung und Prozessanalyse und darüber hinaus auch in einem traditionell quantitativen Feld, nämlich der Hypothesen- und Theorieprüfung (vgl. Mayring 2010, S. 22–25). Er relativiert dabei die immer wieder aufkommende Sicht, qualitative Methoden als Vorstufe quantitativer Methoden zu sehen. Gleichzeitig betont Mayring jenseits der Dualität von quantitativen und qualitativen Verfahren deren sinnvolle Kombination im Forschungsprozess (vgl. ebd., S. 21).

4.5.1 Qualitative Inhaltsanalyse

Inhaltsanalyse bezeichnet primär ein spezifisches Erhebungs- und Auswertungsverfahren im Rahmen standardisierter Methoden und deduktiv-nomologischer Methodologie (vgl. Früh 1998; Merten 1995). Die Inhaltsanalyse wurde in ihrer heutigen Form im Wesentlichen zu Beginn des letzten Jahrhunderts in den USA entwickelt (vgl. Merten 1995; Lissmann 1997). Als kommunikationswissenschaftliche Methode bestand ihr Ziel damals in der systematischen Auswertung großer Textdatenmengen der sich entfaltenden Massenmedien und konzentrierte sich ausschließlich auf quantitative Verfahren wie Häufigkeits-, Indikatoren-, Valenz- und Kontingenzanalysen (vgl. Mayring 2010, S. 15f.). Trotz ihrer kommunikationswissenschaftlichen Orientierung beansprucht die Inhaltsanalyse eine systematische Analysemethode für die verschiedensten wissenschaftlichen Disziplinen zu sein. Nachfolgend sollen die Spezifika der Inhaltsanalyse als sozialwissenschaftliche Methode dargelegt werden, um sie von anderen Methoden, die auch Kommunikation, Sprache, Texte analysieren, abzugrenzen.

Ziel der Inhaltsanalyse, darin besteht gemeinhin Konsens, ist die Analyse von Material, das aus jedweder Art von Kommunikation stammt. 1) Der Gegenstandsbereich der Inhaltsanalyse umfasst in der Regel Sprache, also verbale Kommunikation, schließt aber symbolisches Material wie Bilder, Filme und Tondokumente prinzipiell nicht aus. 2) Dabei arbeitet die Inhaltsanalyse stets mit fixierter Kommunikation, d. h., das Material liegt in konservierter Form (z. B. Transkript) vor. 3) Inhaltsanalyse ist im Unterschied zu einem Großteil hermeneutischer Verfahren durch systematische Analyseschritte gekennzeichnet, die damit sozialwissenschaftlichen Methodenstandards (z. B. intersubjektive Überprüfbarkeit) genügen und impressionistische Ausdeutungen des Materials unterbinden (vgl. Mayring 2010, S. 12). 4) Damit eng verbunden ist ein regelgeleitetes systematisches Vorgehen der Inhaltsanalyse. Dieses zeigt sich insbesondere in einer 5) theoriegeleiteten Analyse, bei der das Material unter einer theoretisch ausgewiesenen Fragestellung untersucht wird. Dabei will Inhaltsanalyse das Material als Teil des Kommunikationsprozesses verstanden wissen, um 6) Rückschlüsse auf bestimmte Aspekte der Kommunikation zu schließen (vgl. ebd., S. 12f.).

4.5.2 Qualitative Inhaltsanalyse nach Mayring

Das derzeit bekannteste Verfahren einer qualitativen Inhaltsanalyse im deutschsprachigen Raum wurde von Philipp Mayring (vgl. z. B. 2002, 2007, 2010) konzipiert. Im Unterschied zu früheren Ansätzen will Mayring seinen Ansatz der qualitativen Inhaltsanalyse allerdings keineswegs alternativ zur quantitativen Inhaltsanalyse verstanden wissen. Vielmehr strebt er im Sinne eines integrativen Methodenverständnisses eine Verknüpfung qualitativer und quantitativer Verfahrensweisen an (vgl. Mayring 2010, S. 51).

Mayrings Ansatz der qualitativen Inhaltsanalyse verfolgt im Wesentlichen zwei Zielsetzungen: Zum einen ist es Anliegen seiner Arbeit, eine Methode systematisch qualitativ orientierter Textanalyse zu entwickeln, um manifeste und latente Sinnstrukturen interpretativ zu erschließen. Zum anderen besteht das Ziel der qualitativen Inhaltsanalyse – im Unterschied zu anderen Ansätzen – vor allem in der Reduktion umfangreichen Textmaterials.

Betrachtet man Struktur und zentrale Merkmale der qualitativen Inhaltsanalyse, so ist bei Mayring (vgl. z. B. 2007, 2010) eine Dominanz
quantitativer Verfahren und ein stark systematisch und regelgeleitetes
Vorgehen erkennbar. Dieses zeigt sich in den Prämissen und Merkmalen
der Inhaltsanalyse, die gekennzeichnet ist durch (vgl. ebd.):

- *Einbettung des Materials in den Kommunikationszusammenhang*

Das erhobene Datenmaterial wird kontextbasiert vor dem Hintergrund
seiner Entstehung und Wirkung untersucht und in seinem Kommunikationszusammenhang verstanden.

- *ein systematisches, regelgeleitetes Vorgehen*

Ein systematisches und regelgeleitetes Vorgehen ist das Hauptanliegen
der Inhaltsanalyse und spiegelt sich insbesondere in der Festlegung
eines konkreten Ablaufmodells für die Analyse wider (vgl. Kapitel
4.6.1). Ablaufmodelle definieren in Abhängigkeit des spezifischen Un-
tersuchungsgegenstands und der jeweiligen Fragestellung die einzelnen
Analyseschritte und deren Reihenfolge. Die Systematik der Inhaltsanalyse
zeigt sich weiterhin in der Definition von inhaltsanalytischen Einheiten
(Kodiereinheit, Kontexteinheit, Auswertungseinheit, vgl. Kapitel 4.6.1).
Auf diese Weise soll jeder Analyseschritt, d. h. jede Entscheidung im Auswertungsprozess, auf eine begründete und bewährte Regel zurückgeführt
werden (vgl. Mayring 2010, S. 49).

- *Kategorien im Zentrum der Analyse*

Das zentrale Instrument sowohl für die quantitative als auch die qualitative Analyse ist das Kategoriensystem. Kategorien müssen aus der
Fragestellung abgeleitet und präzise definiert werden. Sie sollen durch
sog. Ankerbeispiele (als prototypische Textstellen für eine Kategorie) illustriert und durch die Formulierung von Auswertungsregeln eindeutige
Materialzuordnungen ermöglichen.

- *Gegenstandsbezug statt Technik*

Die Verfahren qualitativer Inhaltsanalyse sollen nicht als bloße Techniken verstanden werden, die willkürlich eingesetzt werden können. Vielmehr ist die adäquate Anbindung am konkreten Analysegegenstand ein wichtiges Anliegen. Die Angemessenheit der gewählten Analysetechnik (Zusammenfassung, Explikation, Strukturierung, vgl. Kapitel 4.6.1) muss jeweils am Material erwiesen werden.

- *Überprüfung der spezifischen Instrumente durch Pilotstudien*

Die verwendeten Verfahrensweisen sind in einer Pilotstudie zu testen. Dies gilt insbesondere für die ausgewählte Grundform des Interpretierens (vgl. Kapitel 5.3.2) und das spezifische Kategoriensystem. Dieses zentrale Verfahrenselement ist den Ablaufmodellen der Analyse (vgl. Kapitel 5.3.1) bereits inhärent – die Angemessenheit der Instrumente wird durch Rücklaufschleifen innerhalb des Analyseprozesses überprüft.

- *Theoriegeleitetheit der Analyse*

Da qualitative Inhaltsanalyse kein Standardinstrument ist, sondern in Abhängigkeit vom spezifischen Forschungsgegenstand und Material entwickelt werden muss, sind Entscheidungen zum grundsätzlichen Vorgehen und einzelner Analyseschritte theoriegeleitet zu treffen. Der Stand der Forschung zum Gegenstand oder vergleichbaren Gegenstandsbereichen ist systematisch bei allen Verfahrensentscheidungen heranzuziehen. Inhaltliche Argumente sollten demnach in der qualitativen Inhaltsanalyse immer Vorrang vor Verfahrensargumenten haben (vgl. Mayring 2010, S. 50f.).

- *Einbezug quantitativer Analyseschritte*

Wie eingangs bemerkt, wird in Mayrings Ansatz der qualitativen Inhaltsanalyse eine Kombination von qualitativen und quantitativen Analyseschritten, d. h. ein multimethodisches bzw. triangulatorisches Vorgehen, durchaus angestrebt und kann immer dann bedeutsam sein, wenn eine Generalisierung von Ergebnissen intendiert ist. Die Häufigkeit einer bestimmten Kategorie kann möglicherweise ihre Bedeutung untermauern. Gerade die Verbindung qualitativer und quantitativer Methoden kann den Erkenntnishorizont erweitern und idealiter Schwächen der jeweiligen Einzelmethoden kompensieren (vgl. Gläser-Zikuda 2011, S. 116f.).

• *Gütekriterien*

Da die klassischen Kriterien der quantitativen Sozialforschung (Objektivität, Reliabilität, Validität) für qualitative Zielsetzungen eher ungeeignet erscheinen, wurden spezifisch qualitative Gütekriterien entwickelt, die in der qualitativen Inhaltsanalyse Anwendung finden. Zu ihnen gehört beispielsweise die sog. *Interkoderreliabilität*, ein Maß, das Aussagen über die Zuverlässigkeit der Interpretationen verschiedener Auswerter ermittelt (vgl. Mayring 2010, S. 51). Anhand der Interkoderreliabilität kann beispielsweise die Stabilität und Reproduzierbarkeit der Analyse bestimmt werden, die wiederum einen Indikator für die Gültigkeit der Ergebnisse bietet. Neben der Interkoderreliabilität stellt die *Verfahrensdokumentation* eine weitere Möglichkeit dar, die Ergebnisse der Analyse einzuschätzen. Im Rahmen der Verfahrensdokumentation wird der gesamte Forschungsprozess expliziert, so dass das Vorgehen transparent und auch für Dritte nachvollziehbar ist (z. B. Mayring 2002, S. 144; Mayring 2010, S. 51).

Im Zentrum der qualitativen Inhaltsanalyse steht die Konstruktion und Begründung von Kategorien (vgl. Mayring 2007), die ihrerseits aus theoretischen Annahmen abgeleitet werden und in einem Kategoriensystem münden. Bei der Textinterpretation werden die Kategorien sodann an das erhobene Material herangetragen und nicht unbedingt daraus entwickelt, wenngleich sie immer wieder daran geprüft und gegebenenfalls modifiziert werden. Damit weist die qualitative Inhaltsanalyse starke Bezüge zur deduktiv-nomologischen Forschungslogik auf und ist mehr theoriegeleitet als theoriegenerierend (vgl. Meuser 2011, S. 90).

4.6   Die Analyse der erhobenen Daten

Im Anschluss an die Grundlagen qualitativer Datenanalyse werden nachfolgend zunächst das *allgemeine inhaltsanalytische Ablaufmodell* und die drei *Grundformen des Interpretierens* vorgestellt (vgl. Kapitel 4.6.1). In diesem Zusammenhang wird die *strukturierende Inhaltsanalyse* als geeignete Analysetechnik für das leitende Erkenntnisinteresse dieser Arbeit identifiziert (vgl. Kapitel 4.6.2). Diese wird zum Zwecke einer gegenstandsadäquaten Interpretation des Datenmaterials weiter zur *inhaltlichen Strukturierung* ausdifferenziert (vgl. Kapitel 4.6.3).

4.6.1 Allgemeines inhaltsanalytisches Ablaufmodell

Mayring (1983) hat ein Verfahren der qualitativen Inhaltsanalyse entworfen, das ein allgemeines Ablaufmodell der Analyse von Texten (vgl. Abbildung 11) und verschiedene Analysetechniken dazu enthält.

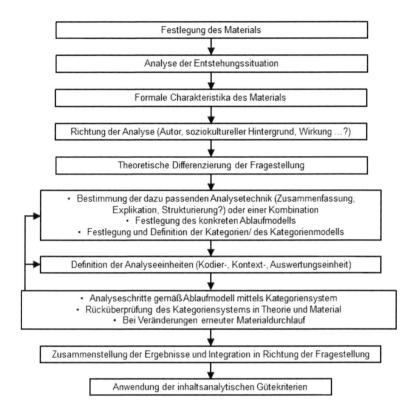

Abbildung 11: Allgemeines inhaltsanalytisches Ablaufmodell
(Mayring 2010, S. 60)

Die Stärke der qualitativen Inhaltsanalyse gegenüber anderen Interpretationsverfahren besteht in der Zergliederung des Analyseprozesses in zehn Interpretationsschritte, die einen methodisch kontrollierten und intersubjektiv überprüfbaren Analysevorgang unterstützen.

Mit dem allgemeinen Ablaufmodell unterscheidet sich die qualitative Inhaltsanalyse nach Mayring durch die stringent vorgegebene methodische Verfahrensweise von einer *„stärker interpretativen, hermeneutischen Bearbeitung von Textmaterial"* (Mayring 2002, S. 114). Inhaltsanalyse will

„Texte systematisch analysieren, indem sie das Material schrittweise theo-riegeleitet am Material entwickelten Kategoriensystemen bearbeitet" (ebd.). Ausgehend vom Kategoriensystem als Kern der Inhaltsanalyse wird das empirische Datenmaterial zergliedert und systematisch interpretiert. Hierin sieht Mayring die qualitative Inhaltsanalyse als *wissenschaftliche* Methode in seiner Konzeption realisiert, die auch den Gütekriterien qualitativer Sozialforschung Rechnung trägt.

> *„Eben darin besteht die Stärke der qualitativen Inhaltsanalyse gegen-über anderen Interpretationsverfahren, daß die Analyse in einzelne Interpretationsschritte zerlegt wird, die vorher festgelegt werden. Dadurch wird sie für andere nachvollziehbar und intersubjektiv über-prüfbar, dadurch wird sie übertragbar auf andere Gegenstände, für andere benutzbar, wird sie zur wissenschaftlichen Methode"* (Mayring 2007, S. 53).

So besteht die Intention der qualitativen Inhaltsanalyse nach Mayring darin, das erhobene Datenmaterial systematisch und unter Berücksichti-gung der Gütekriterien qualitativer Sozialforschung zu interpretieren. Zu diesem Zweck hat Mayring im Rahmen seiner Konzeption qualitativer Inhaltsanalyse drei voneinander unabhängige *Grundformen des Interpre-tierens* entwickelt:

1. die Zusammenfassung,
2. die Explikation,
3. die Strukturierung.

Während das Ziel der Zusammenfassung darin besteht, das Datenmaterial so zu reduzieren, dass die zentralen Inhalte erhalten bleiben, und durch Abstraktion einen übersichtlichen Korpus des Ausgangsmaterials zu schaffen, ist die Richtung der explizierenden Inhaltsanalyse demgegen-über diametral. Im Rahmen der Explikation wird zusätzliches Material zu einzelnen interpretationsbedürftigen Textstellen herangetragen, um den Kontext zu analysieren und die Textstelle zu erläutern.

Die Zielperspektive der strukturierenden Inhaltsanalyse ist die systematische Extraktion bestimmter Textstellen. Hierbei werden in Form eines definierten Kategoriensystems die Textbestandteile extrahiert, die mithilfe der Kategorien zuvor identifiziert wurden (vgl. Mayring 2010, S. 64f.). Für alle drei erkenntnisrelevanten Interpretationstechniken hat Mayring zur Erleichterung der forschungspraktischen Umsetzung differenzierte Ablaufmodelle entwickelt.

Im Kontext der vorliegenden Arbeit wird aufgrund ihrer spezifischen Interpretationsleistung die Auswertungsmethode der *Strukturierung* ausgewählt. Sie erscheint im Horizont des Forschungsinteresses für eine fokussierte, zielorientierte und gegenstandsadäquate Interpretation des Datenmaterials in besonderer Weise geeignet zu sein.

4.6.2 Strukturierende Inhaltsanalyse

Die Strukturierung gilt nach Mayring als die *„zentralste inhaltsanalytische Technik"* (Mayring 2010, S. 92), deren Ziel darin besteht, mit Hilfe eines Kategoriensystems eine bestimmte Struktur aus dem Material zu extrahieren. Nachfolgend werden die einzelnen Arbeitsschritte anhand des allgemeinen Ablaufmodells der strukturierenden Inhaltsanalyse in Grundzügen skizziert (vgl. Abbildung 12).

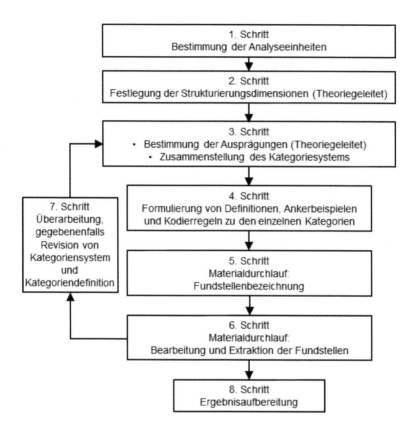

Abbildung 12: Ablaufmodell strukturierender Inhaltsanalyse (Mayring 2010, S. 93)

Um die Präzision der Inhaltsanalyse zu erhöhen, gilt es zunächst, die zugrunde liegenden Analyseeinheiten zu definieren (Schritt 1). Dabei legt die *Kodiereinheit* fest, *„welches der kleinste Materialbestandteil ist, der ausgewertet werden darf"* (Mayring 2010, S. 59). Die *Kontexteinheit* definiert dagegen *„den größten Textbestandteil"*, der einer Kategorie zuge-ordnet werden kann, und die *Auswertungseinheit* schließlich bestimmt die Reihenfolge der auszuwertenden Textsegmente (ebd.).

Anschließend müssen die grundsätzlichen Strukturierungsdimensionen aus der Fragestellung abgeleitet und theoretisch begründet werden (Schritt 2). Die Strukturierungsdimensionen werden sodann wiederum theoriegeleitet in Ausprägungen weiter ausdifferenziert und in einem Kategoriensystem zusammengeführt (Schritt 3). Um eindeutige, intersubjektiv überprüfbare Zuordnungen von Textbestandteilen zu Kategorien zu ermöglichen, müssen die Kategorien präzise definiert, anhand von *Ankerbeispielen* mit konkreten prototypischen Textstellen illustriert und durch *Kodierregeln* von ähnlichen Kategorien eindeutig abgegrenzt werden (Schritt 4). Auf diese Weise wird ein *Kodierleitfaden* generiert, der als Auswertungsinstrument beim zirkulären Prozess des Kodierens dient. In einem ersten Materialdurchgang wird der Kodierleitfaden erprobt und hinsichtlich seiner Eindeutigkeit bei der Zuordnung von Textsegmenten zu Kategorien evaluiert (Schritt 5). Deduktiv zugeordnete Dateisegmente, sog. *Fundstellen* (vgl. Haußer/Mayring/Strehmel 1982), werden durch Angabe der Kategoriennummer oder farbliche Markierungen gekennzeichnet. Im Anschluss an die Bearbeitung und Extraktion der Fundstellen findet eine Überarbeitung, Modifizierung und ggfs. Revision des Kategoriensystems sowie der Kategoriendefinitionen statt (Schritt 7), die einen erneuten Durchlauf der Schritte 3 bis 6 einschließt. Die Ergebnisse dieses Durchlaufs müssen dann je nach Art der Strukturierung zusammengefasst und aufgearbeitet werden (Schritt 8) (vgl. Mayring 2010, S. 93f.).

Nach Mayring ist das Modell der Strukturierung *„jedoch noch zu allgemein, um damit konkret arbeiten zu können"* (ebd., S. 94). Infolgedessen hat er die Interpretationstechnik der strukturierenden Inhaltsanalyse weiter ausgearbeitet und vier Formen der Strukturierung entwickelt: a) formale Strukturierung, b) inhaltliche Strukturierung, c) typisierende Strukturierung und d) skalierende Strukturierung.

Wenngleich die vier Formen der Strukturierung unterschiedliche Zieldimensionen von Analyse verfolgen, weisen sie enge Verknüpfungen mit dem allgemeinen Ablaufmodell strukturierender Inhaltsanalyse auf. Sie unterscheiden sich lediglich hinsichtlich der Konzeptionierung zweier Arbeitsschritte insofern, als dass

> *„der zweite Schritt (Festlegung der Strukturierungsdimension) und*
> *der achte Schritt (Ergebnisaufbereitung) des allgemeinen Ablaufmo-*
> *dells strukturierender Inhaltsanalyse [...] differenziert werden. Die*
> *mittleren Analyseschritte des Modells, die Zusammenstellung und*
> *Überarbeitung des Kategoriensystems, das Formulieren von Defi-*
> *nitionen, Ankerbeispielen und Kodierregeln und die Bezeichnung*
> *und Bearbeitung der Fundstellen im Material bleiben bei allen vier*
> *Formen gleich; sie sind also das Kernstück jeder strukturierenden*
> *Inhaltsanalyse"* (Mayring 2010, S. 94).

Aufgrund ihrer besonderen Relevanz für die vorliegende Untersuchung
wird nachfolgend lediglich die Technik der *inhaltlichen Strukturierung* in
ihren wesentlichen Arbeitsschritten vorgestellt.

4.6.3 Inhaltliche Strukturierung

Ziel inhaltlicher Strukturierungen ist es, interessierende Themen und
Inhalte aus dem Material herauszuarbeiten und zusammenzufassen.
Welche inhaltlichen Aspekte aus dem Material herausgefiltert werden,
wird durch theoriegeleitete Haupt- und Unterkategorien bezeichnet (vgl.
Mayring 2010, S. 98). Dabei ist das Ablaufmodell der inhaltlichen Strukturierung (vgl. Abbildung 13) weitgehend äquivalent zum Ablaufmodell
der Strukturierung (allgemein) konzipiert, integriert aber Regeln der
Zusammenfassung. Es unterscheidet sich lediglich zunächst darin, dass
nach der Bestimmung der Analyseeinheiten (Schritt 1) die inhaltlichen
Hauptkategorien theoriegeleitet festgelegt werden (Schritt 2). Die Schritte
3 bis 7 sind wiederum bei beiden Modellen identisch. Auch hier erfolgt
zunächst die Entwicklung eines Kategoriensystems (Schritt 3), dann
die Formulierung von Definitionen, Ankerbeispiele und Kodierregeln
(Schritt 4) sowie die Fundstellenbezeichnung im Material (Schritt 5).
Entsprechende Textstellen werden anschließend extrahiert (Schritt 6)
und Kategorien und deren Definitionen auf Empfehlung Mayrings einer
Überprüfung unterzogen (Schritt 7). Aus dieser ergibt sich dann auch
hier in aller Regel *„eine Überarbeitung, eine teilweise Neufassung vom
Kategoriensystem und seinen Definitionen"* (Mayring 2007, S. 83). Nach

der Bearbeitung des Textes mithilfe des Kategoriensystems werden die extrahierten Fundstellen zunächst paraphrasiert, dann generalisiert und schließlich reduziert (Schritt 8).

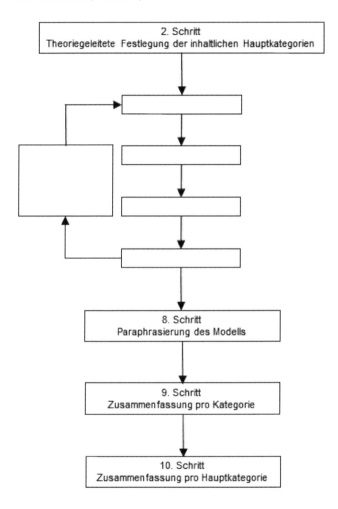

Abbildung 13: Ablaufmodell inhaltlicher Strukturierung (Mayring 2010, S. 99)

Die Prozesse der Paraphrasierung, Generalisierung und Reduktion geschehen unter Berücksichtigung der *Interpretationsregeln* (Z-Regeln) *zusammenfassender qualitativer Inhaltsanalyse* und gewährleisten eine systematische und regelgeleitete Analyse des qualitativen Datenmaterials. Die Z-Regeln (Interpretationsregeln) sind beispielhafte Anweisungen für die methodisch kontrollierte Reduktion der Fundstellen auf immer abstrakterem Niveau (vgl. Abbildung 14). Aufgrund ihrer beispielhaften Eindeutigkeit und Klarheit lösen sie die Gütekriterien qualitativer Sozialforschung – insbesondere das der intersubjektiven Überprüfbarkeit – ein. Im Anschluss an den Reduktionsprozess werden die Paraphrasen zunächst pro Unterkategorie (9. Schritt), dann pro Hauptkategorie (10. Schritt) zusammengefasst.

Das Verfahren der zusammenfassenden Inhaltsanalyse als Moment der inhaltlichen Strukturierung orientiert sich in hohem Maße an den Texten und zielt auf eine sorgfältige und methodisch kontrollierte Zusammenfassung und Kategorienbildung (vgl. Kuckartz 2007, S. 95).

Z1:	Paraphrasierung
Z.1.1:	Streiche alle nicht (oder wenig) inhaltstragenden Textbestandteile wie ausschmückende, wiederholende, verdeutlichende Wendungen!
Z1.2:	Übersetze die inhaltstragenden Textstellen auf eine einheitliche Sprachebene!
Z1.3:	Transformiere sie auf eine grammatikalische Kurzform!
Z2:	Generalisierung auf das Abstraktionsniveau
Z.2.1:	Generalisiere die Gegenstände der Paraphrasen auf die definierte Abstraktionsebene, so dass die alten Gegenstände in den neu formulierten impliziert sind!
Z.2.2:	Generalisiere die Satzaussagen (Prädikate) auf die gleiche Weise!
Z.2.3:	Belasse die Paraphrasen, die über dem angestrebten Abstraktionsniveau liegen!
Z.2.4:	Nimm theoretische Vorannahmen bei Zweifelsfällen zu Hilfe!
Z3:	Erste Reduktion
Z.3.1:	Streiche bedeutungsgleiche Paraphrasen innerhalb der Auswertungseinheiten!
Z.3.2:	Streiche Paraphrasen, die auf dem neuen Abstraktionsniveau nicht als wesentlich inhaltstragend erachtet werden!
Z.3.3:	Übernehme die Paraphrasen, die weiterhin als zentral inhaltstragend erachtet werden (Selektion)!
Z.3.4:	Nimm theoretische Vorannahmen bei Zweifelsfällen zu Hilfe!
Z4:	Zweite Reduktion
Z.4.1:	Fasse Paraphrasen mit gleichem (ähnlichem) Gegenstand und ähnlicher Aussage zu einer Paraphrase (Bündelung) zusammen!
Z.4.2:	Fasse Paraphrasen mit mehreren Aussagen zu einem Gegenstand zusammen (Konstruktion/Integration)!
Z.4.3:	Fasse Paraphrasen mit gleichem (ähnlichem) Gegenstand und verschiedener Aussagen zu einer Paraphrase zusammen (Konstruktion/Integration)!
Z.4.4:	Nimm theoretische Vorannahmen bei Zweifelsfällen zu Hilfe!

Abbildung 14: Interpretationsregeln (Mayring 2010, S. 70)

Wenngleich der Prozess der Paraphrasierung regelgeleitet und methodisch kontrolliert erfolgt, stellt er stets eine subjektive Interpretationsleistung dar und reduziert das Material erheblich (vgl. Gürtler 2005). Dadurch entsteht gleichzeitig die Problematik einer starken Abweichung vom ursprünglichen Datensatz.

Die Konsequenz daraus kann die Auswertung der eigenen Interpretation sein und infolgedessen eine Entfernung vom Datenmaterial. Die Problematik der Paraphrasierung kann durch computergestützte qualitative Datenanalysen verringert werden. Mithilfe von QDA-Software (*Qualitative Data Analysis*) ist es möglich, immer auf Rohdaten zurückzugreifen und den Analyseprozess methodisch zu kontrollieren.

4.7 Computergestützte qualitative Datenanalyse

> *„In freier Abwandlung der Aussage, nichts sei praktischer als eine gute Theorie, könnte man für die qualitative Datenanalyse formulieren: Nichts ist praktischer als eine einfach zu handhabende QDA-Software."*
> (Kuckartz 2007, S. 12)

Die Entwicklung von QDA-Software ist beispielhaft mit rasantem Tempo in den letzten Jahren vorangeschritten. Seit den 1980er Jahren wurden in den unterschiedlichsten Disziplinen (z. B. Soziologie, Psychologie, Erziehungswissenschaft, Informatik) Programme für die computergestützte wissenschaftliche Bearbeitung von Texten entwickelt (z. B. MAXQDA, ATLAS.TI, NVIVO, THE ETNOGRAPH usw.), die sich zwischenzeitlich in nahezu allen Wissenschaftsbereichen und Praxisfeldern etabliert haben. Diese Entwicklung dürfte angesichts der offenkundigen Vorteile computerunterstützter Auswertung gegenüber herkömmlichen *„Paper-and-pencil Techniken"* (Kuckartz 2007, S. 13) nicht überraschen. So gilt übereinstimmend für QDA-Software, dass sie keiner spezifischen Wissenschaftsgattung zuzuschreiben ist, sondern sich mit einem über die Grenzen einzelner Disziplinen hinausreichenden Problemfeld, nämlich der Analyse und Auswertung unstrukturierter Daten, befasst. Dabei diktieren QDA-Programme kein bestimmtes methodisches Paradigma, sondern bieten Raum für Methodenpluralität, indem sie verschiedene *„Werkzeuge"* (ebd., S. 14) für systematische Formen der Textbearbeitung zur Verfügung stellen. QDA-Software öffnet ein ganzes Arsenal von

Möglichkeiten für die wissenschaftliche Auswertung von Texten und kann sämtliche Arbeitsschritte von der Textexploration bis hin zur Ergebnispräsentation unterstützen. QDA-Programme steigern dabei in erheblichem Maße die Effizienz bei der Datenanalyse und -organisation, eröffnen neue Analysetechniken und gewährleisten eine präzise Auswertung. Sie führen gleichzeitig zu einem Zugewinn an Reliabilität und Validität, insofern es möglich ist, Ergebnisse qualitativer Forschung nachzuprüfen. Zum Leistungsspektrum heutiger QDA-Software gehört beispielsweise

- das gleichzeitige Verwalten von Texten eines Projektes,
- den ständigen Rückgriff auf Rohdaten,
- die Definition von Kategorien und Konstruktion eines Kategoriensystems,
- die Zuordnung von Kategorien zu ausgewählten Textsegmenten,
- die Zusammenstellung aller zu einer Kategorie kodierten Fundstellen,
- die Möglichkeit, Anmerkungen und Kommentare an Textstellen und Codes zu notieren,
- das Erstellen von Worthäufigkeitslisten und Wortindices,
- der Import und Export von Ergebnistabellen zu Statistiksoftware wie SPSS,
- die Unterstützung von konsensuellen Kodierverfahren in Arbeitsgruppen (vgl. Kuckartz 2007, S. 12f.).

Insgesamt unterstützt der Einsatz von QDA-Software die Analyse von unstrukturierten Daten, wie sie beispielsweise in Interviews, Videos oder Beobachtungsprotokollen vorliegen, mit dem Ziel, sie zu einem überschaubaren Korpus zu reduzieren und Bedeutungszusammenhänge zu rekonstruieren. Dabei verspricht die computergestützte Auswertung nicht nur eine Effizienzsteigerung, sondern bietet auch die Möglichkeit für komplexere und präzise Analysetechniken. Im Rahmen der vorliegenden Arbeit wurde mit der Software MAXQDA die Kodierung der Fundstellen vorgenommen.

5 Zum Forschungsfeld

Zur Einordnung des Forschungsfeldes wird nachfolgend die Struktur des dualen Systems als formaler Rahmen der untersuchten Ausbildungsberufe skizziert. In diesem Zusammenhang werden die an der Berufsausbildung beteiligten Lernorte *Betrieb, überbetriebliche Berufsbildungsstätte* und *Berufsschule* hinsichtlich ihrer Funktion für die duale Berufsausbildung kurz erläutert. Sodann erfolgt eine Beschreibung der für den Untersuchungskontext relevanten Berufsbilder Maurer und Straßenbauer bzw. der Auszubildenden unter Berücksichtigung ihrer individuellen (Lern-)Voraussetzungen.

5.1 Das duale System der Berufsausbildung

Das duale System der Berufsausbildung gilt als wichtiges Instrument der Fachkräftesicherung (vgl. BMBF 2012, S. 4). Gemäß des Datenreports zum Berufsbildungsbericht 2013 und der Berufsbildungsstatistik befanden sich im Jahr 2011 1.460.658 Jugendliche in einer dualen Berufsausbildung (vgl. BIBB 2012). Davon wurden bundesweit im Zeitraum vom 01.10.2011 bis 30.09.2012 bundesweit 525.370 betriebliche Ausbildungsverträge neu abgeschlossen (vgl. BMBF 2013b, S. 17). Damit ist das duale System der weitaus größte Bildungsbereich der Sekundarstufe II. Dieser ist gekennzeichnet durch das Zusammenwirken zweier Lernorte, nämlich Betrieb und Berufsschule, die unter dem Ziel der beruflichen Kompetenzförderung von Auszubildenden kooperieren (vgl. Schelten 2010, S. 64). Wenngleich Betrieb und Berufsschule administrativ und rechtlich getrennt sind, tragen sie beide zur Vermittlung beruflicher Qualifikationen nach Maßgabe von Rahmenlehrplänen und Ausbildungsordnungen (sowie vom Berufsbildungsgesetz und Schulgesetz) bei.

Die *Ausbildungsbetriebe* übernehmen im Rahmen des dualen Systems, in Kooperation mit der Berufsschule, den entscheidenden Part. Ihre gesetzlich geregelte Einbeziehung als Träger der Berufsausbildung gilt als konstitutives Moment des dualen Systems. Es findet seinen Ausdruck sowohl in einer umfassenden Gestaltungskompetenz der Betriebe für die

Berufsausbildung als auch in dem großen zeitlichen Anteil, den die betriebliche Ausbildung, mit Blick auf die Gesamtausbildungszeit, einnimmt (vgl. Arnold/Münch 2000, S. 43). So erfolgt im Betrieb auf der Grundlage einer Ausbildungsordnung an drei bis vier Tagen eine primär berufspraktische Ausbildung, in der die Auszubildenden sowohl technologisch als auch arbeitsorganisatorisch in die aktuellen betrieblichen Arbeitsprozesse eingeführt werden. Ihr Anliegen ist es, unter der allgemeinen Zielsetzung eine breit angelegte Grundbildung und die für die Ausübung einer qualifizierten beruflichen Tätigkeit notwendigen fachlichen Fertigkeiten und Kenntnisse zu vermitteln sowie den Erwerb der erforderlichen Berufserfahrung zu ermöglichen.

Das Berufsbildungsgesetz und die Handwerksordnung können vorsehen, dass

> *„Teile der Berufsausbildung in geeigneten Einrichtungen außerhalb der Ausbildungsstätten durchgeführt werden, wenn und soweit es die Berufsausbildung erfordert (überbetriebliche Berufsausbildung)"* (§ 5 BBiG; § 26 HwO).

Insofern findet die Ausbildung zum Maurer bzw. Straßenbauer gemäß des Zeitplans Stufenausbildung Bau im 1. Ausbildungsjahr 20 Wochen, im 2. Ausbildungsjahr 11 Wochen und im 3. Ausbildungsjahr 4 Wochen (exemplarisch im Berufsbildungs- und Gewerbeförderungszentrum (BGZ) Simmerath statt).

Die *überbetrieblichen Berufsbildungsstätten* ergänzen als Verbundpartner der Ausbildungsbetriebe die Berufsausbildung. Ihre Einrichtung ist die Antwort auf die erheblichen qualitativen Unterschiede in der (betrieblichen) Ausbildung. Insbesondere in kleinen und mittleren Betrieben (KMU) erfolgt eine Ausbildung häufig stärker aus funktionalen Lernbezügen heraus. Der intentionale, systematische Lernanteil kann hier sehr reduziert sein. Aufgrund ihrer Spezialisierung sind nicht alle KMU in der Lage, die in der Ausbildungsordnung geforderten Ausbildungsinhalte am Arbeitsplatz zu vermitteln (vgl. Schelten 2010, S. 75). Durch das ergänzende Ausbildungsangebot der überbetrieblichen Berufsbildungsstätten können Niveauunterschiede der betrieblichen Berufsausbildung ausgeglichen und der Transfer aktueller Techniken und Technologien in die Betriebe unterstützt werden (vgl. Arnold/Münch 2000, S. 45). Insgesamt leisten die überbetrieblichen Ausbildungsstätten einen Beitrag, die Ausbildungs-fähigkeit kleiner und mittlerer Betriebe herzustellen bzw. zu verbessern. Den überbetrieblichen Berufsbildungsstätten kommt damit eine zentrale Aufgabe bei der Qualitätssicherung und Realisierung des Berufsprinzips im Bereich der KMU zu.

Im Rahmen des dualen Systems ist die *Berufsschule* eine wichtige In-stitution und ein unverzichtbarer Partner der Ausbildungsbetriebe. Ihre Bedeutsamkeit zeigt sich darin, dass sie eine staatliche Pflichtschule ist, die in allen Ländern der Bundesrepublik Deutschland Kraft der Schulge-setze von allen (berufsschulpflichtigen) Auszubildenden besucht werden muss (vgl. ebd.). Gemäß der Rahmenvereinbarung über die Berufsschule (1991) ist es ihr Ziel,

- *„eine Berufsfähigkeit zu vermitteln, die Fachkompetenz mit allgemeinen Fähigkeiten humaner und sozialer Art verbindet;*
- *berufliche Flexibilität zur Bewältigung der sich wandelnden Anforde-rungen in Arbeitswelt und Gesellschaft auch im Hinblick auf das Zusam-menwachsen Europas zu entwickeln;*
- *die Bereitschaft zur beruflichen Fort- und Weiterbildung zu wecken;*
- *die Fähigkeit und Bereitschaft zu fördern, bei der individuellen Le-bensgestaltung und im öffentlichen Leben verantwortungsbewusst zu handeln.“* (KMK 1991)

Zu diesem Zweck vermittelt die Berufsschule als eine der beiden Säu-len der dualen Ausbildung allgemeine und berufsbezogene Lehrinhalte unter besonderer Berücksichtigung der betrieblichen Anforderungen (vgl. Arnold/Münch 2000, S. 88). Damit besteht ihre Kernaufgabe darin, zum einen die berufstheoretischen Kenntnisse zu vermitteln und zum anderen die Funktionen allgemeinbildender Schulen wahrzunehmen. Als Ergänzung zur prozessorientierten und eher betriebsspezifischen Ausbil-dung wird hier in berufstheoretischen, fachpraktischen und allgemeinen Fächern unterrichtet.

„In dem Maße wie [...] die Berufsqualifikation eines Ausbildungsberufes [...] stärker theoretisch geladen sind, können Fertigkeiten und Kenntnisse zunehmend nur mit einer theoretischen Durchdringung vermittelt werden. Umgekehrt bedarf eine komplexer werdende Theorie in der Berufsschule der unmittelbaren handlungsmäßigen Umsetzung, um vermittelbar zu bleiben. Berufspraktische Ausbildung im Betrieb und berufstheoretische in der Berufsschule überlappen sich. Mit anderen Worten: Bildungsinhalte und Bildungsformen zwischen Betrieb und Berufsschule konvergieren. Komplexe Aufgaben können heute im Betrieb nicht ohne theoretische Vermittlung gelöst werden, wie umgekehrt komplexe Theorie in der Berufsschule nicht ohne Praxis vermittelt werden kann." (Schelten 2010, S. 66)

5.2 Die Zielgruppe der Maurer und Straßenbauer

Wenngleich es sich bei Maurern und Straßenbauern um Berufe des Hoch- bzw. Tiefbaus handelt, sind beide Teil des Bauhauptgewerbes und durch die Stufenausbildung Bau formal einheitlich geregelt. Sie sind nach dem Berufsbildungsgesetz (BBiG) und der Handwerksordnung (HwO) anerkannte Ausbildungsberufe in Industrie und Handwerk. Nach dem Berufsbildungsgesetz besteht das Ziel einer Berufsausbildung darin, die

„für die Ausübung einer qualifizierten beruflichen Tätigkeit in einer sich wandelnden Arbeitswelt notwendigen beruflichen Fertigkeiten, Kenntnisse und Fähigkeiten (berufliche Handlungsfähigkeit) in einem geordneten Ausbildungsgang zu vermitteln. Sie hat ferner den Erwerb der erforderlichen Berufserfahrung zu ermöglichen." (BMBF 2005, § 1 Abs. 3 BBiG)

Die Ausbildungsdauer zum Maurer und Straßenbauer beträgt in der Regel 36 Monate (wobei ggfs. eine Verkürzung der Ausbildungszeit möglich ist) und wird in Fachklassen des dualen Systems realisiert. Die Ausbildung erfolgt dabei in zwei Stufen: nach Abschluss der 1. Stufe (2 Jahre) erreichen Auszubildende nach erfolgreich abgelegter Kammer-Prüfung den Abschluss als Hochbau- bzw. Tiefbaufacharbeiter mit verschiedenen inhaltlichen Schwerpunkten. Nach Abschluss der 2. Stufe (1 Jahr) und ebenfalls bestandener Kammer-Prüfung erhalten sie den Berufsabschluss Maurer bzw. Straßenbauer.

Im 1. Ausbildungsjahr wird zunächst eine berufliche Grundbildung angestrebt, im 2. Ausbildungsjahr eine allgemein berufliche Fachbildung und im 3. Ausbildungsjahr schließlich die besondere berufliche Fachbildung (vgl. BMWI 1999). Das Prinzip der Stufenausbildung erhöht dabei durchaus die Attraktivität der Ausbildung, insofern es Auszubildenden gemäß ihrer unterschiedlichen Neigungs- und Eignungsschwerpunkte differenzierte Abschlüsse ermöglicht (vgl. Friede 1982, S. 103). Formal erfolgt die Ausbildung in den Fachklassen des dualen Systems der Berufsausbildung.

Das duale System ist ein offener Ausbildungsbereich, für den keine formalen Zugangsbeschränkungen (wie z.B. Alter, Bildungsstand, Geschlecht) existieren. Damit steht es allen Jugendlichen, ungeachtet der jeweiligen Vorbildung, offen. Für die Aufnahme einer Berufsausbildung im Rahmen des dualen Systems wird demnach keine bestimmte Schulbildung vorausgesetzt, lediglich die Vollzeitschulpflicht muss erfüllt sein (vgl. Arnold/ Münch 2000).

Auszubildende im Bereich des Handwerks, die 2011 einen Ausbildungsvertrag neu abgeschlossen hatten, verfügten als höchsten allgemeinbildenden Schulabschluss überwiegend über einen Hauptschul- (52,0 %) oder Realschulabschluss (36,1 %). Vergleichsweise wenige Auszubildende hatten gar keinen Schulabschluss (3,9 %) bzw. eine Studienberechtigung (8,1 %) erworben (vgl. BIBB 2013b, S. 170). Insofern münden überwiegend Personen mit formal eher schwächeren Qualifikationen in das duale System bzw. in handwerkliche Ausbildungsberufe ein, zu deren Kreis mit einiger Sicherheit auch Auszubildende zum Maurer bzw. Straßenbauer gehören. Angesichts der erheblichen Leseschwächen, die insbesondere bei Schüler/innen der Hauptschule festgestellt wurden (vgl. Naumann et al. 2010, S. 50; Baumert et al. 2001, S. 121), ist davon auszugehen, dass in der beruflichen Ausbildung nicht mit einer ausreichend hohen Lesekompetenz der (zukünftigen) Auszubildenden gerechnet werden kann (vgl. z.B. Lehmann/Seeber/Hunger 2006, S. 48; Ziegler/Gschwendtner 2006a,

2006b), was vermutlich auch für die Zielgruppe der Untersuchung gelten dürfte.

So erklärt sich der Förderbedarf einerseits durch die subtilen Selektionsmechanismen des deutschen Bildungssystems, die beim Übergang in das berufliche Bildungssystem verstärkt werden (vgl. z. b. Nickolaus/ Knöll/Gschwendtner 2006; Nickolaus/Geißel/Gschwendtner 2008). Andererseits wirkt zusätzlich noch die Selbstselektion dem Ausgleich von Defiziten entgegen. Gemäß Hinweisen aus der Berufswahltheorie wählen Personen bevorzugt solche Tätigkeiten, die mit ihrem Selbstkonzept übereinstimmen (vgl. z. B. Gottfredson 1981, 2002; Ratschinski 2009). Beispielsweise gilt die von McCormick entwickelte Gravitationshypothese (vgl. McCormick/Jeanneret/Mecham 1972) als empirisch gut belegt, gemäß der Individuen häufig nach beruflichen Tätigkeiten streben, die ihrem persönlichen Fähigkeitsprofil entsprechen (vgl. Rolfs 2001, S. 69). Darüber hinaus bewirken das Bedürfnis nach Kompetenzerleben und Selbstwirksamkeitserwartungen, dass Personen solche beruflichen Herausforderungen suchen, die sie bewältigen können. Überforderungen wirken häufig demotivierend und werden eher vermieden (vgl. Ziegler/ Gschwendtner 2010, S. 534f.).

Eine Studie von Möller und Kollegen (2006) zu Leistung und Selbstkonzept von Auszubildenden in Handwerksberufen hat die Einflüsse von handwerklich-praktischen Leistungen auf Aspekte des akademischen Selbstkonzeptes nachgewiesen. Demnach bilden Auszubildende mit einer identischen Leistung etwa in dem Berufsschulfach Deutsch/Kommunikation unterschiedliche Selbstkonzepte in Abhängigkeit von ihrer praktischen Leistung aus. Auszubildende, deren praktische Leistungen eher schwächer sind, werten ihre Fähigkeiten in der Domäne Deutsch/ Kommunikation tendenziell eher auf. Umgekehrt werten Auszubildende, deren praktische Leistungen positiver beurteilt werden, ihre Fähigkeiten in diesem Fach eher ab. Ferner zeigte sich, dass Maße des akademischen Selbstkonzeptes erheblich mehr von den schulischen Leistungen beeinflusst werden als handwerklich-praktische Selbstkonzepte von den entsprechenden Leistungen. Das Selbstkonzept der praktischen Leistung wurde wiederum von keiner anderen Fachleistung beeinflusst (vgl. Möller/Pohlmann/Mensebach 2006, S. 104f.).

Wenngleich Defizite in Lernvoraussetzungen bisweilen individuell stark variieren (vgl. Bojanowski/Eckardt/Ratschinski 2005), kommen bei lernschwächeren Schüler/innen in bautechnischen Berufen häufig negative Lern- und Schulerfahrungen hinzu, welche wiederum motivationale Probleme hervorrufen (vgl. Norwig/Petsch/Nickolaus 2010, S. 222). Dabei ist der Besuch der Berufsschule essenzieller Bestandteil der dualen Berufsausbildung. Für angehende Maurer und Straßenbauer umfasst der Berufsschulunterricht im 1. Ausbildungsjahr 14 Wochen, im 2. Ausbildungsjahr 12 Wochen und im 3. Ausbildungsjahr 10 Wochen.

Der Unterricht an Berufsschulen ist nach dem Lernfeldprinzip in sog. Lernfeldern organisiert. D. h., die Vermittlung theoretischer Unterrichtsinhalte erfolgt nicht isoliert, sondern stets in beruflichen Handlungszusammenhängen. Die Integration beruflicher und allgemeiner Bildung ist im Sinne des Leitziels beruflicher Handlungskompetenz erforderlich, damit Auszubildende

> *„zu mündigen [...] verantwortlich und kooperativ handelnden Berufs-*
> *trägern bzw. Professionsträgern in der demokratischen Gesellschaft*
> *befähigt werden. Diese Befähigung basiert auf einer reflektierten Auf-*
> *gabenorientierung und Selbstpositionierung in Beruf und Gesellschaft"*
> (Zimmer 2009, S. 32).

Der Unterricht soll gemäß der Rahmenvereinbarung über die Berufsschule (1991) mindestens 12 Wochenstunden umfassen, von denen in der Regel 8 Wochenstunden auf den berufsbezogenen Unterricht entfallen. Der Unterricht erfolgt entweder als Teilzeitunterricht an 1–2 Tagen pro Woche oder zusammengefasst als Blockunterricht im Umfang von einer oder mehreren Wochen. Die Organisation des Unterrichts für die einzelnen Fachklassen ist durch landesrechtliche Regelungen festgelegt (vgl. Pahl 2007, S. 109). Die im Rahmen der Gruppeninterviews befragten Auszubildenden absolvieren den Berufsschulunterricht in Form von Blockunterricht.

Nach einer erfolgreichen Ausbildung und entsprechenden Berufspraxis kann die Erstausbildung in der Regel durch ein systematisiertes Angebot an Weiterbildungen zielgerichtet ausgebaut werden und bietet qualifizierten Gesellen attraktive Aufstiegschancen. So können sich ausgebildete Maurer bzw. Straßenbauer beispielsweise durch den Besuch der Meisterschule weiterqualifizieren und den Meisterbrief erwerben, der die Gründung eines eigenes Betriebs sowie die Übernahme von Führungsaufgaben ermöglicht. Ferner bieten Aufstiegsfortbildungen Maurergesellen ohne Hochschulreife die Möglichkeit, sich zum Vorarbeiter, geprüften Polier, Industriebetriebswirt (Fachrichtung Bauwirtschaft) oder Techniker (Fachrichtung Bautechnik oder Betriebswissenschaft) zu qualifizieren. Für Gesellen mit entsprechenden Hochschulzugangsberechtigungen bieten sich beispielsweise Studiengänge im Bereich des Bauingenieurwesens, Baubetriebswesens, der Bauwirtschaft, -produktion und -informatik sowie Architektur an (vgl. Berufsförderungswerk der Bauindustrie NRW e. V. o. J.).

6 Deskription und Reflexion der inhaltsanalytischen Auswertung

Im Sinne einer *Verfahrensdokumentation* – als zentrales Gütekriterium qualitativer Datenanalyse (vgl. z. B. Mayring 2002, S. 144f.) – wird der spezifische Forschungsprozess erläutert und reflektiert, um auch für Dritte nachvollziehbar zu sein. Die forschungsprozessorientierte Deskription erfolgt dabei zunächst für die Experteninterviews (vgl. Kapitel 6.1), anschließend für die Gruppenbefragungen (vgl. Kapitel 6.2). In diesem Zusammenhang werden u. a. das verwendete Analyseinstrumentarium, die Durchführung und Auswertung der Datenerhebung dokumentiert.

6.1 Leitfadengestützte Experteninterviews

Da Inhaltsanalyse, wie eingangs erwähnt, kein Standardinstrument ist, muss sie stets an das konkrete Material angepasst und auf die spezifische Fragestellung hin konstruiert werden. Aufgrund der konkreten Forschungsfragen wurde im Rahmen dieser Arbeit die Analysetechnik der *strukturierenden qualitativen Inhaltsanalyse* gewählt (vgl. Kapitel 4.6.2). Diese ist als eine von drei Grundformen des Interpretierens aus dem allgemeinen Ablaufmodell der Analyse entwickelt worden. Aus diesem Grund folgen die Arbeitsschritte 1 bis 5 theoriekonform dem *allgemeinen Ablaufmodell*. Arbeitsschritt 6 fordert die Festlegung eines konkreten Ablaufmodells im Sinne einer spezifischen Auswertungsmethodik (vgl. Kapitel 5.4.1). Ausgehend von der Strukturierung als ausgewählte Analysetechnik orientiert sich die weitere Vorgehensweise nicht länger am allgemeinen Ablaufmodell, sondern folgt sodann der Logik des *Ablaufmodells inhaltlicher Strukturierung* (vgl. Kapitel 5.4.2).

Dem eigentlichen Analyseprozess ist eine intensive Vorbereitungsphase vorausgegangen. In dieser wurden die Interviews sowohl mehrmals gelesen als auch auf Band angehört, um sich mit dem Datenmaterial vertraut zu machen und die Gesprächsinhalte realitätsnah zu erfassen. Erst im

Anschluss begann die Auswertungsarbeit gemäß dem allgemeinen inhaltsanalytischen Ablaufmodell.

1) Festlegung des Materials

Bei dem ausgewählten Material handelt es sich um sämtliche Interviews,
die im Rahmen des Dissertationsprojektes geführt worden sind. Im Rahmen der Auswertung sind jene Interviewpassagen fokussiert worden, die
vor dem Hintergrund des leitenden Forschungsinteresses relevant sind.

Interviewt wurden insgesamt 14 Akteure der beruflichen Bildung, die
aufgrund ihrer *„perspektivische[n] Typik"* (Honer 2011, S. 95) ausgewählt
wurden und über einschlägige Erfahrung in der Baustellenpraxis verfügten. Vier der Befragten arbeiteten im Hochbaugewerbe, zehn im Tief-
baugewerbe. Alle Gesprächsteilnehmer waren erfahrene Berufspraktiker,
die sich über die entsprechende Berufsausbildung hinaus zum Polier bzw.
Meister weiterqualifiziert hatten.

Die Teilnahme an den Befragungen erfolgte freiwillig. Die Interviewteilnehmer wurden durch telefonische oder schriftliche Kontaktaufnahme
gewonnen. Dabei wurde die Zielgruppe über unterschiedliche Zugangs-
wege erreicht: einige Teilnehmer wurden direkt, andere wiederum über
einen Gatekeeper angesprochen. Insbesondere bei größeren Firmen bzw.
Institutionen wurde die Anfrage der Autorin intern an potenzielle Interviewpersonen weitergeleitet.

2) Analyse der Entstehungssituation

Sowohl bei der ersten Kontaktaufnahme als auch unmittelbar vor dem
Interview wurde den Teilnehmern eine Einstiegsinformation zur Orientierung und kognitiven Strukturierung gegeben. Dabei wurden der
wissenschaftliche Kontext und die Kommunikationsmodi skizziert sowie
die Anonymisierung und der ausschließlich wissenschaftliche Verwen-
dungszusammenhang zugesichert (vgl. Anhang 2, Anhang 3). Es wurde
kurz erläutert, dass es sich bei den Gesprächen um halbstrukturierte
(halbstandardisierte) und offene Interviews handelt, deren Grundlage
ein Leitfaden mit Fragen war. Die spezifische Leistung des halbstruktu-

rierten Interviews lag in diesem Fall darin, dass dem felderschließenden Charakter der Befragung hinsichtlich des Befragungsgegenstandes und der Kommunikation der Befragungssituation Rechnung getragen werden konnte. Gleichzeitig gestattete die gewählte Interviewform eine Vergleichbarkeit der Befragungen, die mit Blick auf die leitenden Forschungsfragen von zentraler Bedeutung ist.

Die Interviews wurden nahezu alle[11] von der Autorin selbst durchgeführt und fanden bei den Interviewten im Bauunternehmen oder direkt auf den Baustellen statt. Die Durchführung als sog. *Hausbefragung* war deshalb angezeigt, weil sich in einem persönlichen Interview der flexible und tiefenstrukturierende Charakter von Experteninterviews am besten nutzen lässt. Daneben bietet eine Hausbefragung die Möglichkeit, den betreffenden Arbeitsplatz kennen zu lernen, was dem/der Interviewer/in Anknüpfungspunkte für seine/ihre Interviewfragen geben kann (vgl. DIE 2010, S. 19). Mit Ausnahme von zwei Befragungen (Fall C und Fall E) wurden jeweils Einzelinterviews geführt. Aufgrund der (angedeuteten) Rekrutierungsschwierigkeiten erstreckte sich der Zeitraum der Erhebung von November 2010 bis Mai 2011.

Das Thema Lesen wurde in den Interviews unterschiedlich ausführlich besprochen, was sich auch in der Interviewdauer spiegelt. Der zeitliche Umfang der Interviews divergierte stark und variierte zwischen 20 und 60 Minuten. Die Interviews selbst wiesen z. T. einen hohen narrativen Charakter auf, der darauf schließen lässt, dass die Befragten eine hohe Bereitschaft hatten, über das Thema *Lesen* zu sprechen. Einige Interviews waren demgegenüber eher karg, erwiesen sich überwiegend dennoch als sehr aufschlussreich und hoch informativ. Die Experten zeigten ein unterschiedliches Maß an Reflektiertheit und Differenziertheit in der Auseinandersetzung mit dem Thema.

Die Gesprächsatmosphäre wurde von der Interviewerin durchgängig als freundlich und aufgeschlossen erlebt. Die Personen, die sich für ein

---

11 Lediglich zwei Interviews (Fall D und Fall K) konnten aus organisatorischen Gründen nicht von der Autorin persönlich geführt werden. Stattdessen wurden die Gespräche von einem Kollegen geführt, der zuvor eine entsprechende Schulung zum Führen von Interviews erhalten hatte.

Interview bereit erklärt hatten, gaben in Vorgesprächen des Interviews als Handlungshintergrund an, dass die Förderung von Lesekompetenz aus ihrer Sicht ein wichtiges Thema sei. Aus diesem Grund waren sie offensichtlich motiviert, durch die Teilnahme an der Befragung einen Beitrag dafür zu leisten.

3) Formale Charakteristika des Materials

Nahezu alle Interviews wurden nach ausdrücklicher Genehmigung der Befragten protokolliert und mit einem digitalen Aufnahmegerät aufgezeichnet, um Informationsverluste und -veränderungen zu vermeiden. Lediglich zwei Interviewpartner (Fall K und Fall L) wünschten keine Aufnahme des Gesprächs, weshalb zu diesen Fällen ausschließlich Gesprächsprotokolle angefertigt wurden. Die übrigen Gespräche wurden anschließend in maschinengeschriebene Form vollständig transkribiert. Nach Witzel (1985) stellt eine vollständige Transkription des Gesprächs die Grundlage für eine adäquate Analyse dar (vgl. Witzel 1985, S. 237). Die Tonbandaufzeichnung erlaubte der Interviewerin außerdem, sich auf den Kommunikationsprozess zu konzentrieren und situative Bedingungen des Gesprächskontextes zu erfassen. Folgt man Flick, so handelt es sich bei der Transkription bereits um eine erste Auswertung des Materials, da durch sie bereits eine Interpretation vorgenommen werde:

> „Die Verschriftlichung von Abläufen und Aussagen führt zumindest zu einer anderen Version des Geschehens. Jede Form der Dokumentation führt zu einer spezifischen Organisation des Dokumentierten. Jede Verschriftlichung sozialer Realitäten unterliegt technischen und textuellen Strukturierungen und Begrenzungen, die das Verschriftete in einer bestimmten Weise zugänglich machen." (Flick 2005, S. 255)

Die Transkription der Interviews erfolgte in Anlehnung an das kodifizierte Transkriptionssystem GAT (gesprächsanalytisches Transkriptionssystem). Vor dem Hintergrund des Forschungsanliegens war die Erstellung von Basistranskripten ausreichend. Sprachliche Phänomene jenseits der rein verbalen bzw. wortsemantischen Merkmale erschienen im hier gegebenen Forschungskontext als weniger relevant, weshalb bei den Transkriptionen auf die Erfassung prosodischer Parameter (z. B. Intonation, Sprechgeschwindigkeit) und nonvokaler Phänomene (z. B. Umgebungsgeräusche) weitestgehend verzichtet wurde. Die Interviewtranskriptionen sollten die Gespräche möglichst authentisch abbilden und wurden daher nicht dialektbereinigt. Der Materialkorpus bestand aus ca. 180 Seiten.

Nachfolgend werden die verwendeten Notationen und Konventionen des Transkriptionssystems im Überblick dargestellt und jeweils anhand eines Beispiels illustriert.

- Pausen und verlaufsstrukturelle Notationen:

(.)	Mikropause (< 1 Sekunde)
(1), (2), (3), ...	Pausen in Sekundenlänge
=	Verschleifungen, schnelle Anschlüsse, Stottern
-	Wort- oder Satzabbruch

Beispiel:

P: also ZUVERLÄSSISCHkeit FLEIß [mhm?] ORDnung PÜNKTlischkeit (1) SAUBERkeit (2) ähm (2) LESEN SCHREIBN würd=isch=nisch als: ein argument in diese kette ähm [mhm?] einbringn wolln

- Akzentuierung (Betonungen):

AkZENT	Primärakzent
Ak!ZENT!	extra starker Akzent

Beispiel:

P: (5) ja ich weiß nich ob das=n problem der SCHULbildung is das=is=n problem der poliTIK und des elternhauses. [mhm?] ähm (.) also wenn (.) ich sag jetzt mal zum beispiel TÜRKische kinder im elternhaus kein DEUTSCH !LERNEN! (.) dann kann DAS die schule nisch abnehmen.

- Sonstige Konventionen:

[lacht]	außersprachliche Handlungen/Ereignisse
(?)	unverständlicher Redebeitrag
[mhm]	Redebeitrag des anderen Kommunikanten an der jeweiligen Stelle innerhalb des Redebeitrags des Kommunikationspartners
mhm, hmm	Bejahung, Verneinung
[Name, Ort]	Anonymisierung

Beispiel:

I: ähm herr [name von P1] dann erzählen sie doch mal (.) was ein STRAßenbauer so alles können muss

P1: joa pff (.) eijentlich alles (.) vom KERMALamt (?) (.) über erdarbeiten zu platierungsarbeiten pflasterarbeiten asphaltarbeiten (.) also im prinzip von der KANALisation bis zur fertijen decke [mhm] zählt so zum aufgabenbereibereich

Für eine leserfreundlichere Darstellung sind die im Rahmen dieser Arbeit zitierten Transkriptpassagen meist in einem vereinfachten Modus dargestellt, d. h. sprachlich geglättet.

4) Richtung der Analyse

Das Projekt, aus dem das Material stammt, hat eher explorativen Charakter. Durch die Interviews sollen die befragten Personen angeregt werden, vor dem Hintergrund ihrer Expertise im Baugewerbe die tatsächliche Bedeutung von Lesekompetenz für die betriebliche Ausbildung zu berichten. Demzufolge ist die Richtung der Analyse nach dem inhaltsanalytischen Kommunikationsmodell (vgl. Mayring 2010, S. 57), durch den Text Aussagen über den kognitiven Hintergrund und Handlungshintergrund der Kommunikatoren zu machen.

5) Theoretische Differenzierung der Fragestellung

Die Analyse der Interviews folgt den im Rahmen des Problemhintergrundes bereits vorgestellten Forschungsfragen 1–3 sowie der unter Punkt 4 dargelegten Richtung der Analyse.

6) Bestimmung der dazu passenden Analysetechnik

Als Grundform der qualitativen Inhaltsanalyse wird hier die *inhaltliche Strukturierung* gewählt. Mithilfe dieser Technik werden – im Sinne der Zielsetzung inhaltlicher Strukturierung – die vor dem Hintergrund der Forschungsfragen relevanten Themen und Inhalte systematisch aus dem Material extrahiert. Die Strukturierung ermöglicht eine fokussierte und zielgerichtete Analyse des Rohdatenmaterials.

7) Bestimmung der Analyseeinheiten

Rekurrierend auf das Ablaufmodell strukturierender Inhaltsanalyse (vgl. Abbildung 12, Schritt 1) werden zunächst die Analyseeinheiten festgelegt:

Kodiereinheit:	Proposition, einzelnes Wort
Kontexteinheit:	alles Material des jeweiligen Falles
Auswertungseinheit:	die chronologische Abfolge des Gesprächs

8) (Theoriegeleitete) Festlegung der inhaltlichen Hauptkategorien

Die Hauptkategorien für die inhaltliche Strukturierung wurden deduktiv entwickelt, indem sie systematisch aus den zentralen Fragen des Leitfadens abgeleitet wurden. Demzufolge wird das Kategoriensystem durch folgende Hauptkategorien konstituiert:

- zentrale Eigenschaften und Kompetenzen von Gesellen/Facharbeitern
- zentrale Voraussetzungen für die (betriebliche) Ausbildung
- zentrale Eigenschaften und Kompetenzen von Personen mit Führungsverantwortung
- Lesesituationen/Leseintentionen von Auszubildenden

- Lesesituationen/Leseintentionen von Gesellen/Facharbeitern
- Lesesituationen/Leseintentionen von Personen mit Führungsverantwortung
- Relevanz von Lesekompetenz
- Texte von Auszubildenden
- Texte von Gesellen/Facharbeitern
- Texte von Personen mit Führungsverantwortung
- Kommunikationsformen in der (betrieblichen) Ausbildungspraxis

9) Zusammenstellung des Kategoriensystems

Um dem empirischen Material gerecht zu werden, mussten die theoretisch aus dem Interviewleitfaden abgeleiteten Hauptkategorien in einem zweiten Schritt durch empiriegeleitet gebildete Unterkategorien ergänzt werden. Die Kombination von deduktiver und induktiver Kategorienbildung ermöglichte es, die Vorteile der jeweiligen Vorgehensweisen einzubinden. Deduktive Kategorienbildung bietet einerseits die Chance größtmöglicher Systematik und regelgeleiteten Vorgehens, kann andererseits jedoch unter mangelnder Offenheit leiden. Induktive Ansätze hingegen streben nach Offenheit und suchen nach größtmöglicher Varianz in den Interpretationen von Aussagen, sie können allerdings Schwächen beim regelgeleiteten Vorgehen aufweisen (vgl. Reinhoffer 2005, S. 127). Insofern wurde für die Bildung des Kategoriensystems die Kombination beider Strategien gewählt.

Die Unterkategorien wurden in einem ersten Materialdurchlauf gemäß einer induktiven Kategoriendefinition direkt aus dem vorliegenden Material entwickelt. Dazu wurde eine Probeauswertung von vier Interviews durch zwei unabhängige Kodierer vorgenommen. Für jede neue Sinneinheit legten die Auswerter versuchsweise eine Kategorie an. Bei der Festlegung dieser Kategorien wurde jeweils von den sprachlichen Besonderheiten abstrahiert, der semantische Gehalt jedoch beibehalten. Anschließend wurden die Transkripte mit Blick auf diese Kategorien weitergelesen. Wenn sich andere Aussagen den Kategorien zuordnen ließen, verblieben sie im Kategoriensystem. Falls sich die Kategorien nicht bewährten, wurden sie entweder verworfen oder neu definiert. Nach der Bearbeitung eines jeden Interviewtranskriptes erfolgte ein intensiver Austausch zwischen den Auswertern. Dabei wurden die markierten Fundstellen miteinander verglichen und hinsichtlich der vorläufigen Kategorienbildung diskutiert. Sinnverwandte Textstellen wurden den entsprechenden Hauptkategorien als Unterkategorien zugeordnet und bedeutungsgleiche Unterkategorien zusammengefasst. Auf diese Weise wurde ein erstes Kategoriensystem konstitutiert.

10) Formulierung von Definitionen, Ankerbeispielen und Kodierregeln

Anschließend wurden die Hauptkategorien sowie deren Ausprägungen in Orientierung am empirischen Material und unter Berücksichtigung der theoretischen Grundlagen definiert und präzisiert. Die Definition der Kategorien und Ausprägungen legt fest, welche Textbestandteile inhaltlich einer Kategorie zugehörig sind. Als Ankerbeispiele wurden prototypische Textstellen identifiziert, die als Orientierungshilfe bei der Auswertung dienen. Diese Bestimmungen wurden in einem sog. *Kodierleitfaden* zusammengefasst, der als Manual für die Auswerter fungierte. Da sich die Kategorien während des Materialdurchlaufs als ausreichend trennscharf erwiesen, war die Definition von Kodierregeln nicht erforderlich.

11) Materialdurchlauf: Fundstellenbezeichnung

Im Rahmen des ersten Materialdurchlaufs (vgl. Schritt 9) wurden im transkribierten Datenmaterial zunächst jene Aussagen farblich gekennzeichnet, die durch das Kategoriensystem adressiert wurden. Dabei wurde die Fundstellenbezeichnung sequenziell durchgeführt, d. h., der Text wurde chronologisch Zeile für Zeile, Passage für Passage kodiert, ohne auf spätere Textstellen vorzugreifen. Dabei erfolgte die Auswertung der ersten Interviews zunächst händisch, später mithilfe von MAXQDA. Die handschriftliche Analyse sollte dabei den ersten Zugang zum Material erleichtern und die Aufmerksamkeit allein auf die Anwendung des Kategoriensystems richten. Erst nachdem die Auswertungstechnik den Kodierern vertraut war, wurden die Fundstellen mithilfe der Software MAXQDA kodiert. Der Einsatz von QDA-Software erwies sich als ausgesprochen hilfreich, da Textstellen problemlos mehrfach kodiert werden konnten. Im Unterschied zur Paper-and-Pencil-Kodierung blieb die Kodierung dabei dennoch übersichtlich.

12) Materialdurchlauf: Bearbeitung und Extraktion der Fundstellen

Die Bearbeitung bzw. Extraktion der Fundstellen erfolgte abweichend von Mayrings Vorschlag erst nach Festlegung des endgültigen Kategorienschemas. Angesichts kontinuierlicher Überarbeitungen des Kategoriensystems erschien dieses Vorgehen angezeigt.

13) Überarbeitung, ggfs. Revision von Kategoriensystem und Kategoriendefinition

Bei der Erstellung des Kategoriensystems ging es im Sinne der strukturierenden Inhaltsanalyse nicht um eine Vollerfassung der Texte. Demzufolge war es nicht das Ziel der Auswertung, möglichst alle Inhalte eines Interviews, sondern ausschließlich alle *interessierenden* Bedeutungsdimensionen zu erfassen.

Die Entwicklung des Kategoriensystems stellte einen iterativen Prozess dar. Nach der Zusammenstellung des vorläufigen Kategoriensystems wurde der Kodierleitfaden von zwei unabhängigen Kodierern zunächst an mehreren Interviewtranskripten erprobt und hinsichtlich seiner Eindeutigkeit bei der Zuordnung von Textsegmenten zu Kategorien evaluiert. Nachdem etwa insgesamt die Hälfte des Materials bearbeitet wurde, erfolgte in einem intensiven Austauschprozess der beteiligten Kodierer eine Überarbeitung und Erweiterung des Kategoriensystems.

Abweichende Kodierungen wurden genau analysiert, indem sich die Auswerter darüber verständigten, welche Überlegungen sie bei der Kodierung jeweils geleitet hatten und worin die Ursachen für die Differenzen lagen. Ursächlich für Abweichungen waren häufig unterschiedlich gewählte Segmentgrenzen des Primärtextes. Damit bestätigte sich ein von Larcher (2010) identifiziertes Problemfeld bei der praktischen Anwendung von Mayrings Analysetechnik. Insbesondere bei den Interviews, in denen zwei Interviewpartner gleichzeitig befragt wurden (Fall C und Fall E), kam es zu Differenzen in der Fundstellenbezeichnung. Hier bezogen sich die Aussagen der Teilnehmenden nicht selten aufeinander und konnten nur im Zusammenhang richtig erfasst werden. In diesen Fällen war die Kodierung auf Aussagenebene (der einzelnen Person) bisweilen nicht ausreichend, sondern musste beispielsweise um die Ausgangsfrage des Interviewers oder der zweiten befragten Person ergänzt werden, um den Sinn vollständig und gegenstandsnah zu erfassen. Um die Gültigkeit und Nachvollziehbarkeit der Interpretation nicht zu beeinträchtigen, bedurfte es in diesen Fällen einer sorgfältigen Abstimmung der Kodierer.

Ferner wurden das Kategoriensystem sowie die Definitionen der Kategorien dahingehend überprüft, ob sie das Material gegenstandsnah abbilden. Im Sinne *semantischer Gültigkeit* wurde die Angemessenheit der Kategoriendefinitionen (Definitionen, Ankerbeispiele) verifiziert. D. h., alle unter eine Kategorie subsummierten Textstellen wurden mit dem Konstrukt verglichen und auf Homogenität geprüft (vgl. Mayring 2010, S. 119). In diesem Zusammenhang wurden, wo notwendig, begriffliche Präzisierungen vorgenommen und (Unter-)Kategorien ergänzt oder gestrichen.

Weiterhin wurden die Ausprägungen pro Hauptkategorie hinsichtlich eines einheitlichen Klassifizierungsprinzips überprüft und modifiziert. Auch das Abstraktionsniveau der Unterkategorien bedurfte einer Anpassung. Weiterhin wurden uneindeutige Kategorien zusammengefasst, um auf diese Weise zu einem gröberen, aber valideren Kategoriensystem zu gelangen. In diesem Sinne erfolgte eine Zusammenführung der ursprünglich getrennten Kategorien *Lesesituation* respektive *Leseintention*. Während des Kodierprozesses erwies es sich als äußerst schwierig, entsprechende Textstellen eindeutig nur einer Kategorie zuzuordnen, da die Beschreibung konkreter Lesesituationen zumeist mit deren Intentionalität verknüpft war. Der Versuch, die Äußerungen inhaltlich zu trennen, erwies sich als nicht praktikabel. Das folgende Zitat soll exemplarisch illustrieren, wie den Leseanlässen je ein Zweck inhärent ist:

> *„Ich muss auf der Baustelle später schon mal einen Lieferschein unterschreiben, das heißt, ich muss also lesen können, was angeliefert worden ist, also kontrollieren, ob die Sachen auch wirklich dabei sind."* (Fall F, Textsegment 38)

Das Lesen des Lieferscheins dient dazu, den Wareneingang zu prüfen. Der Lesesituation liegt damit eine konkrete Zielsetzung, nämlich die Kontrolle der gelieferten Materialien, zugrunde.[12]

Anhand der skizzierten Modifizierungen ließen sich inhaltsanalytische Fehlerquellen bereinigen. Dieser Revisions-/Überarbeitungsprozess stellte gleichzeitig eine *formative Reliabilitätsprüfung* dar.

Die Auswerter rekodierten auf dem Hintergrund des überarbeiteten Kodierschemas die ersten Interviews. Während der Kodierungsphase erfolgte regelmäßig eine gegenseitige Abstimmung, insbesondere bei unsicheren Kategorienzuweisungen. Generierte (Unter-)Kategorien wurden wiederholt einer Prüfung unterzogen, so dass das Kategoriensystem auf diese Weise vom ersten Entwurf bis zur letzten Fassung kontinuierlich weiterentwickelt und im Hinblick auf logische Konsistenz kontrolliert wurde. Dieses zirkuläre Vorgehen war angezeigt, um gleichermaßen die Qualität des Forschungsprozesses wie auch der Ergebnisse zu sichern. Die computergestützte Auswertung erwies sich in diesem Zusammenhang als besonders wertvoll, da das Kategoriensystem im Unterschied zur konventionellen Inhaltsanalyse vergleichsweise mühelos modifiziert werden konnte. So erlaubte MAXQDA die Revision und Rekodierung von Fundstellen, ohne an Übersichtlichkeit einzubüßen. Das finale Kategoriensystem, auf dessen Grundlage die Interviewtranskripte kodiert wurden, beinhaltet elf Hauptkategorien mit insgesamt 21 Unterkategorien (vgl. Anhang 4). Aufgrund seiner Komplexität wird hier lediglich ein Auszug aus dem Kategoriensystem vorgestellt (vgl. Abbildung 15). Dabei liegt der Fokus darauf, anhand von zwei Hauptkategorien exemplarisch den Entwicklungsprozess sowie die damit verbundenen Herausforderungen zu skizzieren.

---

12 Anhand dieser exemplarisch illustrierten Lesesituation bestätigt sich, dass Lesen im beruflichen Kontext tatsächlich *funktional* erfolgt, d. h. im Rahmen einer beruflichen Anforderungssituation, die mit einer konkreten Leseintention verknüpft ist (vgl. Ziegler et al. 2012).

Hauptkategorie 1: Zentrale Eigenschaften und Kompetenzen von Gesellen/ Facharbeitern		
Unterkategorie	Ankerbeispiel	Definition
kognitiv	Also als Maurer muss man mit Sicherheit technisches Verständnis haben und dann ist logisches Denken noch ganz wichtig. (Fall J)	Der Proband gibt Hinweise auf Informationsverarbeitungsprozesse bzw. implizites oder explizites Wissen.
sozial	Er sollte teamfähig sein, denn Straßenbau macht nicht ein Mann alleine, sondern das ist natürlich immer Teamarbeit. (Fall C)	Der Proband gibt Hinweise auf intersubjektive Bezüge, z. B. fallen Begriffe wie Teamfähigkeit bzw. entsprechende Synonyme.
physiologisch	Er muss sehr gesund sein, das heißt also körperlich fit und nicht gebrechlich. Er muss also eigentlich auch schon die richtige Körperstatur dafür haben, weil die Arbeit anstrengend ist. (Fall J)	Der Proband benennt Implikationen im Kontext physiologischer Konstitutionen. Z. B. werden Begriffe verwendet wie Stärke, fit sein, Belastbarkeit und entsprechende Synonyme.
psychomotorisch	Er muss handwerkliches Geschick haben. (Fall H)	Der Proband benennt Begriffe, die sich auf Bereiche bewussten Könnens und Handelns beziehen. Er nennt z. B. Begriffe wie handwerkliches Geschick und entsprechende Synonyme.
emotional/ motivational/ volitional	Er sollte wetterfest und bemüht sein und er muss sich auf jeden Fall mit dem Beruf identifizieren. (Fall C)	Der Proband benennt Begriffe, die die Emotion, Motivation und Volition betreffen. Er nennt z. B. Begriffe wie sich identifizieren, Freude haben, Leistungsbereitschaft bzw. entsprechende Synonyme.
Sekundärtugenden	Sowohl Pünktlichkeit und Zuverlässigkeit als auch Ordnung und Sauberkeit sind auf der Baustelle wichtig. (Fall A)	Der Proband nennt Begriffe wie Fleiß, Pünktlichkeit, Ordnung, Sauberkeit bzw. weitere sekundäre Tugenden.

Abbildung 15: Auszug aus dem Kategoriensystem *(eigene Darstellung)*

Für die Hauptkategorie *Zentrale Eigenschaften und Kompetenzen von Gesellen/Facharbeitern* wurden beispielsweise sechs Unterkategorien induktiv herausgearbeitet. Diese wurden anhand paradigmatischer Zitate illustriert (Ankerbeispiele), um den Kodierern eine Orientierung für die konkrete Zuordnung von Textstellen zu Kategorien zu bieten. Die Unterkategorie *emotional/motivational/volitional* ist ein Beispiel für die Zusammenführung verschiedener Unterkategorien. Hier gelang es während des Kodierprozesses nicht, die Äußerungen der Interviewpartner eindeutig ausschließlich einer Unterkategorie zuzuordnen. Das Problem der Abgrenzung basierte hier nicht selten auf der mitunter recht umgangssprachlichen Ausdrucksweise der Interviewpartner, die seitens der Kodierer ein hohes Maß an kontextsensitiver Interpretationsarbeit erforderte. Um komplexe sprachliche Äußerungen nicht in ihrem Sinngehalt zu trivialisieren, erschien daher ein Zusammenschluss der entsprechenden Kategorien angezeigt. Das nachfolgende Zitat soll exemplarisch die inhaltliche Komplexität illustrieren:

> *„Der Auszubildende muss natürlich auch, würde ich mal sagen, vom Mentalen her ziemlich stark sein, weil er nicht nur immer ankämpfen muss gegen Wind und Wetter, sondern auch weil manchen Kollegen auf der Baustelle nicht so sind, wie man sich das wünscht."* (Fall J, Textsegment 6)

Der Befragte verweist nicht nur auf die Notwendigkeit psychischer Belastbarkeit im sozialen Kontext, sondern gleichzeitig auch auf motivationale Implikationen, wenn er die Bereitschaft, auch bei widrigen Witterungsbedingungen draußen zu arbeiten, nennt.

Die herausgearbeiteten Unterkategorien wurden nach Überprüfung weitgehend auch auf die Hauptkategorien *zentrale Voraussetzungen für die (betriebliche) Ausbildung* sowie *zentrale Eigenschaften und Kompetenzen von Personen mit Führungsverantwortung* übertragen, um dem Kategoriensystem eine gewisse Struktur zu verleihen.

Nach der Fundstellenbezeichnung wurden die kodierten Textstellen systematisch zusammengefasst, um einen überschaubaren Korpus zu schaffen, der alle wesentlichen Inhalte der Interviews abbildet. Dazu wurden gemäß der Z-Regeln (vgl. Kapitel 4.6.3) die einzelnen Äußerungen in einem ersten Schritt paraphrasiert.

Alle nicht (oder wenig) inhaltstragenden Textbestandteile wie ausschmückende, wiederholende und verdeutlichende Wendungen wurden gestrichen und auf eine einheitliche Sprachebene übersetzt (vgl. Abbildung 16, Abbildung 17).

Hauptkategorie: Lesesituationen/-intentionen von Gesellen/Facharbeitern (Fall F, Textsegment 16)		
Originalzitat/ Primärtext	Paraphrasierung	Generalisierung
ähm (.) isch denk=ma was=es=immer ganz WISCHtisch is dadursch das die materIALIEN heute (.) DERmaßen speZIELL ANgeboten werden von [mhm?] ihrn EIGenschaften her von ihrn einSATZgebietn her ne? [mhm?] das die also natürlich AUCH SCHON nen TEXT verstehn müssen jetzt zum beispiel auf=nem sack FLIEsenKLEBER (.) jetzt=ma als beispiel [mhm] (.) das=die=also schon dann die verarbeitungshinweise also DURSCHlesen [mhm] wie LANGe kann=ich mit dem material arbeitn (.) WELche TEMPeraturen muss=isch mindestens haben [mhm?] um das material einsetzn zu können	Gesellen müssen natürlich Texte wie auf einem Sack Fliesenkleber verstehen können, indem sie sich die Verarbeitungshinweise durchlesen und dann wissen, wie lange sie mit dem Material arbeiten können, welche Temperaturen sie mindestens haben müssen, um das Material einsetzen zu können.	Verarbeitungshinweise müssen gelesen werden, um Voraussetzungen für den Einsatz von Materialien zu kennen.

Abbildung 16: Beispiel 1 für Arbeitsschritt 1. Reduktion *(eigene Darstellung)*

Hauptkategorie: Relevanz von Lesefähigkeit (Fall G, Textsegment 37)		
Originalzitat/ Primärtext	**Paraphrasierung**	**Generalisierung**
[...] EINBAUanleitungen von materialien wat (.) eigentlich auf JEDer baustelle unterschiedlisch=is [mhm] (1) man=baut=auf der EINen baustelle: (.) material x ein auf der anderen y [mhm] und jedes hat wieder seine beSONDerheit dat eine kann man draußn im NASSen stehn lassn [mhm] dat andere muss drinnen im TROCKenen stehn. wie=wenn man sisch DAS nich DURSCHLiest oder nich WEIß (.) man !KANN!=nich alles wissen [ja?] (.) das SCHAFFen selbst wir als polIERe nich (.) müssen uns jeden TAG auf neue (.) materialien einlassen (.) isch bin MEHR im kaNALbau tätich (.) komm grad aus troisdorf da ham=wer=n ZWEI meter durchMESSer rohr gelegt aus PLASTIK sechs meter LANG hier legen=wer jetzt=n meter rohr aus BETON (.) der nächste baustelle [mhm?] legn=wer=n STAHLrohr (.) also man muss=sisch immer wieder auf die (.) gegebenheiten einstelln [mhm?] (2) und somit auch LESEN	Einbauanleitungen von Materialien müssen gelesen werden, das ist eigentlich auf jeder Baustelle unterschiedlich. Wenn man sich die Verarbeitungshinweise der Materialien nicht durchliest oder diese nicht kennt, wird es schwierig. Man kann selbst als Polier nicht alles wissen. Wir müssen uns jeden Tag aufs Neue auf Materialien einlassen und uns immer wieder auf neue Gegebenheiten einstellen und somit auch lesen.	Einbaueinleitungen/ Verarbeitungshinweise von Materialien müssen gelesen werden, um sich auf wechselnde Anforderungen und neue Entwicklungen einstellen zu können.

Abbildung 17: Beispiel 2 für Arbeitsschritt 1. Reduktion *(eigene Darstellung)*

Anschließend wurden die Aussagen generalisiert, indem die alten Gegenstände in den neu formulierten impliziert sind. Dabei erfolgten sowohl die Paraphrasierung als auch die Generalisierung im Sinne eines methodisch kontrollierten Vorgehens in kontinuierlicher Rücküberprüfung am Ausgangsmaterial, um dem Problem sinnentstellter Paraphrasen (vgl. Larcher 2010) Rechnung zu tragen. Die Fragerichtung der Analyse sowie die Definition der jeweiligen Kategorie waren in Zweifelsfällen dabei wichtige Orientierungshilfen für die Arbeitsschritte der Paraphrasierung und Generalisierung. Als Abstraktionsniveau für die Generalisierung wurden möglichst allgemeine, aber fallspezifische Äußerungen gewählt. In dem sich anschließenden Reduktionsprozess wurden bedeutungsgleiche bzw. -ähnliche Paraphrasen innerhalb einer (Unter-)Kategorie getilgt. Lediglich die weiterhin als zentral inhaltstragend eingeschätzten Paraphrasen wurden übernommen.

In einer zweiten Reduktionsschleife wurden die fallspezifischen Aussagen zu fallübergreifenden, allgemeinen Einschätzungen zusammengeführt. Dabei wurden wiederkehrende Äußerungen gestrichen oder mit inhaltsidentischen Aussagen verknüpft. Zu diesem Zweck wurde auch auf die Makrooperatoren Bündelung, Konstruktion und Integration (vgl. Kapitel 2.3.4.1) zurückgegriffen. Im Rahmen der zweiten Reduktion wurde allerdings bewusst darauf verzichtet, das Abstraktionsniveau weiter heraufzusetzen. Eine Erhöhung des Abstraktionsniveaus hätte für die meisten Kategorien einen gravierenden Informationsverlust zur Folge, der im Sinne der Forschungsfragen kontraproduktiv wäre. Wollte man beispielsweise die Antworten der Hauptkategorie *Texte von Auszubildenden* auf ein höheres Abstraktionsniveau setzen, so würden die genannten Antworten wie beispielsweise Pläne und Produktinformationen wohl unter dem Terminus *Texte* subsummiert werden. Angesichts der Zielsetzung, (ausbildungs-)relevantes Textmaterial zu identifizieren, wäre dieses Vorgehen folglich widersinnig.

Am Ende der zweiten Reduktionsphase erfolgte nochmals eine sorgfältige Prüfung, ob die fallübergreifenden Aussagen das Ausgangsmaterial noch in angemessener Weise, d. h. kontextsensitiv, repräsentierten. Falls erforderlich, wurden die Aussagen entsprechend korrigiert. Auf diese Weise sollte sensu Larcher (2010) die Gefahr eines *mangelnden Selbsterklä-*

rungswertes von Paraphrasen und Generalisierungen gemindert werden. D.h., die aus dem Primärtext jeweils neu formulierten Textbausteine (Paraphrasierung, Generalisierung, 2. Reduktion) sollten selbsterklärend bleiben, also auch dann verständlich sein, wenn vorangegangene oder nachfolgende Elemente nicht unmittelbar als Kontext herangezogen werden konnten (vgl. Larcher 2010, S. 15f.).

6.2 Leitfadengestützte Gruppeninterviews

1) Bestimmung des Materials

Neben den Experten wurden im Rahmen von sieben Gruppenbefragungen Auszubildende zum Maurer bzw. Straßenbauer (N=32) interviewt, die sich zum Zeitpunkt der Befragung in der Mittel- oder Oberstufe befanden (vgl. Abbildung 18). Aus ausbildungsorganisatorischen Gründen waren Auszubildende zum Maurer aus der Oberstufe zum Zeitpunkt der Befragung nicht zugänglich.

Bei den Befragten handelte sich dabei ausschließlich um männliche Auszubildende im Alter zwischen 17 und 27 Jahren, wobei das durchschnittliche Alter der Befragten bei 19,5 Jahren lag.

Gegenstand der Auswertung waren wie bei den Experteninterviews nur jene Interviewpassagen, die im Hinblick auf die leitenden Forschungsfragen relevant waren.

Stufe Beruf	Mittelstufe (2. Ausbildungsjahr)	Oberstufe (3. Ausbildungsjahr)	Anzahl
Maurer	13	0	N=13
Straßenbauer	4	15	N=19
	N=17	N=15	N=32

Abbildung 18: Übersicht über das Sample *(eigene Darstellung)*

2) Analyse der Entstehungssituation

Die Interviews wurden im November und Dezember 2011 in Unterrichtsräumen am Berufsbildungs- und Gewerbeförderungszentrum Simmerath (Mittelstufe) sowie am Thomas-Eßer-Berufskolleg in Euskirchen (Oberstufe) mit jeweils vier bis fünf Auszubildenden desselben Ausbildungsberufes und -standes durchgeführt.[13] Sonach handelte es sich bei den Gruppen um sog. *Realgruppen*, die über die Ebene vergleichbarer Erfahrungen und eine gemeinsame Handlungspraxis verbunden waren. Diese waren *„insoweit homogen […], als sie vom Untersuchungsgegenstand betroffen"* waren (Lamnek 2005, S. 104).

Als Grundlage der Gruppeninterviews diente auch hier ein Leitfaden, der sich im Wesentlichen an dem Interviewleitfaden der Experten orientierte (vgl. Kapitel 4.2, jedoch gekürzt und modifiziert worden war (vgl. Anhang 1). Wie bei den Experteninterviews ging dem eigentlichen Interview eine kurze Einstiegsinformation zum Thema voraus, in dem der wissenschaftliche Kontext erläutert und die Anonymisierung der Interviews zugesichert wurde. Die Gesprächsatmosphäre war in allen Gruppenbefragungen aufgeschlossen und freundlich. Die Gruppeninterviews stellten höhere Anforderungen an die Interviewerkompetenz. Aus ebendiesem Grund wurden sie zeitlich nach den Experteninterviews durchgeführt, um von den Erfahrungen aus den Einzelinterviews zu profitieren.

---

13 Aufgrund des Erhebungszeitraums November/Dezember 2011 erschien es nicht sinnvoll, Auszubildende der Unterstufe zu befragen. Diese hatten die Ausbildung erst im September begonnen und dürften vermutlich noch nicht fundiert über Erfahrungen in der betrieblichen Ausbildungspraxis berichten können, zumal sie bis dahin fast ausschließlich das BGZ und die Berufsschule besucht hatten.

Der zeitliche Umfang der einzelnen Befragungen betrug durchschnittlich ca. 20 Minuten. In der relativ kurzen Interviewdauer spiegelt sich auch die eher karge und pragmatische Thematisierung der Auszubildenden, die sich in fehlenden Narrationen und vielen Ein-Wort-Antworten dokumentiert. Insgesamt waren die Gruppeninterviews gekennzeichnet durch einen eher restringierten Code, d. h. eine Sprechweise, die sich durch Einfachheit der Versprachlichung, der sprachlichen Modalisierungen, einen einfachen Wortschatz etc. auszeichnete. Dies bedeutet jedoch nicht, dass der restringierte Code eine geringere Aussagefähigkeit besitzt. Trotz ihrer Kargheit waren die Interviews nicht zwingend unergiebig, vielmehr zeigte sich mitunter eine enorme konnotative, evaluative, indexikale und symbolische Verdichtung der kommunikativen Verständigung. Ob die fehlende Relevanz des Themas, motivationale Implikationen oder defizitäre kommunikative Kompetenzen möglicherweise ursächlich für die karge Thematisierung waren, bleibt ungeklärt.

3) Formale Charakteristika des Materials

Ausnahmslos alle Gespräche wurden auf Tonband aufgezeichnet und zusätzlich protokolliert. Aus forschungsökonomischen Gründen erfolgte keine detaillierte Transkription der Interviews, stattdessen wurden ausführliche *Gesprächsinventare* angelegt, die die Basis für die weitere Auswertungsarbeit darstellten.

Exkurs: Gesprächsinventare

Da die Gruppeninterviews im Unterschied zu den Expertenbefragungen nicht transkribiert wurden, stellte sich hier die Herausforderung, die aufgenommenen Interviews zu analysieren, ohne auf entsprechende Transkripte zurückgreifen zu können – eine Aufgabe, die insbesondere im Hinblick auf die wissenschaftlichen Gütekriterien von Systematik, intersubjektiver Nachvollziehbarkeit und methodischer Kontrolle äußerst schwierig erscheint. Diese Problematik wurde durch das Erstellen ausführlicher Gesprächsinventare entschärft. Im Sinne strukturierter Exzerpte ersetzen Gesprächsinventare die Transkripte und bieten einen intersubjektiv nachvollziehbaren Zugriff auf das Interviewmaterial (vgl. Kruse 2010, S. 224). Im Rahmen einer Inhaltsanalyse ist dieses Verfahren aus methodologischer Sicht akzeptabel. Da dieses Vorgehen eine gewisse Geübtheit im Umgang mit sprachlichen Daten und im systematischen Erfassen kommunikativen Sinns erfordert, setzt es gemäß Kruse (2010) einige Analyseerfahrung voraus (vgl. ebd., S. 225). Aus ebendiesem Grund erfolgte die Erstellung der Gesprächsinventare zeitlich nach der Auswertung der Experteninterviews.

Dem eigentlichen Prozess der Inventarisierung ist eine intensive Vorbereitungsphase vorausgegangen, in der die Interviews mehrfach angehört wurden, um sich mit dem Datenmaterial vertraut zu machen und relevante Interviewpassagen zu identifizieren.

Die Gesprächsinventare wurden gemäß folgender Systematik erarbeitet: Auf einem *Deckblatt* (vgl. Abbildung 19) wurden in Form einer Identitätskarte die wichtigsten Rahmendaten der Gesprächsaufnahme vermerkt wie

- Titel und Nummer des Gesprächs, Aufnahmeort, -datum, -zeit, Teilnehmende und Gesprächsdauer,
- Sprechersiglenzuordnung,
- allgemeine Bemerkungen zu Aufnahme und Medium,
- Kurzbeschreibung des Themas sowie
- Kurzbeschreibung der Befragten.

Das *Inventar des Gesprächsablaufs* (vgl. Abbildung 20) selbst beinhaltete die Leitfrage bzw. deren Ad-hoc-Formulierung im Interview, die konkrete Aufnahmestelle, das angesprochene Thema, die wesentlichen inhaltstragenden Reaktionen aller Interviewpersonen sowie eine Spalte für ergänzende Bemerkungen zum Gesprächsverlauf. Die Gesprächsbeiträge der Auszubildenden wurden einzeln z. T. wörtlich, aber sprachlich geglättet erfasst. Auf diese Weise wurden deutlich elaboriertere Gesprächsabbilder erzeugt, als z. B. Deppermann (2008) vorschlägt. Das relativ hohe Auflösungsniveau wurde bewusst gewählt, um den grundlegenden wissenschaftlichen Ansprüchen an die Datenqualität zu genügen und eine solide Basis für die nachfolgende Auswertungsarbeit zu schaffen.

Gesprächsname und -nummer:	Gruppenbefragung 2
Aufnahmedatum und -zeit:	16.11.2011
Dauer der Aufnahme:	21 Minuten 01 Sekunden
Aufnahmeort:	Berufsbildungs- und Gewerbeförderungszentrum Simmerath
Sprecher/innen:	Interviewer 1 (I1), Interviewer 2/Protokollant (I2), Auszubildender 1 (A1), Auszubildender 2 (A2), Auszubildender 3 (A3), Auszubildender 4 (A4)
Aufnahme liegt vor als:	Tonband
Kurzbeschreibung des Themas:	Bedeutung von Lesekompetenz für die betriebliche Ausbildung
Kurzbeschreibung der Befragten:	Auszubildende zum Maurer im 2. Ausbildungsjahr (Mittelstufe)
	Alter zum Zeitpunkt der Befragung, Betriebsgröße:
	A1 = 19 Jahre, kleiner Betrieb (ca. 20–25 Mitarbeiter/innen)
	A2 = 20 Jahre, kleiner Betrieb (ca. 35 Mitarbeiter/innen)
	A3 = 19 Jahre, kleiner Betrieb (ca. 45 Mitarbeiter/innen)
	A4 = 19 Jahre, kleiner Betrieb (ca. 20 Mitarbeiter/innen)

Abbildung 19: Beispiel für das Deckblatt eines Gesprächsinventars
(eigene Darstellung)

Leitfrage bzw. Ad-hoc-Frage im Interview	Aufnamestelle (Min: Sek; von- bis)	Thema	Antwort A1	Antwort A2	Antwort A3	Antwort A4	Bemerkung
	nicht aufgezeichnet	Gesprächseinstieg, allgemeine Hinweise zum Interviewinhalt, Klärung des Kontextes					
	00:00 – 01:45	Angaben zur Person und Ausbildungsstelle (Alter, Betrieb, Betriebsgröße)	19 Jahre, Bauunternehmen Nießen in Gangelt (ca. 20–25 Mitarbeiter/-innen)	20 Jahre, Firma Hans Welter in Gangelt-Birgden (ca. 35 Mitarbeiter/-innen)	19 Jahre, Firma H. P. Molls in Gangelt-Stahe (ca. 45 Mitarbeiter/-innen)	19 Jahre, Firma Borgans im Selfkant (ca. 20 Mitarbeiter/-innen)	
I1: *„Was ist wichtig, wenn man die Ausbildung zum Maurer machen will? Was sollte man davor schon können?"*	01:50 – 03:51	Voraussetzungen für die Ausbidung	„Man muss auch schon ein bisschen Erfahrung im Umgang mit Maschinen haben."	„Man muss lernfähig sein." „Man muss den Willen dazu haben."	„Man muss Spaß haben, den Beruf zu erlernen." „Sich vorher schon infor mieren Prak tikum machen [...]." „Man muss den Willen haben."	„Wenn ich zwei linke Hände hab', brauch ich keine Mau rerausbildung machen, ich brauch schon manuelles Geschick." „Hand werkliches Geschick."	

Abbildung 20: Beispiel für den Auszug eines Gesprächsinventars
(eigene Darstellung)

Die mit Blick auf die Forschungsfragen zentralen Gesprächsbeiträge der Befragten wurden weitgehend wörtlich zitiert. Die Gesprächsinventarisierungen wurden im Sinne wissenschaftlicher Gütekriterien von zwei unabhängigen Auswertern erstellt und gegenseitig kontrolliert. Diese Arbeitsweise war deshalb angezeigt, weil einige Passagen der Tonbandaufnahme akustisch schwierig verständlich waren und vereinzelte Äußerungen aufgrund ihrer stark umgangssprachlichen Färbung aus dem Gesprächskontext erschlossen werden mussten. Die gemeinschaftliche Erstellung der Gesprächsinventare diente insofern der Qualitätssicherung.

In forschungsmethodischer Hinsicht wäre hier eine Videoaufzeichnung sicherlich hilfreich gewesen, da es sich während des Dokumentationsprozesses recht schwierig erwies, die einzelnen Akteure nur auf der Grundlage einer Tonbandaufnahme zu identifizieren. Insbesondere wenn zwei Teilnehmer gleichzeitig gesprochen hatten, stellte sich die Herausforderung, die Gesprächsbeiträge den jeweiligen Personen zuzuordnen und adäquat zu inventarisieren.

4) Zusammenfassung der Arbeitsschritte 4 bis 13

Die Arbeitsschritte 4 bis 6 (*Richtung der Analyse, Theoretische Differenzierung der Fragestellung, Bestimmung der passenden Analysetechnik*) waren identisch mit denen der Experteninterviews. Da die Tonbandaufnahme als Gesprächsinventar aufbereitet worden war, entfiel die Festlegung von Analyseeinheiten gemäß Arbeitsschritt 7. Die Zusammenstellung des Kategoriensystems (Arbeitsschritt 8) orientierte sich ebenfalls an dem der Experteninterviews. Modifizierungen ergaben sich selbstredend aus dem zugrundeliegenden Leitfaden, der nicht das gleiche Spektrum an Fragen wie bei den Experteninterviews abbildete. Die Formulierung von Ankerbeispielen und Definitionen konnte wiederum aus dem Kodierleitfaden für die Experteninterviews übertragen werden (Arbeitsschritt 10). Abweichend von Mayrings Technik der Strukturierung wurden die Arbeitsschritte 11 bis 13 zusammengefasst, da die Gesprächsinventare aufgrund ihrer Vorstrukturierung bereits einen übersichtlichen Korpus über die interessierenden Leitfragen (Kategorien) und Antworten der Auszubildenden boten. Insofern wurden im Sinne der Fundstellenbezeichnung (Schritt 11) und des Materialdurchlaufs (Schritt 12) jene Zitate aus dem

Gesprächsinventar extrahiert, die durch das Kategoriensystem adressiert wurden.

7 Darstellung und Interpretation zentraler Ergebnisse

Nachfolgend werden die wesentlichen Ergebnisse der qualitativen Inhaltsanalyse dargestellt und interpretiert. Kapitel 7.1 verschafft dabei zunächst einen kurzen Überblick über die Anzahl der Kodierungen und die Güte der Interviewauswertung. Kapitel 7.2 gilt der Beantwortung von Forschungsfrage 1 und führt die wesentlichen Erkenntnisse der inhaltsanalytischen Auswertung in drei zentralen Aussagen zur Bedeutung des Lesens zusammen. In Kapitel 7.3 werden sodann zur Klärung von Forschungsfrage 2 in enger Anbindung an die Interviews textrezeptive Handlungsfelder abgeleitet, die typische Anforderungssituationen im Rahmen betrieblicher Arbeitsprozesse der untersuchten Berufe abbilden. Die in diesem Zusammenhang relevanten Texte werden im Rahmen von Forschungsfrage 3 vor dem Hintergrund der Erkenntnisse zum Text- bzw. Bild-/Diagrammverstehen analysiert und in das Modell *funktionaler Lesekompetenz* eingeordnet (vgl. Kapitel 7.4). Ausgehend von den Forschungsfragen 1–3 werden schließlich systematisch Konsequenzen für die Förderung von Lesekompetenz abgeleitet (vgl. Kapitel 7.5).

7.1 Zur Reliabilität der Auswertung

Im Rahmen der inhaltsanalytischen Auswertung wurden insgesamt 431 Fundstellen in den Experteninterviews und 346 Fundstellen in den Gruppeninterviews kodiert. Die Häufigkeitsverteilung der Hauptkategorien geht jeweils aus Abbildung 21 bzw. Abbildung 22 hervor. Diese zeigen an, welche inhaltlichen Aspekte in welcher Intensität bzw. Häufigkeit besprochen wurden. Dabei ist das zentrale Topic der Interviews, die *Relevanz des Lesens*, sowohl in den Experten- wie auch in den Gruppeninterviews am häufigsten thematisiert worden, insofern hierfür die meisten Fundstellen identifiziert wurden. Mit Blick auf die nachfolgende Darstellung und Interpretation der Ergebnisse (vgl. Kapitel 7.2) stellen die Häufigkeitsverteilungen insbesondere der Kategorien *Texte* und *Lesesituationen* bereits erste Hinweise auf die Bedeutung des Lesens dar.

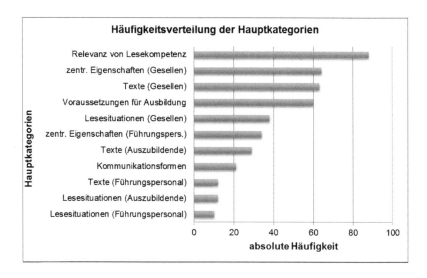

Abbildung 21: Übersicht über die Häufigkeitsverteilung der Hauptkategorien (Experteninterviews) (eigene Darstellung)

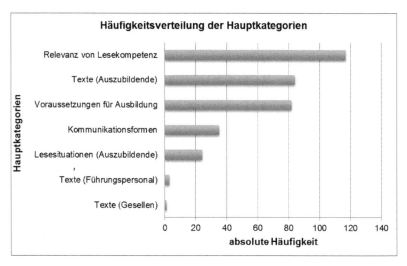

Abbildung 22: Übersicht über die Häufigkeitsverteilung der Hauptkategorien (Gruppeninterviews) (eigene Darstellung)

Im Sinne inhaltsanalytischer Gütekriterien war der Prozess der Interview-auswertung geprägt von den Prinzipien der formativen und summativen Reliabilitätsprüfung.

Im Rahmen der formativen Reliabilitätsprüfung wurde – wie in Kapitel 6.1 bereits dargelegt – in enger Abstimmung der beiden Kodierer zunächst ein vorläufiger Kodierleitfaden entwickelt, der anschließend im Rahmen der Auswertungsarbeit einer permanenten Überprüfung unterzogen wurde. In diesem Zusammenhang wurde im Verständnis semantischer Gültigkeit materialorientiert auch die Angemessenheit der Kategorien (Definitionen, Ankerbeispiele) kontinuierlich überprüft.

Eine summative Reliabilitätsprüfung erfolgte ausschließlich für die Aus-wertung der Experteninterviews. Hierbei wurde die Maßzahl der Interko-derreliabilität mithilfe von MAXQDA ermittelt, um das Kodierverhalten der beiden Rater zu vergleichen.

Abbildung 23 zeigt auf Interviewebene einen Überblick über die am Ende des Auswertungsprozesses erreichten Reliabilitätskoeffizienten. Diese zei-gen an, inwieweit die Kodierer in der Kodierung der einzelnen Segmente (Textstellen) übereinstimmen. Als Übereinstimmungskriterium wurde eine dem wissenschaftlichen Standard entsprechende Prozentschwelle von 90 % eingestellt. Die Prüfung der Übereinstimmung erfolgte sodann für jedes kodierte Segment.

Fall	Interkoderreliabilität in [%] (Prozentschwelle: 90)
A	97
B	88
C	81
D	93
E	85
F	100
G	86
H	94
I	81
J	92

Abbildung 23: Übersicht über die Werte der Interkoderreliabilität
(eigene Darstellung)

Der Vergleich der Kodierungen von Koder 1 und 2 zeigt Reliabilitätsko-effizienten zwischen .81 und 1.0. Die Werte liegen damit in einem guten bis sehr guten Bereich. Insofern kann die Vorgehensweise der beiden Kodierer als reliabel eingeschätzt werden. Die spezifischen Werte für die einzelnen Kategorien können dem Anhang entnommen werden (vgl. Anhang 5).

7.2 Forschungsfrage 1: Zur Bedeutung des Lesens

Um Hinweise auf die Bedeutung des Lesens für die untersuchten Aus-bildungsberufe zu gewinnen, werden gleichermaßen Ergebnisse aus den Experten- wie auch aus den Gruppeninterviews herangezogen. Den Inter-views liegen dabei differenzierte Erkenntnisabsichten zugrunde: Während die befragten Experten praxisbasiertes Handlungs- und Erfahrungswissen (vgl. Bogner/Menz 2009), kurzum *professionelles* Wissen, berichten, steht bei den interviewten Auszubildenden eher deren *subjektiv* wahrgenom-mene Relevanz des Lesens bei der Bewältigung beruflicher (betrieblicher)

Anforderungssituationen im Vordergrund. Insofern können aus den Gruppeninterviews primär Indikatoren für motivationale Implikationen abgeleitet werden.

Die Darlegung zentraler Forschungsergebnisse erfolgt im Sinne eines integrativen Methodenverständnisses als Verknüpfung von qualitativen und quantitativen Analyseschritten. So werden einerseits dialektbereinigte Interviewzitate als Belegquellen bemüht und andererseits *„Verrechnungen"* (Mayring 2010, S. 15) vorgenommen, d. h. Häufigkeitsverteilungen festgestellt und verglichen. Die Zitate haben dabei eine primär illustrative Funktion und sollen die Nachvollziehbarkeit der Argumentation und die Lesbarkeit des Textes unterstützen. Darüber hinaus eröffnen sie die Möglichkeit einer mikrosprachlichen Feinanalyse, anhand derer ausgewählte Aspekte weiter differenziert und fundiert werden können. Die Auszählung der Fundstellen dient zur unmittelbaren empirischen Absicherung und Fundierung der modellhaft ausgewählten Zitate. Die Quantifizierungen erlauben dabei natürlich keine Schlüsse auf die Grundgesamtheit, sondern wollen lediglich die wichtigsten Tendenzen hervorheben.

Ausgehend von der Analyse der Experten- und Gruppeninterviews können *drei zentrale Aussagen* zur Bedeutung des Lesens in der betrieblichen (Ausbildungs-)Praxis für die Zielgruppe der Maurer und Straßenbauer formuliert werden. Diese stützen sich auf Indikatoren, die aus folgenden Kategorien der inhaltsanalytischen Auswertung systematisch abgeleitet wurden:

- zentrale Eigenschaften und Kompetenzen von Gesellen/Facharbeitern
- zentrale Voraussetzungen für die (betriebliche) Ausbildung
- Kommunikationsformen in der betrieblichen (Ausbildungs-)Praxis
- Lesehäufigkeit in der betrieblichen (Ausbildungs-)Praxis
- Texte von Auszubildenden
- Texte von Gesellen/Facharbeitern
- Texte von Personen mit Führungsverantwortung
- Relevanz von Lesekompetenz

Um erste Indizien aufzuspüren, welche Bedeutung dem Lesen in der betrieblichen Ausbildung zugeschrieben werden kann, werden zunächst die *zentralen Voraussetzungen für eine Berufsausbildung* zum Maurer bzw. Straßenbauer in den Blick genommen. Die inhaltsanalytische Auswertung der Interviews zeigt, dass aus *Experten*sicht zu Beginn der Ausbildung primär *Interesse am Beruf* sowie *Lern- und Arbeitsbereitschaft* erwartet werden, wie eine Reihe von Zitatbeispielen belegt:

- *„Leute, die sich nicht über den Beruf informiert haben, zeigen da auch kein Interesse. Ich würde sagen, Interesse ist das A und O."* (Fall H, Textsegment 26)
- *„Für den Anfang reicht mir bei einem Auszubildenden schon, wenn Interesse da ist, den Rest kann man auf der Baustelle nachher lernen."* (Fall G, Textsegment 19)
- *„Generell sollte er Arbeitsbereitschaft mitbringen, die Lust am Lernen und die Lust am Beruf."* (Fall I, Textsegment 73)
- *„Für das tägliche Arbeitsgeschäft ist die Grundvoraussetzung, dass der Azubi mitspielt und Interesse hat."* (Fall G, Textsegment 42)

Motivationale bzw. volitionale Voraussetzungen sind aus Sicht der Experten offenkundig unverzichtbar und im Unterschied zum *„Rest"* (Fall G, Textsegment 19) nicht lernbar. Die Bedeutung motivationaler Verhaltensdispositionen spiegelt sich auch in der quantitativen Analyse wider: mit 21 Fundstellen handelt es sich um die stärkste Unterkategorie (vgl. Abbildung 24).

Abbildung 24: Voraussetzungen für die betriebliche Ausbildung
(Experteninterviews) (eigene Darstellung)

Am zweithäufigsten wurden kognitive Dispositionen identifiziert, zu denen insbesondere *mathematische Fähigkeiten* und *räumliches Vorstellungsvermögen* gehören. *Lesefähigkeit* wird hingegen lediglich von zwei Personen als Grundvoraussetzung für eine berufliche Erstausbildung zum Maurer bzw. Straßenbauer genannt. Neben formalen Voraussetzungen wie beispielsweise einem *Hauptschulabschluss* ist auch die körperliche Konstitution der Bewerber – ungeachtet der übrigen Voraussetzungen – eminent, denn

> „*[d]ie Leute müssen also wirklich körperlich geeignet sein, um in die Vorauswahl zu kommen. Das heißt […] wer nicht körperlich gewappnet ist, hat keine Chance nach unserer Meinung, die drei Jahre zu überstehen, unabhängig davon, ob er geeignet ist, ein Straßenbauer zu werden. Aber das ist so 'ne Grundvoraussetzung.*" (Fall A, Textsegment 2)

Die Auswertung der *Gruppen*befragungen untermauert diesen Eindruck: auch hier gehören *„Motivation"* (GI[14] 7, A1), *„Ehrgeiz"* (GI 7, A3), *„Interesse, etwas zu lernen"* (GI 2, A2) und *„Interesse an Bausachen"* (GI 5, A5) zu den für eine Berufsausbildung unverzichtbaren Voraussetzungen. Kognitive Voraussetzungen (N=20) wurden zwar ähnlich häufig genannt, beziehen sich aber im Wesentlichen auf *mathematische Fähigkeiten/ Grundlagen* (N=11). *Lesefähigkeit* scheint aus Sicht der Auszubildenden für die Aufnahme einer Berufsausbildung zum Maurer bzw. Straßenbauer hingegen eine eher subordinierende Bedeutung zu haben und wurde insgesamt lediglich von zwei Personen genannt.

Weitere Hinweise zur Bedeutung des Lesens lassen sich aus der Frage nach üblichen *Kommunikationsformen in der Baustellenpraxis* ableiten. Auch hier sollen einige repräsentative Zitate aus den Experteninterviews bemüht werden, die insbesondere die Vermittlung von Arbeitsaufträgen betreffen:

- *„Die Arbeitsaufträge werden eher mündlich kommuniziert, weil wir auf den Baustellen keine großen Büros haben, sondern einen Mannschaftscontainer und Poliercontainer, da haben wir nicht großartig die Möglichkeit, theoretisch etwas zu machen oder schriftlich auszuführen, sondern da wird eine Besprechung gemacht und dementsprechend werden dann die Arbeitsaufträge mündlich kommuniziert. Jeder Kolonnenführer oder Vorarbeiter bekommt dann die Aufgabe anhand einer Zeichnung, manchmal mit Text, das Leistungsverzeichnis ist immer dabei, aber es wird überwiegend mündlich vermittelt."* (Fall I, Textsegment 78)
- *„Der Vorarbeiter bekommt den Arbeitsauftrag im Regelfall schriftlich und verteilt die Aufgaben mündlich. Morgens wird dann kurz besprochen, was es zu tun gibt. Dann werden Zeichnungen verteilt."* (Fall H, Textsegment 55)
- *„Die Pläne liest sich eigentlich der Vorgesetzte durch und gibt die Richtung vor. Aber das hat weniger mit den Plänen zu tun, das ergibt*

---

14 GI ist die Abkürzung für G̲e̲s̲p̲r̲ä̲c̲h̲s̲i̲n̲v̲e̲n̲t̲a̲r̲ und wird hier aus Gründen eines besseren Leseflusses gewählt.

sich aus der Arbeit heraus. Ansonsten wird wirklich mehr geredet, geredet, geredet." (Fall G, Textsegment 42)

Das Bild zeichnet sich hier deutlich: Offensichtlich dominieren *mündliche* Kommunikationsstrukturen im Baustellenbetrieb.

Überwiegend sind es Personen mit Führungsverantwortung (z. B. Meister und Poliere), die Arbeitsanweisungen in schriftlicher Form erhalten. Diese vermitteln sodann die konkreten Arbeitsaufgaben als *Zwischenagenten* mündlich oder ergänzt durch eine Zeichnung. So erhalten auch Auszubildende Arbeitsanweisungen *„auf der Baustelle meistens immer nur vom Polier, der sagt einem dann: ‚Mach das und das!'"* (GI 5, A2). Die Häufigkeitsanalysen der entsprechenden Fundstellen (vgl. Abbildung 26) bestätigen dieses Bild. Demnach erfolgt die Kommunikation im Rahmen der betrieblichen (Ausbildungs-)Praxis weitgehend mündlich, gelegentlich in Kombination mit einer Zeichnung und nur in seltenen Fällen ausschließlich schriftlich.

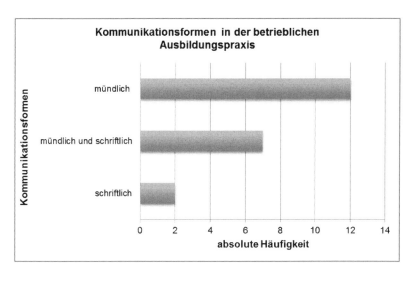

Abbildung 25: Kommunikationsformen in der betrieblichen Ausbildungspraxis *(Experteninterviews) (eigene Darstellung)*

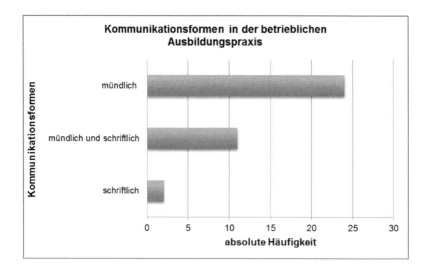

Abbildung 26: Kommunikationsformen in der betrieblichen Ausbildungspraxis (*Gruppeninterviews*) (*eigene Darstellung*)

Aufschlussreich sind auch die Aussagen zur *Lesehäufigkeit* in der betrieblichen Ausbildungspraxis. Diese ist eher als gering einzuschätzen, denn

> „*[e]igentlich müssen die [Auszubildenden] nur im Bereich Berufsschule lesen, hier draußen in der Ausbildung und in der überbetrieblichen eher nicht.*" (Fall B, Textsegment 8)

Dass diese Einschätzung durchaus konsensfähig ist, zeigen ähnliche Phrasen:

> „*[...] grundsätzlich kann er auch acht Stunden ohne Lesen auf der Baustelle verweilen*" (Fall D, Textsegment 24)

oder

> *„Auf der Skala von 1 bis 10 [bezogen auf die Lesehäufigkeit, Anmer-*
> *kung der Autorin] würde ich sagen, ist es eine 1."* (Fall J, Textsegment
> 43).

Auch die quantitative Erfassung aller *Experten*aussagen (Fundstellen) zur
Lesehäufigkeit bestätigt diesen Eindruck (vgl. Abbildung 27). So gibt es
offensichtlich eher wenige berufliche Anforderungssituationen, in denen
Auszubildende Informationen aus schriftlichen Dokumenten entnehmen
müssen.

Wenngleich die befragten Auszubildenden angaben, gelegentlich durchaus zu lesen (vgl. Abbildung 26), so ist einschränkend hinzuzufügen, dass
sich ihre Leseaktivitäten nahezu ausschließlich auf das Lesen von Zeich-
nungen/Plänen beziehen:

So ist

> *„das Einzige, wo man da wirklich rangeführt wird, [...] das Lesen der*
> *Pläne, weil das die Grundlage dafür ist, um später mal ein vernünfti-*
> *ger Geselle zu werden"* (GI 1, A3).

Auf die Frage, wie häufig auf der Baustelle gelesen werde, äußert sich ein
anderer Auszubildender:

> *„Ich würde auch sagen so ein Mittelding. Wenn man jetzt eine Pflas-*
> *terbaustelle hat, muss man ja im Prinzip nur praktisch arbeiten und*
> *wenn man jetzt eine ganz neue Baustelle hat, muss man ja Pläne*
> *lesen."* (GI 4, A4).

Die Planunterlagen/Zeichnungen werden dabei vor allem im Kontext der
Arbeitsorganisation und -planung gelesen, wie ein anderer Auszubildender berichtet:

„Nur morgens wird gelesen. Da lesen wir[15] *die Pläne und verteilen die Aufgaben."* (GI 2, A2)

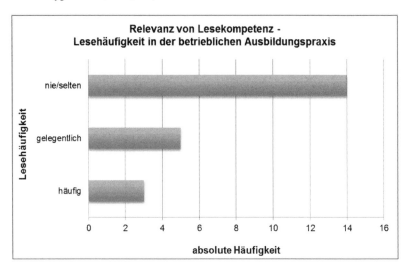

Abbildung 27: Lesehäufigkeit in der betrieblichen Ausbildungspraxis
(Experteninterviews) (eigene Darstellung)

Zusammenfassend kann festgehalten werden, dass die *Relevanz des Lesens für Auszubildende* als *gering* einzuschätzen ist.

Dies äußert sich in *dreifacher* Hinsicht: *Erstens* sind für die Aufnahme einer Ausbildung offensichtlich primär motivationale Dispositionen notwendig – Lesen scheint als kognitive Voraussetzung eine vernachlässigbare Bedeutung zu haben. *Zweitens* wird die kommunikative Verständigung überwiegend über Mündlichkeit realisiert und *drittens* die Lesehäufigkeit bei der Bewältigung beruflicher Anforderungssituationen (im betrieblichen Kontext) ebenfalls als eher gering eingeschätzt.

---

15   Bei der Verwendung des Personalpronomens *wir* handelt es sich um ein kollektives Wir, mit dem die Kolonne gemeint ist. Die Verteilung der Aufgaben obliegt dem Vorgesetzten, selbstredend nicht den Auszubildenden.

Insofern erhärtet sich der Eindruck, der bereits im Rahmen der DFG-Ergänzungsstudie am Berufskolleg Jülich (vgl. Kapitel 1.1) gewonnen wurde: Lesen scheint auch in der betrieblichen Ausbildung zum Maurer oder Straßenbauer keine notwendige Voraussetzung darzustellen, um die berufliche Leistung erbringen zu können (vgl. Keimes/Rexing/Ziegler 2011, S. 41).

Demzufolge kann als erste These festgehalten werden:

1. **Die Bedeutung des Lesens ist für Auszubildende bei der Bewältigung betrieblicher Anforderungssituationen (relativ) gering.**

Da das Lesen für Auszubildende scheinbar eher irrelevant ist, wird nachfolgend das Fähigkeitsprofil qualifizierter Gesellen/Facharbeiter analysiert. Dabei besteht die Kernintention darin, zu ermitteln, welche Eigenschaften und Fähigkeiten tatsächlich für den Beruf des Maurers bzw. Straßenbauers charakteristisch und bedeutsam sind. Mithilfe eines offenen Erzählimpulses wurde den befragten Experten die Möglichkeit gegeben, eigenstrukturiert über spezifische Charakteristika eines qualifizierten Gesellen/Facharbeiters zu berichten und dabei persönliche Relevanzmarkierungen vorzunehmen. D. h., diese ersten freien Narrationen zu Beginn eines jeden Experteninterviews lieferten bereits wichtige Hinweise darauf, welche *Eigenschaften und Kompetenzen* aus ihrer Erfahrung für den Beruf des Maurers bzw. Straßenbauers jeweils bedeutsam sind.

Wie die Häufigkeitsverteilung der kodierten Antworten zeigt (vgl. Abbildung 28), sind es aus Sicht der befragten Experten primär *kognitive Fähigkeiten*, die für die Ausübung des Berufs eminent sind.

Abbildung 28: Zentrale Eigenschaften und Kompetenzen – Häufigkeitsverteilung der Unterkategorien *(Experteninterviews) (eigene Darstellung)*

Zu diesen zählen im Wesentlichen das Lesen, Verstehen und Umsetzen von Zeichnungen (N=5), technisches Verständnis (N=4) sowie mathematische Grundlagen (N=4) (vgl. Abbildung 29).

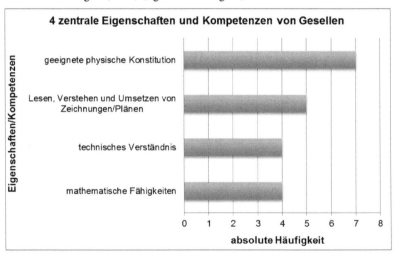

Abbildung 29: Zentrale Eigenschaften und Kompetenzen eines Gesellen *(Experteninterviews) (eigene Darstellung)*

Gleichwohl mit 34 Nennungen die kognitiven Fähigkeiten dominieren, zeigt die Häufigkeitsanalyse der Kodierungen, dass eine gute physiologische Konstitution (N=7) trotzdem wohl die wichtigste Eigenschaft eines qualifizierten Gesellen/Facharbeiters darstellt, insofern sie am häufigsten genannt wurde. Für Gesellen/Facharbeiter gilt demzufolge, dass er *„die körperliche Voraussetzung mitbringen"* muss (Fall A, Textsegment 2), *„gesund und körperlich fit sein"* sollte und über die *„richtige Körperstatur"* (Fall J, Textsegment 6) verfügt.

Zur Klärung der Frage, welche Bedeutung das Lesen für die betriebliche (Ausbildung-)Praxis habe, wird ferner auch die inhaltsanalytische Auswertung der (ausbildungs-)relevanten *Texte* herangezogen. Diese wurden zum Zwecke einer direkten Vergleichbarkeit tabellarisch und differenziert für die Personengruppen *Auszubildende*, *Gesellen/Facharbeiter* und *Personen mit Führungsverantwortung* (z. B. Meister, Poliere) erfasst (vgl. Tabelle 2). Die Tabelle basiert dabei ausschließlich auf der Auswertung der *Experten*interviews. Wie eingangs erwähnt, ist davon auszugehen, dass nur die befragten *Experten* als erfahrene (Baustellen-)Praktiker über ein ausreichendes Maß an Reflexionsfähigkeit und Erfahrung verfügen, um fundiert für alle drei Personenkreise Aussagen über beruflich relevantes Textmaterial zu treffen.

Hierarchieebene Textmaterial	Auszubildende	Gesellen (Facharbeiter)	Personen mit Führungsverantwortung
(Ausführungs-)Zeichnungen	✓	✓	✓
Bedienungsanleitungen von Geräten	✓	✓	✓
Produkt-, Ausführungs- und Verarbeitungshinweise	✓	✓	✓
Sicherheitshinweise/-vorschriften	✓	✓	✓
Leistungsverzeichnisse	✓	✓	✓
Tabellenwerke	✓	✓	✓
Arbeitsaufträge/-anweisungen	-	✓	✓
Lieferscheine	-	✓	✓
Materialzettel	-	✓	✓
Checklisten	-	✓	✓
gesetzliche Vorschriften	-	✓	✓
Fachzeitschriften	-	✓	✓
Normen	-	✓	✓
Bodengutachten	-	✓	✓
Statiken	-	✓	✓
Tagesberichte	-	✓	✓
Personaleinsatzpläne	-	-	✓
E-Mails/Schriftverkehr	-	-	✓
Genehmigungen	-	-	✓
Kalkulationen	-	-	✓

Tabelle 2:   Übersicht über relevantes Textmaterial (Experteninterviews) *(eigene Darstellung)*

Wie die tabellarische Übersicht indiziert, sind für *Auszubildende* offensichtlich nur vergleichsweise wenige schriftliche Dokumente ausbildungsrelevant, wobei hier in quantitativer Hinsicht die Zeichnungen deutlich dominieren. Die Auszählung des Begriffs *Zeichnung* bzw. entsprechender

Synonyme (Plan, technische Skizze) ergab, dass diese seitens der Befragten über 100 Mal genannt wurden, während Arbeitsanweisungen (25 Nennungen), Produkt- und Verarbeitungshinweise (17 Nennungen) oder Leistungsverzeichnisse (16 Nennungen) deutlich seltener erwähnt wurden.[16] Insoweit ist davon auszugehen, dass insbesondere Bauzeichnungen für die betriebliche Praxis eine herausgehobene Bedeutung zukommt.

Dahingegen ist das Spektrum an Texten für qualifizierte *Gesellen/Facharbeiter* deutlich breiter und beinhaltet neben den ausbildungsrelevanten Texten beispielsweise auch Lieferscheine, gesetzliche Vorschriften und Normtexte. Dass diese Texte nicht auch von Auszubildenden gelesen werden müssen, ist durchaus überraschend. Angesichts des Ziels der Berufsausbildung, auf eine sich anschließende Berufstätigkeit vorzubereiten und den Erwerb der erforderlichen Berufserfahrung zu ermöglichen, wäre die Heranführung an die aufgeführten Texte doch gewissermaßen naheliegend.

Personen mit Führungsverantwortung übernehmen im Baustellenbetrieb neben Bauarbeiten auch planerische, organisatorische, kaufmännische und verwaltende Aufgaben. Entsprechend werden für Personen mit bauleitender Funktion solche Texte berichtet, die z. B. in den Bereich administrativer Tätigkeiten (betriebsbezogene E-Mails/Schriftverkehr) und der Kommunikation mit externen Akteuren (z. B. Genehmigungen) eingeordnet werden können.

Insgesamt zeichnet sich auch hier eine gewisse *Hierarchiegebundenheit* hinsichtlich der Relevanz des Lesens ab, die bereits im Zusammenhang mit den berichteten Befunden zu den Kommunikationsstrukturen angeklungen ist. Leseaufgaben obliegen hauptsächlich Personen mit Führungsverantwortung und in geringerem Maße Gesellen/Facharbeitern. Mit Ausnahme von Zeichnungen gibt es hingegen kaum schriftliche Dokumente, die von Auszubildenden regelmäßig gelesen werden müssen.

---

16 Bei der Auszählung der Texte wurden ausschließlich die Redebeiträge der Befragten, nicht die der Interviewenden berücksichtigt. Die Zahlen beziehen sich jedoch nicht allein auf die Auszubildenden, sondern schließen auch Nennungen in Bezug auf Gesellen/Facharbeiter und Personen mit Führungsverantwortung ein.

Insoweit kann Lesekompetenz durchaus als ein zentrales Instrument der Berufskarriere qualifiziert werden.

Insbesondere angesichts der inhaltsanalytisch extrahierten Texte und deren Zuordnung zu den Personenkreisen kann als zweite These festgehalten werden:

2. **Die Bedeutung des Lesens steigt mit zunehmender Verantwortung innerhalb eines Betriebes. Die Relevanz von Lesekompetenz ist insofern gewissermaßen hierarchiegebunden.**

Mit Blick auf die bisherigen Ergebnisse kann konstatiert werden, dass dem Lesen im Rahmen der betrieblichen Ausbildung zunächst eine (eher) inferiore Bedeutung zukommt, die jedoch mit zunehmender (formaler) Qualifizierung und der Übernahme von Verantwortung (Gesellen/Facharbeiter, Personen mit Führungsverantwortung) durchaus zunimmt. Vor diesem Hintergrund sind Äußerungen der befragten Experten auf die *explizite* Frage, welche Relevanz Lesen für Auszubildende habe, äußerst informativ. Sie haben mitunter einen stark normativen Charakter, der beispielsweise prägnant in dem Topos *„Es gibt nur einen Satz: Lesen bildet."* (Fall J, Textsegment 70) zum Ausdruck kommt.

Gleichwohl die Bedeutung des Lesens von (nahezu) allen Experten zweifellos als *„ganz wichtiger Punkt"*, *„immens wichtig"* (Fall A, Textsegment 26) oder *„sehr, sehr wichtig"* (Fall D, Textsegment 22) herausgestellt wird, werden diese Einschätzungen durch die impliziten Hinweise auf die Relevanz des Lesens konterkariert. Neben den eingangs dargelegten Indikatoren wirken auch Eindrücke zur gelebten *Lesekultur* im Betrieb demgegenüber eher diskrepant. Diese ist angesichts der postulierten Bedeutung des Lesens wohl als bedenklich und wenig vorbildlich einzuschätzen. So scheinen Leseaktivitäten im Rahmen der betrieblichen Arbeit nicht unterstützt oder positiv bewertet zu werden, wie beispielsweise die Reaktion eines Auszubildenden auf die Frage nach der Lektüre von Fachzeitschriften zeigt:

„Nicht im Betrieb! Während der Arbeit hol ich keine Fachzeitschrift raus und lese. Dann jagt der Chef uns aus der Baubude." (GI 3, A3)

Die Äußerung des Auszubildenden vermittelt den Eindruck, dass Lesen nicht mit Arbeit assoziiert wird. Vielmehr scheinen *Lesen* und *Arbeiten* im Verständnis der Befragten sogar als antagonistische Begriffe wahrgenommen zu werden und sich gegenseitig auszuschließen. So berichtet auch ein Experte während des Interviews:

> *„Größtenteils bin ich selbst mit an der Baustelle vor Ort. Also gesetzt den Fall, wir haben jetzt keinen Baustellentermin, wo irgendwie mein Typ verlangt wird, bin ich eigentlich doch schon mehr als 75 % draußen als in meinem Container. Deswegen [gilt] auch bei mir: weniger schreiben, mehr arbeiten.“* (Fall G, Textsegment 57).

Wenngleich sich diese Aussage zwar nicht auf das Lesen, sondern auf das Schreiben bezieht, wird auch hier eine Kontrastierung und quantitative Relation (*weniger, mehr*) zwischen theoretischen und praktischen Arbeiten deutlich. Das antithetische Verständnis von Arbeiten und Lesen dokumentiert sich ebenso bereits in der Wahrnehmung der Auszubildenden, wenn sich ein Auszubildender über die Arbeit vorgesetzter Personen folgendermaßen äußert:

> *„Ein Meister oder Polier arbeitet nicht mehr so viel, der ist eher dafür da, die Sachen zu planen, alles zu lesen, zu verstehen, Arbeiten aufzuteilen.“* (GI 2, A3).

Diese Dialektik zwischen Arbeit und Lesen ist möglicherweise in der *Tradition des Arbeitsbegriffes* begründet, die seit jeher eine Binnendifferenzierung in (primär) körperliche bzw. geistige Arbeit erkennen lässt:

So wurden bereits in der Ethik des Aristoteles *poiesis* und *praxis* voneinander unterschieden. Im griechisch-römischen Verständnis zeichnete sich *poiesis* durch zweckgebundene Arbeit aus und bezog sich insbesondere auf *„Tätigkeiten, die auf Anwendung körperlicher Kräfte (Heben, Tragen, Laufen usf.) beruhen“* (Conze 1972, S. 156). Zu diesen gehörten klassischerweise der Landbau und die handwerklichen Künste. Da Lohnarbeit nicht mit dem Status eines freien Bürgers vereinbar war, wurde die Arbeit von Bauern und Handwerkern bis ins Mittelalter als banausisch verachtet und erfuhr erst mit der frühchristlichen Arbeitsauffassung eine Wertschätzung (vgl. Kurtz 2002, S. 9f.; Conze 1972, S. 158). Die *praxis* war demgegenüber den freien Bürgern vorbehalten und umfasste *„anspruchsvolle geistige Tätigkeiten, die Pflege sozialer Beziehungen und die Mitwirkung im Gemeinwesen"* (Kurtz 2002, S. 9).

Das dialektische Verhältnis von körperlicher und geistiger Arbeit setzte sich im Hochmittelalter fort und dokumentierte sich auch hier in sozialer Differenzierung. Im Rahmen der Ständegesellschaft wurde dabei insbesondere zwischen der Arbeit von Geistlichen, Adligen, Handwerkern und Bauern unterschieden, die trotz christlicher Hochachtung eine unterschiedliche Wertschätzung innerhalb der Gesellschaft genoss (vgl. Conze 1972, S. 162).

Auch im 16. Jahrhundert wird die Persistenz dieser Trennung deutlich, wenn Linck und Luther weiterhin von *„leiblicher"* und *„geistlicher"* Arbeit sprechen (ebd., S. 164). Die Scheidung von körperlicher und geistiger Arbeit wurde auch in der Philosophie der Aufklärung nicht überwunden und artikulierte sich hier beispielsweise in dem Begriffspaar *Kunst* vs. *Arbeit*. Daneben führte Smith (1796) die Unterscheidung zwischen *produktiven* und *unproduktiven* Tätigkeiten ein, womit er im ökonomischen Sinne wertschaffende bzw. nicht wertschaffende Arbeiten meinte. Zu letzteren gehörten beispielsweise die Tätigkeiten von Dienstboten, Landesregenten, Militär- und Zivilbeamten sowie von allen Gelehrten (vgl. ebd., S. 180).

Seit Jahrhunderten besteht offensichtlich das Bedürfnis, das Verhältnis von körperlicher und geistiger Arbeit und deren gesellschaftlichen Wert zu klären. Diese erfuhren im Wandel der Zeit unterschiedliche Wertschätzung. Auch heute ist der Code von körperlicher und geistiger Arbeit offensichtlich unvermindert aktuell. Wie die Interviewauszüge illustrieren, ist die Vorstellung einer Trennung von Hand- und Kopfarbeit weiterhin gesellschaftlich verankert. Dabei ist selbstredend keine menschliche Arbeit möglich, ohne dass darin Hand und Kopf gemeinsam wirksam werden. Vielmehr ist Arbeit stets absichtsvolles Tun, das – in unterschiedlichem Grad – körperliche und geistige Tätigkeit zusammen erfordert (vgl. z. B. Sohn-Rethel 1989, S. 75f.).

So gibt es – früher wie heute – Ausbildungsgänge und Berufe, die stärker theoriebetont oder praxisorientiert sind. Wenngleich früher wohl insbesondere die soziale Herkunft über die Berufsausbildung entschieden haben dürfte, werden heutzutage im Sinne der Gravitationshypothese (vgl. McCormick/Jeanneret/Mecham 1972) häufig solche berufliche Tätigkeiten ergriffen, die dem individuellen Fähigkeitsprofil entsprechen (vgl. Kapitel 5.1.2). Die hier untersuchten Ausbildungsberufe Maurer bzw. Straßenbauer dürften gewissermaßen als eher theorieentlastet gelten und insbesondere für praktisch begabte Auszubildende geeignet sein, insofern z. B. die Bedeutung des Lesens zumindest für die betriebliche Ausbildung und Praxis eher gering zu sein scheint. Gleichwohl wird andererseits die Relevanz des Lesens für den Ausbildungskontext betont.

So bestehen offensichtlich gewisse Inkonsistenzen hinsichtlich der implizit und explizit kommunizierten Bedeutungszuschreibungen. Diese sollen exemplarisch anhand einer kursorischen Zitatanalyse pointiert werden. Zur besseren Nachvollziehbarkeit dieser (rekonstruktiven) Analyse wird die folgende Interviewpassage an dieser Stelle bewusst nicht sprachlich geglättet.

I: (1) und wie schätzn sie in diesem kontext dann die releVANZ des LESENS ein für ihre auszuBILdenden?

P1:   ja is (.) immens WISCHTIG ne. [mhm?] also ob=isch jetzt GLEISCH äh SETZE mit (.) also (1) skala EINS bis ZEHN mit äh der FACHlischen praxis (.) würd=ich verNEINEN aber (1) es=is immens WISCHtig. (.) ich mein abgesehn vom (3) äh wie soll=ich das nur nennen? (2) von !GRUND!KENNTnissen glaub=isch die JEDer (.) [mhm?] mensch habn sollte (.) gehört also lesen und schreibn definitiv dazu. [mhm] (.) un=das auch bei (.) qualifiziertn azubis (.) ganz klar. (2) das=is=ne SACHE die aber schon FRÜher anfängt (.) ne? also VOR der ausbildung die wir im beruf äh [mhm] im=im (.) in=nem unterNEHMN LEISTN können (.) sondern der kommt ja von irgendwoher von der schule [mhm] (.) und genau da fängt=s an.

Auf die Frage der Interviewerin, welche Bedeutung das Lesen für die Auszubildenden habe, leitet der Befragte seine evaluative Stellungnahme in hypotaktischer Weise und elliptischer Form ein (*ja is (.) immens WISCHTIG ne*). Die positiv evaluierte Bedeutung des Lesens zeigt sich in einer Reihe sprachlicher Modalisierungen: Eingeleitet wird die Passage durch einen konfirmierenden Modalpartikel (*Ja*), der als semantische Verstärkung für die weiteren Ausführungen fungiert. Hiernach wird die Relevanz des Lesens zweifach akzentuiert: Zum einen wird die positiv evaluierte Bedeutung akustisch betont (*WISCHTIG*) und zum anderen durch eine attributive Ergänzung durch den Modalpartikel (*immens*) zusätzlich verstärkt. Ein untermauernder Rückversicherungspartikel (*ne*) markiert das Ende der Phrase.

Es folgt sodann eine Überleitung durch den Explikationsmarkierer (*ALSO*), der jedoch nicht (erwartungskonform) eine Erläuterung der Stellungnahme einleitet, sondern vielmehr die Aussage relativiert. Als Gegenhorizont wird nun die fachliche Praxis aufgespannt. Im direkten Vergleich dazu wird die Relevanz des Lesens sogar negiert. Der adversative Satzanschluss (*aber*) leitet eine erneute Relativierung der Verneinung ein, die anschließend durch eine wörtliche Wiederholung des einleitenden Statements fortgesetzt wird. In dieser ersten Passage dokumentiert sich ein erheblicher Widerspruch, der möglicherweise auf einen gewissen Konflikt des Befragten schließen lässt: Die Bedeutung des Lesens zu verneinen scheint angesichts der Normativität, dass Lesen unbestritten als wichtige Kulturfertigkeit gilt, möglicherweise inadäquat zu sein. Im Kontext betrieblicher Arbeit scheint die Bedeutung jedoch faktisch eher marginal zu sein. Genau hier dokumentiert sich ein fragiles Verhältnis zwischen (normativen) Sollens-Aussagen und (deskriptiven) Seins-Aussagen. Es handelt sich hierbei gewissermaßen um einen *Naturalistischen Fehlschluss*.

Die weiteren Ausführungen des Befragten bleiben eher vage und undifferenziert (*GRUNDKENNTNISSen, JEDEr mensch*), sie sind gekennzeichnet durch epistemische Unsicherheitsmodalisierungen (*ich mein', glaub' ich*) und stockende Rede (Sprechpause, *äh*). Auch der parenthetische Einschub in Form einer inneren Rede (*[3] äh wie soll=ich das nur nennen?*) ist weniger eine verbale Modalisierung reflexiver Auseinandersetzung denn der Versuch, Zeit zu gewinnen. Gleichwohl – und hierin manifestiert sich wieder das fragile Verhältnis – bemüht sich der Befragte seine Unsicherheit durch die Verwendung modalisierender Partikel (*definitiv, ganz klar*) zu bemänteln, die die Bedeutung des Lesens „*auch bei qualifizierten Azubis*" untermauern (sollen).

Da der Konflikt offensichtlich nicht gelöst werden kann, wird die Verantwortung für die „*Sache*" an die Schule delegiert, denn „*da fängt's an*". Die sprachlichen Modalisierungen werden hier zunehmend unpräzise und pauschal (*sache, irgendwoher, da fängt's an*). Unklar ist beispielsweise die Extension des Begriffs „*Sache*", die verschiedene Bedeutungen nahelegt. Insbesondere in Zusammenhang mit der zeitlichen Markierung (*schon früher*) könnte hier beispielsweise auf die Defizitproblematik und/oder die Förderung von Lesekompetenz ausschließlich als Aufgabe der Schule verwiesen werden. Dies bleibt aber offen.

Insgesamt verdichten sich die Hinweise aus den Interviews, dass die Äußerungen zur Bedeutung des Lesens mitunter inkonsistent und paradox sind, insofern bisweilen gravierende Abweichungen zwischen expliziten und impliziten Bedeutungszuschreibungen bestehen. Dass es sich bei den Einschätzungen der Befragten möglicherweise um Antworten im Sinne *sozialer Erwünschtheit* handelt, die zu einer gewissen Verzerrung der betrieblichen Realität beitragen, ist hier nicht auszuschließen. Das Phänomen der sozialen Erwünschtheit kann einerseits als Persönlichkeitsmerkmal, das sich im Bedürfnis nach sozialer Anerkennung artikuliert, andererseits als situationsspezifische Reaktion auf die Datenerhebung erklärt werden (vgl. Schnell/Hill/Esser 2005, S. 355).

Zusammenfassend kann konstatiert werden, dass Lesen zwar einerseits zweifellos als wichtige Fähigkeit evaluiert, andererseits aber – und hierin besteht gewissermaßen die Diskrepanz – im Kontext der betrieblichen (Ausbildungs-)Praxis nicht vermittelt wird. Demzufolge lautet die dritte These:

3. **Im Hinblick auf die Relevanz des Lesens artikuliert sich ein fragiles Verhältnis zwischen Normativität und betrieblicher Realität.**

7.3   Forschungsfrage 2: Ableitung textrezeptiver Handlungsfelder

Ausgehend von der Analyse der Experten- und Gruppeninterviews wurden reale berufsspezifische textrezeptive Handlungsfelder abgeleitet, die typische Anforderungen der betrieblichen (Ausbildungs-)Praxis an die Lesekompetenz abbilden. Die Ergebnisse der Untersuchung sowie deren Systematisierung sind dabei der Versuch, einen Überblick über die arbeitsplatzunabhängigen, berufstypischen Leseanforderungen an Personen im Baugewerbe darzustellen, die sich an den Strukturen der betrieblichen Arbeitsorganisation orientieren. Hier bildet sich eine Systematik heraus, die es erlaubt, die arbeitsplatzrelevanten textrezeptiven Anforderungen in einer den jeweiligen innerbetrieblichen arbeitsorganisatorischen Prozessen entsprechenden Weise beschreiben zu können. Wenngleich einerseits eine solche berufs- und arbeitsplatzübergreifende Verallgemeinerung der Leseanforderungen in der betrieblichen Praxis aus wissenschaftlicher Perspektive zumindest fragwürdig ist, kann andererseits eine Generalisierung zum Zwecke der Systematisierung durchaus legitim sein (vgl. DIE 2010, S. 27).

Der hier verwendete Begriff des *Handlungsfeldes* und der entsprechende theoretische Zugang sind aus dem berufspädagogischen Kontext adaptiert und bezeichnen im Kontext des Lernfeldkonzeptes

> *„zusammengehörige Aufgabenkomplexe mit beruflichen sowie lebens- und gesellschaftsbedeutsamen Handlungssituationen, zu deren Bewältigung befähigt werden soll"* (Bader/Schäfer 1998, S. 229).

Diese werden ausgehend von realen beruflichen Aufgabenbereichen bestimmt und hinsichtlich ihrer Bildungsrelevanz geprüft. Sie repräsentieren insofern exemplarisch die Berufstätigkeit (vgl. z. B. Tenberg 2006, S. 69; Beek/Binstadt/Zöller 2000, S. 52). Durch eine didaktisch begründete Transformation der charakteristischen Handlungsfelder, d. h. der beruflichen Realität, entstehen sog. *Lernfelder* (vgl. Bader 2004). Dabei handelt es sich gemäß Bader um

„didaktisch begründete, schulisch aufbereitete Handlungsfelder. Sie fassen komplexe Aufgabenstellungen zusammen, deren unterrichtliche Bearbeitung in Handlungsorientierten Lernsituationen erfolgt. Lernfelder sind durch Zielformulierungen im Sinne von Kompetenzbeschreibungen und durch Inhaltsangaben ausgelegt" (Bader 2004, S. 28).

Im Rahmen der vorliegenden Arbeit zeichnen sich die entwickelten Handlungsfelder ebenfalls durch ihre Nähe zu den realen betrieblichen Strukturen der untersuchten (Ausbildungs-)Berufe Maurer bzw. Straßenbauer aus und beinhalten insbesondere jene Arbeitssituationen, in denen Lesekompetenz zur Bewältigung einer betrieblichen Anforderung notwendig ist. Insoweit fokussieren sie als *textrezeptive Handlungsfelder* ausschließlich die jeweiligen Leseanforderungen und reflektieren diese vor dem Hintergrund beruflicher Arbeitsprozesse. Eine entsprechende didaktische Reflexion, z. B. die Spezifizierung der sprachlichen Kompetenzen (vgl. Kapitel 7.4) wie bei der curricularen Konstruktion (lernfeldorientierter Lernfelder), muss dabei jeweils in der konkreten Fördersituation erfolgen.

Die Systematisierung der identifizierten textrezeptiven Anforderungen orientiert sich an der Expertise *Sprachlicher Bedarf von Personen mit Deutsch als Zweitsprache in Betrieben* des Deutschen Instituts für Erwachsenenbildung (DIE 2010) bzw. an das REFA-Modell des Arbeitssystems (vgl. REFA 1991) und die entsprechende Terminologie. Dabei ist die Übertragung des Arbeitssystem-Ansatzes auf die Beschreibung von Lesekompetenz in Betrieben in dreifacher Hinsicht sinnvoll: *Erstens* stellt die Systematisierung sicher, dass sich die Lesesituationen an realen Strukturen konkreter Arbeitsplätze orientieren und mit diesen unmittelbar verknüpft sind. *Zweitens* sichern die hier vorgestellten Handlungsfelder gleichermaßen eine Konzentration auf leserelevante Handlungssituationen wie auch eine arbeitsplatzübergreifende Herangehensweise. Damit sind sie sowohl für die Konzeption arbeitsplatzbezogener als auch berufsübergreifender Leseförderung nutzbar. *Drittens* bieten die Handlungsfelder Raum, die zu vermittelnden Lesekompetenzen im Rahmen handlungsorientierter Lernszenarien methodisch-didaktisch aufzubereiten und arbeitsplatz- und situationsbezogen rückzubeziehen (vgl. DIE 2010, S. 34).

Aus der Synopse der Interviewtranskriptionen wurden insgesamt elf arbeitsplatz- bzw. berufsübergreifende textrezeptive Handlungsfelder[17] abgeleitet und in der nachfolgenden Darstellung mit den jeweils relevanten Textmaterialien verknüpft (vgl. Abbildung 30).

Da die Untersuchung zwei verschiedene (Ausbildungs-)Berufe in den Blick nimmt und qualitativ angelegt worden ist, erheben die Ergebnisse keinen Anspruch auf Vollständigkeit bzw. Repräsentativität. Vielmehr bilden sie Erkenntnisse der Befragungen ab und bringen sie in eine die Charakteristik des Untersuchungsgegenstandes berücksichtigende Systematik. Aus diesem Grund werden, wo immer möglich, prägnante Zitate aus den Befragungen der Experten und Auszubildenden bemüht. Diese genügen dem Anspruch einer gewissen Repräsentativität, insofern sie Konsenswissen der Interviewteilnehmer abbilden.

---

17   Die Anordnung der Handlungsfelder folgt dabei keiner hierarchischen Logik.

textrezeptive Handlungsfelder	Bezeichnung	Textmaterial
HF 1	Arbeitsplanung/-organisation	(Ausführungs-)Zeichnungen Personaleinsatzpläne Bauzeitenpläne
HF 2	Materialbeschaffung und -annahme	Lieferscheine Materialzettel
HF 3	Ausführung/Erstellung von Bauteilen	Leistungsverzeichnisse Produkt-, Ausführungs- und Verarbeitungshinweise
HF 4	Arbeit mit Maschinen und Elektrogeräten	Bedienungsanleitungen von Geräten
HF 5	Gewährleistung der Sicherheit	Sicherheitshinweise/-vorschriften gesetzliche Vorschriften
HF 6	Reaktion auf Bauablaufstörungen	Bodengutachten Statiken Normen Tabellenwerke
HF 7	Qualitätskontrolle und -sicherung	Checklisten
HF 8	Kontrolle der Wirtschaftlichkeit	Kalkulationen
HF 9	Kommunikation mit internen Akteuren	Arbeitsaufträge/-anweisungen
HF 10	Kommunikation mit externen Akteuren	E-Mails/Schriftverkehr Genehmigungen
HF 11	Lehr-/Lernprozesse im Kontext Aus- und Weiterbildung	Tagesberichte Fachzeitschriften

Abbildung 30: Textrezeptive Handlungsfelder *(eigene Darstellung)*

Die textrezeptiven Handlungsfelder 1 bis 8 beschreiben Leseaufgaben, die situationsgebunden sind, d. h. im Rahmen einer konkreten beruflichen Handlungssituation bewältigt werden müssen. Demgegenüber haben die

Leseanlässe der Handlungsfelder 9 bis 11 einen eher situationsübergreifenden Charakter, insofern es sich hierbei um Leseanforderungen handelt, die den Arbeitsprozess permanent begleiten können.

Handlungsfeld 1: Arbeitsplanung/-organisation

Im Kontext der Erstellung von Bauleistungen fallen planende und organisierende Tätigkeiten an. Diese beziehen sich sowohl auf Aufgaben im Vorfeld der Erstellung von Bauwerken als auch auf begleitende Aspekte von Arbeitsplanung/-organisation während der Bauausführung.

Wenngleich die Arbeitsaufträge durch Vorgesetzte überwiegend mündlich vermittelt werden (vgl. Kapitel 7.2), beinhalten sie in den untersuchten Berufen in der Regel *(Ausführungs-)Zeichnungen*, die auch von Gesellen/ Facharbeitern und Auszubildenden gelesen werden müssen. Ausführungszeichnungen werden ferner als Basis für die Bauausführung herangezogen. Es handelt sich dabei um zeichnerische Darstellungen von Bauteilen/Bauwerken mit allen für die Ausführung notwendigen Einzelangaben wie z. B. endgültige und vollständige Ausführungs-, Detail- und Konstruktionszeichnungen.

Alle Mitarbeiter müssen in der Regel auch (tabellarische) *Personaleinsatzpläne* lesen, um sich selbständig über Arbeitsplatz (Baustelle) und Arbeitszeiten zu informieren. In Bauzeitenplänen sind die Dauer jedes Arbeitsschrittes sowie die Reihenfolge der einzelnen Arbeitsschritte festgelegt und in der Regel als Balkendiagramm visualisiert. Dabei wird die voraussichtliche Dauer der Arbeiten durch farbige Balken gekennzeichnet. Zur Kontrolle kann die tatsächliche Dauer eingetragen werden.

Handlungsfeld 2: Materialbeschaffung und -annahme

Handlungsfeld 2 umfasst alle Tätigkeiten und Aufgaben, die mit der Bestellung und Lieferung bzw. Annahme von Material zusammenhängen, um einen reibungslosen und wirtschaftlichen Bauablauf zu gewährleisten. Charakteristisch für dieses Handlungsfeld ist insbesondere die Lieferung von Baustoffen auf Baustellen. In diesem Zusammenhang ist es beispielsweise erforderlich, dass Mitarbeiter *Lieferscheine* lesen und verstehen,

wenn sie Waren/Baustoffe/Materialien entgegennehmen. Sie müssen in allen Fällen die gelieferten Baustoffe einer sachlichen Materialprüfung unterziehen, indem sie kontrollieren, ob die Materialarten, die bestellten und gelieferten Mengen, die Abmessungen und Einheiten der Materialien der Bestellung bzw. dem Rahmenvertrag entsprechen.

Für die Betroffenen bedeutet dies z. B., dass sie *„lesen können, was angeliefert worden ist, also kontrollieren, ob die Sachen auch wirklich dabei sind"* (Fall F, Textsegment 38). Das Lesen eines Lieferscheins ist dabei nicht nur eine Aufgabe von Gesellen/Facharbeitern oder Meistern, sondern bisweilen ebenso von Auszubildenden. Auch sie müssen *„Lieferscheine lesen und unterschreiben, kontrollieren, ob alles gekommen ist. Es kann ja schon mal sein, dass etwas fehlt"* (GI 3, A1).

Darüber hinaus müssen Gesellen/Facharbeiter (und teilweise auch Auszubildende) *„Materialzettel lesen"* (Fall H, Textsegment 75), auf denen insbesondere Geräte (und weitere Arbeitsmaterialien), teilweise aber auch Baustoffe aufgeführt sind, die zur Gewährleistung von reibungslosen Abläufen auf der Baustelle verfügbar sein müssen. Diese werden zum Beispiel vor Abfahrt auf dem Bauhof disponiert.

Handlungsfeld 3: Ausführung/Erstellung von Bauteilen

Bei allen Arbeitsabläufen in Unternehmen kommt es mit der Erfüllung von Arbeitsaufgaben zu Ergebnissen der geleisteten Arbeit. Diese reichen von der Erstellung einzelner Bauteile über Gewerke bis zur Fertigstellung eines gesamten Bauwerks. Diese Ergebnisse unterstehen einer mehr oder weniger stark formalisierten Kontrolle durch andere Personen (Vorgesetzte, interne/externe Bauleitung) und sind in den sog. *Leistungsverzeichnissen* aufgeführt. Diese dokumentieren *„vom Auftraggeber genau die Arbeiten […], die draußen produziert oder erstellt werden sollen."* (Fall A, Textsegment 18) Ein qualifizierter Geselle/Facharbeiter muss daher *„das Leistungsverzeichnis konkret lesen, das heißt, er muss wissen, was er baut, muss die einzelnen Leistungsdispositionen verstehen und dann praktisch umsetzen können"* (Fall A, Textsegment 34).

Zur Qualitätskontrolle und -sicherung müssen beispielsweise *Produkt-, Ausführungs- und Verarbeitungshinweise* gelesen werden. Diese beschreiben zunächst (meist) Baustoffe im Hinblick auf deren Zusammensetzung und Eigenschaften. Darüber hinaus regeln sie im Detail Lagerung, Verarbeitung und ggfs. Nutzung.

> *„Die [Mitarbeiter] müssen natürlich Texte verstehen können, zum Beispiel auf einem Sack Fliesenkleber, damit die sich die Verarbeitungshinweise durchlesen und wissen, wie lange sie mit dem Material arbeiten können, welche Temperaturen sie mindestens haben müssen, um das Material einsetzen zu können. Man kann selbst als Poliere nicht alles wissen. Wir müssen uns jeden Tag aufs Neue auf Materialien einlassen und uns immer wieder auf neue Gegebenheiten einstellen und somit auch lesen"* (Fall F, Textsegment 16).

Handlungsfeld 4: Arbeit mit Maschinen und Elektrogeräten

Im Rahmen der Bauausführung werden Maschinen und Geräte verwendet, deren Bedienung und Wartung die Berücksichtigung entsprechender Vorgaben, die primär in *Bedienungsanleitungen* dokumentiert sind, voraussetzt.

Entsprechende Dokumente müssen insbesondere vor Inbetriebnahme, bei auftretenden Störungen während des Betriebs und allgemeinen Wartungsarbeiten gelesen werden (*„Maschinen muss ich natürlich auch bedienen können, das heißt, ich muss die Bedienungsanleitung lesen."* (Fall C1, Textsegment 34)). Hierzu müssen die Informationen aus Betriebsanleitungen von Maschinen und Elektrogeräten entnommen, zu einem Vorverständnis zur Funktionsweise derselben in Beziehung gesetzt und adäquat ausgeführt werden. Insofern gilt es immer wieder, Dokumente zu lesen, *„in denen beschrieben ist, was beachtet werden muss, wo und wie es gehandhabt werden soll, also quasi Bedienungsanleitungen"* (Fall I, Textsegment 50).

Handlungsfeld 5: Gewährleistung der Sicherheit

Das Handlungsfeld bezieht sich auf vor und während der Erbringung von Bauleistungen relevante Aspekte von Arbeitssicherheit. Hierzu gehören u. a. die Absicherung von Baustellen und die Berücksichtigung *gesetzlicher Vorschriften*, die einen sicheren Arbeitsablauf auf der Baustelle gewährleisten sollen. So führt ein Befragter beispielsweise die Bedeutung verkehrsrechtlicher Anordnungen (als ein Beispiel gesetzlicher Vorschriften) folgendermaßen aus:

> *„Also wenn ich eine Baustelle im öffentlichen Straßenverkehr habe, muss ich verkehrsrechtliche Anordnungen lesen. Sonst kann ich so nicht absperren. Natürlich sind da auch Vorbehalte drin, die muss ich kennen. Es kann zum Beispiel sein, dass ab 14:00 Uhr die Baustelle zu räumen ist, weil da Markt ist oder irgendwelche Sachen. Das sind natürlich Sachen, die muss ich vorher kennen und die kann ich halt nur lesen.“* (Fall D, Textsegment 10)

In diesem Zusammenhang sind (beispielsweise) *Sicherheitshinweise/-vorschriften* zu lesen, denn

> *„[es] reicht nicht, wenn man den Leuten sagt ‚So und so musst du die Maschine benutzen, damit wir alle sicher sind‘, sondern man muss sich das Ganze auch durchlesen. Deshalb bekommt [der Mitarbeiter] das auch noch mal schriftlich und kann es noch einmal nachvollziehen“* (Fall E1, Textsegment 49).

Arbeiten auf der Baustelle führen häufig zu Unfällen, die mehr oder weniger schwere Verletzungen mit sich bringen können. Um solche Unfälle zu vermeiden, haben die Bau-Berufsgenossenschaften gesetzliche Vorschriften erlassen, die Unternehmer und ihre Betriebsangehörigen verpflichten, diese einzuhalten. Dazu gehören insbesondere die allgemeinen Unfallverhütungsvorschriften (UVV). Zur Vermeidung von Unfällen werden Gefahrenquellen am Arbeitsplatz durch Sicherheitshinweise (Verbotszeichen, Gebotszeichen, Warnzeichen) gekennzeichnet. Insofern sollte man

„Sicherheitshinweise und so schon lesen können, die muss man auch lesen, aber da kommt es ja auch drauf an, wo die Baustelle ist. Es kann ja auch durchaus sein, dass ich irgendwo in einem anderen Betrieb arbeite, in einem Industriebetrieb, und die haben bestimmte Warnhinweise und so weiter. Die muss man natürlich dann schon lesen" (Fall D, Textsegment 26).

Handlungsfeld 6: Reaktion auf Bauablaufstörungen

Immer wieder kommt es im Bauablauf zu Störungen bzw. Verzögerungen. Mögliche Ursachen können Fehler in der Planung, äußere Einflüsse (z. B. Witterung) oder auch der Ausfall von Maschinen sein. Häufig gibt es dafür keine Regelungen und diese Ereignisse überschreiten meist die Entscheidungs- und Handlungskompetenz der an der Bauausführung beteiligten Mitarbeiter. Für diesen Fall müssen insbesondere vorgesetzte Personen involviert werden, um die entsprechende Störung zu beheben bzw. auf die veränderte Situation zu reagieren.

In solchen Fällen kann es erforderlich sein, notwendige Dokumente wie beispielsweise *Bodengutachten*, *Statiken*, *Tabellenwerke* und *Normen* heranzuziehen:

Ein *Bodengutachten* wird beispielsweise benötigt, um Hinweise über die Beschaffenheit eines Bodens zu erhalten. Oft wird ein Bodengutachten angefertigt, um Aussagen über vorhandene geologische Verhältnisse zu treffen. Beim Bau eines Hauses – insbesondere aber bei Großbauwerken – werden genaue Aussagen über die Tragfähigkeit des Bodens benötigt, um die Gründung des Gebäudes zu berechnen.

Statiken sind Berechnungen und zeichnerische Darstellungen, die Aussagen über die Tragfähigkeit von Baukonstruktionen treffen. In der Baustellenpraxis sind dies insbesondere Darstellungen von Stahlbetonkonstruktionen, aus denen zum Beispiel die Anordnung der Bewehrung in einem entsprechenden Bauteil ersichtlich ist.

Tabellenwerke umfassen domänenspezifisch den neuesten Stand der Normung. Im Rahmen von Baustellenabläufen werden Tabellenwerke insbesondere zur Klärung baurechtlicher Aspekte genutzt, beispielsweise im Falle von auftretenden Bauablaufstörungen. In diesem Zusammenhang werden auch *Normen* relevant. Die DIN-Baunormen bilden z. B. die Grundlage für die Bauplanung und Bauausführung, insofern sie die generellen Richtlinien am Bau festlegen. Unterschieden werden Bau-DIN-Normen für Baustoffe, Bauteile, Baurichtmaße, Konstruktionsarten, Qualitäten und Mengen. Darüber hinaus regeln die DIN-Baunormen Prüf- und Arbeitsverfahren, Sicherheitsvorschriften, bauphysikalische und statische Eigenschaften und bilden die Grundlage für Gewährleistungen. Die baurelevanten DIN-Normen vereinheitlichen somit Entwurf, Berechnung, Ausführung und Instandhaltung von Bauwerken.

Handlungsfeld 7: Qualitätskontrolle und -sicherung

Das Handlungsfeld Qualitätskontrolle und -sicherung bezieht sich auf alle Tätigkeiten und Aufgaben, die der Einhaltung von Qualitätsstandards dienen. Im Rahmen des Qualitätsmanagements werden heute in allen Bereichen Qualitätsselbstkontrollen und/oder externe Kontrollen durchgeführt. Hintergrund sind u. a. Qualitätsnormen der internationalen Organisation der Normung (ISO) und andere Normungsorganisationen, deren freiwillige Einhaltung mit einer Zertifizierung des Unternehmens verbunden ist. Die auszuführenden Aufgaben sowie entsprechende Kenntnisse werden den Mitarbeitern in der Regel in Unterweisungen oder Schulungen vermittelt. Wichtiges Kriterium der Qualitätskontrolle ist die lückenlose Dokumentation, insbesondere die Beachtung von *Checklisten*.

Checklisten sind insbesondere relevant für (z. B. nach ISO) zertifizierte Unternehmen, um entsprechende Abläufe innerhalb des Unternehmens zu dokumentieren (z. B. Qualitätssicherung). Sie stellen im Kontext der Baustellendokumentation einen Nachweis über die geleistete Arbeit durch den Gesellen/Facharbeiter an Vorgesetzte dar.

Handlungsfeld 8: Kontrolle der Wirtschaftlichkeit

Während der Erstellung eines Bauwerkes muss kontinuierlich begleitend geprüft werden, inwieweit der tatsächliche Stand den im Vorfeld durchgeführten Berechnungen zur Wirtschaftlichkeit insbesondere kalkulatorischer Annahmen entspricht. In diesem Zusammenhang müssen Kalkulationen (auf der Basis von Leistungsverzeichnissen) berücksichtigt werden, *„um zumindest zu wissen, wie man wirtschaftlich arbeitet, wo die Preise sind"* (Fall G, Textsegment 11). Möglicherweise müssen Nachkalkulationen erstellt werden, in der nachträglich die Menge, Stunden und Kosten für die ausgeführte Bauleistung ermittelt werden.

Handlungsfeld 9: Kommunikation mit internen Akteuren

Bei der Vorbereitung, Durchführung und Abnahme von Bauleistungen besteht kontinuierlicher Bedarf eines Austauschs der in einem Betrieb daran beteiligten Akteure. So werden zum Beispiel Vorgaben durch Vorgesetzte in Form von Arbeitsanweisungen konkretisiert. Insbesondere zu Beginn eines neuen Auftrags erhalten Personen mit Führungsverantwortung *„eine Auftragsmappe, um die Arbeit planen und organisieren zu können."* (Fall C1, Textsegment 105). Auf der Grundlage dieser Auftragsmappe übermitteln sie konkrete Arbeitsanweisungen an die Mitarbeiter mündlich:

> *„Der Vorarbeiter bekommt den Arbeitsauftrag im Regelfall schriftlich und verteilt die Aufgaben mündlich. Morgens wird dann kurz besprochen, was es zu tun gibt."* (Fall H, Textsegment 55)

In ihrer schriftlichen Form sind Arbeitsaufträge (Aufgabenmappen) meist komplexer und standardisiert. Sie erfüllen dabei auch die Funktion der Arbeitsdokumentation, weshalb umfangreiche Aufträge

> *„[g]rundsätzlich immer schriftlich"* kommuniziert werden, *„um auch einfach eine gewisse Beweisführung zu haben"*, wie ein Befragter betont wissen will (Fall A, Textsegment 44).

Handlungsfeld 10: Kommunikation mit externen Akteuren/Partnern

In diesem Handlungsfeld sind Arbeitsplatzsituationen verortet, in denen Mitarbeiter mit externen Akteuren kommunizieren. Dies können z. B. Subunternehmer, Lieferanten und häufig auch Vertreter des Auftraggebers (z. B. Architekten, Ingenieure) sein. Insbesondere Personen mit Führungsverantwortung sind angehalten, normative und vertragliche

Auflagen zu berücksichtigen. Viele dieser Aufgaben sind im Berichtswesen der Baustelle verankert wie z. B. die Baustellendokumentation, Leistungsmeldungen, Protokolle etc. D. h., *„alles, was von extern kommt, wie Planunterlagen von Versorgungsträgern, vom Auftraggeber, Sonderwünsche des Kunden, Rückmeldungen vom Architekten oder vom Ingenieurbüro"* müssen gelesen werden (Fall A, Textsegment 14).

Beim externen Berichtswesen (vgl. Fall A, Textsegment 14) handelt es sich allgemein um *Schriftverkehr* mit dem Bauherrn und ggf. außerbetrieblichen Institutionen. Dieser wird zunehmend aber auch über *E-Mails* bzw. elektronische Datenübertragung realisiert. Zentral für diese Prozesse ist die Notwendigkeit einer wechselseitigen Abstimmung zwischen primär planenden Akteuren innerhalb eines Unternehmens und den dezentral agierenden Personen bei der unmittelbaren Bauwerkserstellung.

Handlungsfeld 11: Lehr-/Lernprozesse im Kontext Aus- und Weiterbildung

Hier geht es im weitesten Sinne um Lernsituationen am Arbeitsplatz bzw. im Betrieb. Hierzu können die Einarbeitung, Anleitungen und Unterweisungen, betriebsinterne Schulungen oder Qualifizierungssysteme sowie die informelle Wissensaneignung am Arbeitsplatz zählen.

Im Ausbildungskontext gewinnen beispielsweise *Tagesberichte* an Bedeutung, die von Vorgesetzten gelesen werden. In diesen dokumentieren die Auszubildenden die von ihnen im Baustellenalltag bewältigten Tätigkeiten, die wiederum dem inhaltlichen Nachweis entsprechender betrieblicher Lehr-Lernprozesse dienen.

Idealerweise sollen sich insbesondere Mitarbeiter mit Führungsverantwortung *„im Rahmen der individuellen Weiterbildung mit Fachzeitschriften oder ähnlichen Informationen auseinandersetzen, diese lesen und verstehen."* (Fall C2, Textsegment 50)

Zur Korrespondenz der textrezeptiven Handlungsfelder zu den schulischen Lernfeldern

Nachfolgend soll der Versuch unternommen werden, die Relation zwischen den textrezeptiven Handlungsfeldern und den im Rahmen einer Berufsausbildung in der Bauwirtschaft definierten Handlungsfeldern (Lernfeldern) zu beschreiben (vgl. MSW 2008). Exemplarisch werden hierzu die Lernfelder aus dem ersten Schul-/Ausbildungsjahr gewählt, die in der beruflichen Grundbildung für alle Bauberufe leitend sind (vgl. Abbildung 31).

Nr.	Lernfelder	Zeitrichtwerte in Unterrichtsstunden			
		Jahr	Jahr	Jahr	gesamt
1	Einrichten einer Baustelle	20			
2	Erschließen und Gründen eines Bauwerkes	60			
3	Mauern eines einschaligen Baukörpers	60			
4	Herstellen eines Stahlbetonteiles	60			
5	Herstellen einer Holzkonstruktion	60			
6	Beschichten und Bekleiden eines Bauteiles	60			
Lernfelder 7 bis 18			280	280	
Summen:		320	280	280	880

Abbildung 31: Übersicht über die Lernfelder (in Anlehnung an MSW 2008, S. 12)

Zur besseren Nachvollziehbarkeit, in welchem Verhältnis die textrezeptiven Handlungsfelder zu den Lernfeldern stehen, rekurrieren die weiteren Ausführungen auf das Beispiel für die Ausgestaltung einer Lernsituation im Lernfeld 4 *Herstellen eines Stahlbetonteils* (vgl. Anhang 6, Anhang 7).

Bezugspunkte sind hier überwiegend die im Rahmen des Lernfelds bzw. in den entsprechenden Zielformulierungen definierten Fachkompetenzen, insoweit die berufsspezifischen Leseanforderungen am ehesten hier zu verorten sind. Daneben werden die Leseanforderungen in diesem Beispiel noch im Rahmen der Methoden-/Lernkompetenz (hier: *verschiedene Möglichkeiten der Informationsgewinnung nutzen*) bzw. Human- und Sozialkompetenz (hier: *Verantwortungsbewusstsein für das Vermeiden von Bauschäden entwickeln*) abgebildet.

Deutliche Bezüge zwischen der skizzierten Lernsituation (Lernfeld) und den textrezeptiven Handlungsfeldern zeigen sich hier z. B. hinsichtlich HF 1, insofern die Schüler/innen im Rahmen der Arbeitsplanung und -vorbereitung zunächst alle *notwendigen Informationen den Entwurfszeichnungen* entnehmen sollen. Die *Auswahl eines geeigneten Betonstabstahls*, ebenfalls Teil der zu entwickelnden Fachkompetenz, ist in der hier entwickelten Systematik der Handlungsfelder dem HF 2 zuzuordnen, das die Materialbeschaffung und -annahme umfasst. Die *Erläuterung der Betonverarbeitung und Nachbehandlung* entspricht in der beruflichen Praxis dem HF 3, d. h. der eigentlichen Ausführung und Erstellung von Bauteilen.

Die hier theoretisch als Lernsituation (d. h. Konkretion des zugrundeliegenden Lernfelds) beschriebene berufliche Anforderungssituation wird selbstredend in der beruflichen (Ausbildungs-)Praxis begleitet und unterstützt durch die Arbeit mit Maschinen (vgl. HF 4), unter Berücksichtigung von Sicherheits- bzw. Unfallverhütungsvorschriften (vgl. HF 5) und im Sinne kontinuierlicher Qualitätskontrolle und -sicherung (vgl. HF 6).

Die Relation der textrezeptiven Handlungsfelder (vgl. Abbildung 30) und der schulischen Lernfelder (vgl. Abbildung 31) (bzw. den zugrunde liegenden beruflichen Handlungssituationen) zeigt sich, wenn diese *interferieren*, d. h. sich gewissermaßen überlappen. Die textrezeptiven Handlungsfelder schneiden die schulischen Lernfelder sozusagen quer, sie liegen gewissermaßen *horizontal* zur Struktur der Lernfelder.

Ein Beispiel zur Illustration:

Das textrezeptive HF 2 (Materialannahme und -beschaffung) beschreibt eine domänenspezifische Lesesituation, die auch in allen anderen Lernfeldern (und entsprechenden beruflichen Handlungssituationen) relevant sind. Gleiches kann auch für alle weiteren textrezeptiven HF nachgewiesen werden.

Für Förderkontexte könnte dieser Zusammenhang in *zweifacher* Hinsicht an Bedeutung gewinnen: *Erstens* könnte bei der Konstruktion von Lernsituationen in allen Lernfeldern auf die (didaktisch zu reflektierenden) textrezeptiven Handlungsfelder zurückgegriffen werden. D. h., entsprechende beruflich relevante Lesesituationen können hier mit einer Förderintention integriert werden. *Zweitens* stellen die hier jeweils geförderten berufsspezifischen Lesekompetenzen keine isolierten Fähigkeiten dar, sondern sind gleichermaßen für alle anderen Lernfelder (beruflichen Handlungssituationen) relevant und können folglich – im Sinne einer konsistenten Kompetenzentwicklung – weiterentwickelt werden.

7.4 Forschungsfrage 3: Anforderungen an die Lesekompetenz

Ausgehend vom inhaltsanalytisch extrahierten Textmaterial erscheint es aus den Perspektiven von Diagnostik und Förderung gleichermaßen sinnvoll wie notwendig, die konkreten Anforderungen an die Lesekompetenz bei der Textrezeption zu definieren. Zur Ermittlung der Leseanforderungen wird auf das Modell *funktionaler Lesekompetenz* (Ziegler et al. 2012) rekurriert (vgl. Kapitel 3.5). Wie in diesem Zusammenhang bereits angedeutet, wurde dieses Modell originär als Diagnoseinstrument für die Erfassung von Lesefähigkeiten im beruflichen Kontext entwickelt, um die besonderen Charakteristika domänenspezifischer Leseanforderungen (z. B. Verwendung von Gebrauchstexten, Integration des Leseprozesses in konkrete Handlungssituationen) angemessener zu berücksichtigen. Dabei werden, ausgehend von der Definition der Repräsentationsformate bzw. Anforderungsklassen, Items entwickelt, über die in einem erweiterten testtheoretischen Kontext individuelle Fähigkeitsniveaus von Probanden diagnostiziert werden können. Diese Items werden folglich primär fiktiv für den in der ASCOT-Initiative definierten Forschungsrahmen konstruiert, da die entsprechenden Tests auch domänenübergreifend eingesetzt werden.

Im Rahmen dieser Arbeit wird nun der Versuch unternommen, sozusagen – aus einer umgekehrten Blickrichtung – reale domänenspezifische Leseanforderungen, die arbeitsanalytisch generiert worden sind, mithilfe des Modells *funktionaler Lesekompetenz* und dessen implizierter kognitionstheoretischer Reflexion zu systematisieren. Dies erscheint insbesondere für eine gezielte Förderung notwendig, um zunächst die tatsächlichen kognitiven Anforderungen an die Lesekompetenz zu spezifizieren. Darauf basierend können dann im weiteren Verlauf zielgerichtet Interventionen (z. B. bezüglich der passenden Lern-/Lesestrategieauswahl) konzeptioniert werden.

Dabei wird das berufsspezifische Textmaterial in Abhängigkeit von den identifizierten betrieblichen Handlungssituationen den drei Anforderungsklassen *identifizieren, integrieren, generieren* bzw. den Repräsentationsformaten *deskriptiv, depiktional und gemischtes Format* zugeordnet (vgl. Tabelle 3).

Repräsentationsformate		
deskriptional	**depiktional**	**gemischte Formate**

Anforderungsklassen		deskriptional	depiktional	gemischte Formate
	identifi-zieren	E-Mails/Schriftver-kehr (HF 10) Genehmigungen (HF 10)		Personaleinsatzpläne (HF 1) Arbeitsaufträge/-anweisungen (HF 9) Checklisten (HF 7) Tagesberichte (HF 11)
	integrie-ren	gesetzliche Vorschriften (HF 5)	Sicherheits-hinweise/-vorschriften (HF 5)	Materialzettel (HF 2) Kalkulationen (HF 8) Fachzeitschriften (HF 11)
	generie-ren		(Ausfüh-rungs-) Zeichnungen (HF 1)	**Lieferscheine** (HF 2) Bedienungsanleitungen von Geräten (HF 4) Produkt-, Ausführungs- und Verarbeitungs-hinweise (HF 3) Leistungsverzeichnisse (HF 3) Normen (HF 6) Tabellenwerke (HF 6) Bodengutachten (HF 6) Statiken (HF 6)

Tabelle 3: Einordnung der Texte in das Modell funktionale Lesekompe-tenz *(eigene Darstellung)*

Wie aus der Tabelle hervorgeht, zeigt die Einordnung in das Modell *funktionale Lesekompetenz* deutlich, dass es sich bei den meisten Texte um sog. *gemischte Formate* handelt, die gleichermaßen Merkmale deskriptionaler als auch depiktionaler Formate aufweisen. Ferner wird erkennbar, dass das Lesen der meisten Texte bzw. der Bewältigung entsprechender betrieblicher Anforderungssituationen zumindest *integrierende*, in vielen Fällen jedoch *generierende* Leistungen im Hinblick auf die Lesekompetenz erfordert. D. h., die Bewältigung textrezeptiver Anforderungen setzt in diesen Fällen die Konstruktion eines mentalen Modells voraus, was aus dieser qualitativen Forschungsperspektive die besondere Pointierung *funktionalen Lesens* (vgl. Kapitel 2) stützt.

Nachfolgend soll die hier gewählte Systematik zur Verortung von realen betrieblichen Leseanforderungen an einem Beispiel illustriert werden. Dieses wird in enger Anbindung an die Interviews rekonstruiert, in denen die Akteure der Baustellenpraxis u. a. textrezeptive Anforderungen beschreiben.

Beispiel: Der Lieferschein

Im Rahmen der nachfolgend skizzierten Leseanforderung geht es im Kern darum, auf Basis des Formulars *Lieferschein* (vgl. Abbildung 32) zu prüfen, ob das gelieferte Material mit dem auf dem Lieferschein ausgewiesenen übereinstimmt. Dies betrifft sowohl einen mengenmäßigen Abgleich als auch weitere Spezifika der entsprechenden Baustoffe. Hierzu müssen die relevanten Angaben dem Formular entnommen werden und in Bezug gesetzt werden zu den gelieferten Produkten. Für eine sachgerechte und mängelfreie Erstellung eines entsprechenden Bauteils ist die Passung zwischen dem gelieferten und dem bestellten Material notwendig. Dies wird geprüft über den Abgleich relevanter Dokumente (Lieferschein, Bestellschein) und häufig ergänzt durch eine sog. Augenscheinprüfung, die zumindest in einigen Fällen (z. B. Betonlieferung) per Norm festgelegt ist.

Ultra-Beton-GmbH		Fahrzeug-Nr 024 UB-AS-95				[symbols]
Kunden-Nr	Baustellen-Nr		Lieferschein-Nr. **1846**			Datum
F. Müller Berliner Platz 65432 Berndorf	Ostring 27 65432 Berndorf Tiefgarage, Los II					25.07.05

Sie erhalten nach unseren Geschäfts-, Liefer- und Zahlungsbedingungen, die Sie hiermit anerkennen, und dem Ihnen übergebenen Sortenverzeichnis:

Menge m³	Betonsorten-Nr nach DIN 1045	Expositions- klassen	Festigkeits- klasse	Konsistenz- bereich	Sieblinie	Zusatzmittel
4,50	*4376*	*XC3*	*C20/25*	*F3*	*A/B 32*	*00,78kg/m³* *Isola (BV)*
			Zement			
	Festigkeits- entwicklung	Eignung	*CEM I 32,5 N*			Zusatzstoff
	mittel	*Stahlbeton*				

Nachträgliche Zugabe oder Nachdosierung von Fließmittel

Zugabezeitpunkt _____ zugegeb.Menge FM _____

❌ x=Reizend

geschätzte Restmenge vor Zugabe _____ m³

siehe Rückseite

Konsistenz der Zugabe _____ nach Zugabe _____

zugegeben von

Beauftragter des Herstellers	Frachtführer	Lieferung ordnungsgemäß erhalten. Unterschrift des Abnehmers:
Beladezeit 8.35	Ankunft Baustelle *9 05*	Beginn Entladung *9 25* Ende Entladung *9 43*

| | | Wartezeit in Minuten | Abfahrt Baustelle *10 05* |

Bemerkungen
Beton ist gemäß DIN 1045 grundsätzlich nachzubehandeln.
Die gelieferte Betonsorte unterliegt - nicht - fremdüberwachter Qualitätskontrolle

Abbildung 32: Prototypisches Beispiel eines Lieferscheins (Frey et al. 2005, S. 292)

In der hier rekonstruierten Anforderungssituation wird ein Lieferschein im Kontext einer Betonlieferung auf die Baustelle genutzt. Der Abnehmer auf der Baustelle erhält vor der Entladung einen nummerierten Lieferschein. Dieser ist von dem Beauftragten des Lieferers bzw. Abnehmers (nach dessen Prüfung) zu unterschreiben. D. h., die für die Ausführung zentralen Angaben auf dem Lieferschein (Menge, Betonsortennummer nach DIN 1045, Expositionsklasse, Festigkeitsklasse, Konsistenzklasse, Sieblinie, Zusatzmittel, Zusatzstoff, Zement, Festigkeitsentwicklung, Eignung) müssen mit den entsprechenden Kenngrößen auf dem Bestellformular in Beziehung gesetzt werden. Darüber hinaus muss per Augenschein geprüft werden, ob die auf dem Lieferschein angegebene Konsistenz der gelieferten entspricht.

Der Text Lieferschein ist als standardisiertes Formular dem Repräsentationsformat gemischtes Format zuzuordnen, allerdings enthält er ausschließlich verbal-symbolische Strukturen und wird folglich primär deskriptional verarbeitet. Um die Situation adäquat zu bewältigen, reicht es dabei nicht aus, das Formular isoliert zu interpretieren, vielmehr sind die hier aufgeführten Informationen in Beziehung zu setzen zu einem ebenfalls standardisierten Bestellformular und den visuellen Eindrücken (Augenscheinprüfung). Es ist also ein Prozess der Kohärenzbildung anhand multipler Informationsquellen erforderlich. Für den Abgleich der verbal-symbolischen Informationen ist folglich zunächst zumindest die Bildung einer propositionalen Repräsentation erforderlich. Für die korrekte Augenscheinprüfung muss darüber hinaus allerdings nicht nur die begriffliche Bedeutung des Konsistenzbereichs F3 (nach DIN 1045) bekannt sein, sondern auch eine bildliche Vorstellung davon, d. h. ein mentales Modell muss generiert werden. In Anlehnung an das Modell *funktionaler Lesekompetenz* entspricht die hier dargestellte Leseanforderung folglich der Anforderungsklasse *generieren*.

7.5   Forschungsfrage 4: Konsequenzen

Ausgehend von den dargestellten Untersuchungsergebnissen der Forschungsfragen 1–3 werden nachfolgend Konsequenzen für die Förderung von Lesekompetenz in der beruflichen Ausbildung gewerblich-technischer Bildungsgänge abgeleitet. Diese rekurrieren sowohl auf die Bedeutung *motivationaler Implikationen* als auch auf *Leseanforderungen* und beziehen sich gleichermaßen auf die (Ausbildungs-)Betriebe, überbetrieblichen Ausbildungsstätten und Berufsschulen. Hierbei soll reflektiert werden, welche Beiträge die verschiedenen Lernorte jeweils zur Förderung von Lesekompetenz leisten können.

Ausgehend von den zentralen Ergebnissen zu Forschungsfrage 1 ist die Bedeutung des Lesens für *Auszubildende* zum Maurer bzw. Straßenbauer im Rahmen betrieblicher Arbeitsprozesse sowohl faktisch als auch subjektiv betrachtet gering. Wie aus den Analysen des Interviewmaterials hervorgeht, scheint die Relevanz aber nach Abschluss der Ausbildung und mit zunehmender Verantwortung innerhalb des Betriebs durchaus zu steigen. Angesichts dieser Hierarchiegebundenheit einerseits und gering lesemotivierter Auszubildender andererseits besteht eine zentrale Konsequenz zunächst einmal darin, die Einsicht der Auszubildenden zu fördern, dass Lesekompetenz für die berufliche Entwicklung entscheidend ist. Mit Blick auf deren Förderung bedeutet dies, dass den Auszubildenden die (berufsspezifische) Bedeutung des Lesens explizit vermittelt werden muss. Die inhaltlich erfahrbare Relevanz des Lesens für die Berufsausbildung und insbesondere für eine sich daran anschließende Bildungs- und Berufskarriere dürfte sich positiv auf die Entwicklung der Lesemotivation auswirken. Insofern sollte der erkennbare Wert des Lesens nicht nur zentraler Bedingungsfaktor, sondern auch Ausgangspunkt für jedwede Förderung sein.

Hierbei sollten alle an der Ausbildung beteiligten Institutionen und Akteure mitwirken. Gleichwohl die Ausbildungsbetriebe und überbetrieblichen Ausbildungsstätten primär der berufspraktischen Ausbildung dienen, hat die Förderung von Lesekompetenz nur dann Aussicht auf Erfolg, wenn sie nicht an den Deutschunterricht der Berufsschule delegiert wird, sondern an *allen drei Lernorten* zum Prinzip gemacht wird. Diese können im Hinblick auf die Förderung von Lesekompetenz differenzielle Beiträge leisten, sofern sich alle an der Ausbildung beteiligten Akteure Lesen bzw. Lesekompetenz als Brücke in alle Bereiche der Gesellschaft überhaupt vergegenwärtigen (und nicht bloß als eine von außen herangetragene Erwartung wahrnehmen).

Gleichwohl der Lernort *Betrieb* sicherlich keine unterrichtspraktische Förderung von Lesekompetenz (im engeren Sinne) zu leisten vermag, kann sein Beitrag zumindest darin bestehen, eine *positive Lesekultur* zu leben. Wenn Lesen innerhalb des Betriebs nicht als wichtig anerkannt und unterstützt wird, ist es nicht weiter verwunderlich, dass Auszubildende den Wert des Lesens für ihre Berufsausbildung nicht erfahren. Insoweit erscheint es – insbesondere mit Blick auf die These der *Hierarchiegebundenheit* – notwendig, dass alle an der Ausbildung Beteiligten Lesen bzw. Lesekompetenz als ein zentrales Instrument der Berufskarriere und, mehr noch, als Voraussetzung zum selbständigen Denken und Handeln, vermitteln. Andernfalls ist es fraglich, wie Auszubildende die Bedeutung des Lesens erkennen sollen, wenn sie nicht an Leseaufgaben herangeführt und in Leseaktivitäten unterstützt werden, sondern stattdessen eine Lesekultur (im Betrieb) erleben, die den Wert des Lesens (als reflexive Handlungskompetenz des Menschen) schlichtweg verkennt. So erscheinen die Ausbildungsbetriebe doch im Prinzip überaus prädestiniert dafür zu sein, die inhaltliche Relevanz des Lesens in authentischen beruflichen Handlungssituationen aufzuzeigen und darüber Auszubildende für den Wert des Lesens zu sensibilisieren. Die Bedeutung des Lesens insbesondere für betriebliche Bildungsprozesse zu vermitteln, sollte demzufolge vom Lernort Betrieb als zentrale Aufgabe wahrgenommen werden.

Allerdings scheint die Sozialwelt des Baustellengewerbes – mit Blick auf die Analyseergebnisse – ein funktionierendes System zu sein, in dem Lesefähigkeit offensichtlich nicht zwingend erforderlich ist. Dies spiegelt sich auch darin, dass früher *„von den älteren Mitarbeitern viele überhaupt nicht lesen konnten."* (Fall A, Textsegment 62) und auch heute lese-rechtschreibschwachen Auszubildenden Ausweichstrategien angeboten werden:

> *„Im schlimmsten Fall, ne, wenn er's nicht kann, dann wird ihm Hilfestellung gegeben in den Berichten. Also wir korrigieren die Berichte, ergänzen die selber"* (Fall A, Textsegment 48).

Angesichts solcher Äußerungen dürfte das Desiderat einer vorbildlich gelebten Lesekultur in den Betrieben wohl als eher realitätsfern einzuschätzen sein. Vielmehr scheinen sich die Betriebe mit den fehlenden sprachlichen Voraussetzungen zu arrangieren.

An dieser Stelle könnten die *überbetrieblichen Berufsbildungsstätten* als wichtige Brücke fungieren, da sie sowohl formal als auch in der Wahrnehmung der Auszubildenden eher der betrieblichen Praxis zuzuordnen sind. Die Berufsbildungsstätten böten beispielsweise die Möglichkeit, zielgerichtet lesesensible Lehr-Lernprozesse zu planen, da sie nicht den ökonomischen und auf Effizienz gerichteten Zwängen der betrieblichen Realität unterliegen. Eine systematische Einbindung der überbetrieblichen Ausbildungsstätten (und ggfs. auch ausbildungsbegleitender Hilfen) könnte sich in diesem Zusammenhang sicherlich als sinnvoll erweisen, um die bestehende Diskrepanz zwischen der betrieblichen (Ausbildungs-)

Realität und bisherigen Förderkonzeptionen der Berufsschule auszugleichen, zumal sie insbesondere in den ersten beiden Ausbildungsjahren einen nicht zu vernachlässigenden zeitlichen Anteil der Berufsausbildung umfassen. Hier wäre insoweit auch eine konzeptionell-organisatorische Verzahnung und Kooperation mit der Berufsschule ein zentraler Anknüpfungspunkt.

Für den Lernort *Schule* bedeutet die Förderung von Lesekompetenz, dass auch Lehrer/innen aller Fächer zunächst einmal für das Thema sensibilisiert werden müssen und die Förderung von Lesekompetenz auch als Aufgabe der beruflichen Bildung (und nicht nur der Primar- und Sekundarstufe I) annehmen. Dies bedeutet, dass sie Übungskontexte zur Förderung von Lesekompetenz gestalten, deren berufliche Relevanz für Auszubildende erkennbar wird (vgl. Strasser 2008; Norwig/Petsch/ Nickolaus 2010). Hier könnten beispielsweise die textrezeptiven Handlungsfelder (vgl. Kapitel 7.3) als erste Ansatzpunkte für die Konstruktion von lesesensiblen Handlungssituationen fungieren, die wiederum Anknüpfungsmöglichkeiten für eine Förderung bieten. Demnach sollte die Förderung von Lesekompetenz in gewerblich-technischen Bildungsgängen als eine interdisziplinäre fachdidaktische Aufgabe verstanden werden, die eine Zusammenarbeit zwischen Lehrer/innen fachtheoretischer, fachpraktischer und allgemeinbildender Fächer erfordert. Auf diese Weise könnte Lesekompetenz in einen berufsbezogenen Handlungskontext (vgl. Artelt/Moschner 2005) bzw. berufsfachliches Lernen (vgl. Norwig/Petsch/ Nickolaus 2010) systematisch integriert werden. Mit Blick auf die Förderung bedeutet dies, dass auch Möglichkeiten direkter und indirekter Lesestrategieanwendungen im Deutsch- bzw. Fachunterricht erprobt werden könnten und die Förderung von Lesekompetenz damit in multiplen (berufsbezogenen) Kontexten stattfindet.

Dazu bedarf es sicherlich auch der *Professionalisierung* von Lehrkräften, um die notwendigen Kompetenzen zur Leseförderung zu erwerben. Forschungsbefunde aus den Interventionsstudien zum Ansatz des *Reciprocal Teaching* beispielsweise zeigen, dass selbst bei akademisch ausgebildeten, erfahrenen und engagierten Deutschlehrkräften die notwendigen Kompetenzen zur Leseförderung fehlen. Neben der methodischen Ausbildung scheint es ihnen häufig an lehr-lerntheoretischen Grundkenntnissen aus den Bereichen der Lese- und Lernstrategieförderung zu mangeln (vgl. Ziegler/Gschwendtner 2010, S. 549). Diese Defizite dürften vermutlich umso mehr bei Lehrkräften in berufsbezogenen Fächern bestehen, die aber für die Förderung von Lesekompetenz einen essenziellen Beitrag leisten können.

Gerade die Anbindung an den berufsbezogenen Fachunterricht ist – mit Blick auf die offensichtlich fehlenden Relevanzzuschreibungen seitens der Schüler/innen – als bedeutsam einzuschätzen. Berufsfeldnähere Texte, deren inhaltliche Relevanz für die beruflichen Ziele klar erkennbar sind, dürften sich motivierender auf die Schüler/innen auswirken. Hier wäre der im Rahmen der Interviewstudie erhobene Fundus an Textmaterialien möglicherweise ein erster Bezugspunkt für die Förderung von Lesekompetenz (zumindest für die untersuchten Ausbildungsberufe). Eingebettet in die textrezeptiven Handlungsfelder könnten die Texte eine Grundlage für die systematische Entwicklung didaktischer Materialien (und Lernsituationen) darstellen, die authentische Leseaufgaben der betrieblichen (Ausbildungs-)Praxis kontextsensitiv abbilden. Dazu wären zunächst einmal die konkreten Anforderungen an die (*funktionale*) Lesekompetenz zu bestimmen, die wiederum die Zusammenarbeit von Deutsch- und Fachlehrkräften erfordert.

Wie die Einordnung der erhobenen Texte in das Modell *funktionale Lesekompetenz* zeigt (vgl. Kapitel 3.5), handelt es sich überwiegend um Texte der Kategorie *Mischformate,* die im Hinblick auf die Lesekompetenz zumeist *generierende* Leistungen, d. h. die Konstruktion eines *mentalen Modells*, voraussetzen. Angesichts dieser Leseanforderungen wäre im Kontext von Lesestrategieinstruktionen beispielsweise zu überlegen, welche Strategien für die Bewältigung textrezeptiver Anforderungen geeignet sind. Wie Untersuchungen zu Lernstrategien und Textverstehen (vgl. z. B. Leopold 2009) ergaben, ist die Frage nach einer geeigneten Strategieauswahl keinesfalls trivial. Sie gewinnt insbesondere im Hinblick auf die Charakteristika berufsspezifischer Leseanforderungen an Bedeutung, insofern z. B. nicht jede Lesestrategie *generierende* Leistungen bzw. den Aufbau mentaler Modelle zu unterstützen vermag. Anknüpfend an die Erkenntnisse aus der Textverstehensforschung zeigt sich, dass sich Strategien hinsichtlich ihrer Lernwirksamkeit offensichtlich unterscheiden und in unterschiedlichem Grad verstehens- oder behaltensförderlich wirken können (vgl. ebd.). Anhand einiger Lern-/Lesestrategien soll dies exemplarisch aufgezeigt werden.

Die Strategie des *Zusammenfassens* bleibt beispielsweise überwiegend auf die propositionale Textbasis gerichtet und regt weniger analoge Verarbeitungsprozesse an, die jedoch für die Konstruktion eines mentalen Modells von elementarer Bedeutung sind (vgl. Ziegler/Gschwendtner 2010, S. 550). Das Zusammenfassen von Texten entspräche außerdem eher dem *studierenden Lesen*, weniger dem *funktionalen Lesen* im Berufsalltag. Erschwerend kommt hinzu, dass es sich hierbei um eine typische Strategie des Deutschunterrichts handelt, bei der verstärkt motivationale Vorbehalte seitens der Schüler/innen auftreten dürften (vgl. Kitzig et al. 2008).

Demgegenüber scheint die Strategie des *Textmarkierens* die Bildung von Makrostrukturen zu unterstützen. Hier besteht in Anlehnung an Leopold (2009) jedoch die Gefahr, dass Lernende den Fokus zu einseitig auf die Textstruktur richten und dabei die beschriebenen Sachverhalte, d. h. den Aufbau eines mentalen Modells, aus dem Blick verlieren (vgl. Leopold 2009, S. 296f.). Wie die Trainingsergebnisse ihrer Studie zeigen, erweist sich das Textmarkieren insgesamt auch als wenig verstehensförderlich (vgl. ebd., S. 298). Inwieweit das Textmarkieren angesichts berufsspezifischer Leseanforderungen geeignet ist, dürfte deshalb fraglich sein.

Insoweit wären möglicherweise Organisationsstrategien wie das *Concept Mapping* den Inhalten und Lernanforderungen in gewerblich-technischen Berufsfeldern angemessener (vgl. Ziegler/Gschwendtner 2010, S. 550). So wird angenommen, dass Mappingstrategien den Aufbau einer zusammenhängenden Makrostruktur anregen. Bei der Strategieausführung distanzieren sich Lernende vermutlich von der ursprünglichen Textstruktur, weil sie gefordert sind, Textinhalte neu zu organisieren und begriffliche Relationen aufzuzeigen. Demzufolge dürfte die Aufmerksamkeit beim Mapping hauptsächlich auf begriffliche Strukturen gerichtet werden, weshalb fraglich ist, ob Lernende ausreichend Ressourcen für die Bildung eines integrierten mentalen Modells verfügbar haben (vgl. Leopold 2009, S. 297).

Aufschlussreich sind auch Befunde zur Strategie des *Visualisierens*, die Anlass zu der Vermutung geben, dass sie in besonderem Maße den Aufbau eines mentalen Modells fördern. Hier operieren Lernende mit struktur- oder funktionsanalogen Repräsentationen und sind gefordert, beschriebene Sachverhalte und Zusammenhänge visuell zu veranschaulichen. Daraus ergibt sich vermutlich ein deutlich stärkerer Bezug zu den Textinhalten und damit ein besonders hohes Verstehenspotenzial (vgl. ebd., S. 297, 299). Gerade angesichts einer Schülerklientel, die im formal-abstrakten Denken weniger geübt ist, scheinen analoge Strategien möglicherweise grundsätzlich geeigneter zu sein (vgl. Ziegler/Gschwendtner 2010, S. 550).

Bezogen auf die zugrunde liegenden Prozesse der mentalen Kohärenz- bildung deuten die Untersuchungen zumindest darauf hin, dass es durch die Auswahl geeigneter kognitiver Lernstrategien möglich ist, den Aufbau eines mentalen Modells gezielt anzuregen. Dabei ist insbesondere aus der Perspektive der Textverstehensforschung anzunehmen, dass Wechselwir- kungen zwischen symbolischen und analogen Prozessen der Kohärenz- bildung für die Förderung von Textverstehen möglicherweise besonders geeignet sind. Insofern erscheint eine Kombination beider Repräsentati- onsformen für die Konzeption neuer Fördermaßnahmen empfehlenswert (vgl. Leopold 2009). Dies gilt es aber erst einmal zu untersuchen.

Weiter ist angesichts der überwiegend gemischten Repräsentationsforma- te und der herausgehobenen Bedeutung von Zeichnungen, die sich durch ein depiktionales Repräsentationsformat auszeichnen, ggfs. das Begriffs- verständnis von Lesestrategien zu reflektieren. Dieses bezieht sich bisher primär auf Lesen im Lernkontext (vgl. Artelt/Naumann/Schneider 2010), weniger auf die funktionale Facette von Lesekompetenz, und umfasst insofern überwiegend Texte mit einem deskriptionalen Repräsentations- format. Möglichkeiten, um das Bild- und Diagrammverstehen strategisch zu unterstützen, sind bislang jedoch weitgehend ungeklärt (vgl. Schnotz/ Dutke 2004).

Gleichwohl die berufsspezifischen Leseanforderungen im Rahmen dieser Arbeit im Vordergrund stehen, darf sich die Förderung von Lesekompe- tenz nicht auf die Berücksichtigung betriebsspezifischer Anforderungen (im Sinne *funktionaler Lesekompetenz*) beschränken. Dies wäre für die weitere Entwicklung sicherlich problematisch (vgl. Grundmann 2007, S. 49). Dem eingangs beschriebenen *studierenden Lesen* (vgl. Kapitel 2) soll daher keineswegs eine nachrangige Bedeutung zugeschrieben werden. Vielmehr bedarf es im Hinblick auf das Leitziel beruflicher Handlungskompetenz (vgl. Heid 1977; 1999; KMK 1991) einer Reintegration der primär funktionalen Perspektive von Lesekompetenz. Der Zugang über authentische Leseanforderungen aus dem betrieblichen Kontext könnte allerdings positive motivationale Effekte induzieren. Insofern gilt es aus Sicht der Autorin, Lesekompetenz mehrperspektivisch zu fördern und den Blick nicht allein auf konzeptionell-organisatorische Fragestellungen zu verengen, sondern auch weitere Determinanten von Lesekompetenz als Anknüpfungsmöglichkeiten zu berücksichtigen.

8 Zusammenfassung und kritische Reflexion

Lesen gehört unzweifelhaft zu den grundlegenden Kulturwerkzeugen und ist Voraussetzung für die Teilhabe am gesellschaftlichen und kulturellen Leben. Die in vielen Facetten unbefriedigenden Befunde zur Lesekompetenz von Jugendlichen in Deutschland stellen den Ausgangspunkt dar, sich auch in der beruflichen Bildung mit dem Thema Lesekompetenz zu befassen. Entsprechende Förderbemühungen zeigen jedoch nur geringe Interventionseffekte. Zusätzlich erschweren problematische motivationale Implikationen seitens der Auszubildenden die Förderung von Lesekompetenz. Der Wert des Lesens und die Bedeutung von Lesekompetenz insbesondere im Kontext der betrieblichen Ausbildung scheinen vielfach für die Auszubildenden nicht erkennbar zu sein (vgl. Keimes/Rexing/Ziegler 2011). Gerade aber die subjektiv erlebte Bedeutung gilt als zentral für die motivationale Einstellung und damit auch als wesentlicher Prädiktor für den Lehr-Lern-Erfolg (vgl. z. B. Knöll/Gschwendtner/Nickolaus 2008).

Angesichts dieses Problemhintergrunds besteht das primäre Ziel dieser Arbeit darin, die berufsspezifische Relevanz von Lesekompetenz für die betriebliche Arbeit bzw. bei der Bewältigung realer beruflicher Anforderungssituationen zu erfassen. Die Erhebung erfolgt dabei exemplarisch für die (gewerblich-technischen) Ausbildungsberufe Maurer und Straßenbauer im Berufsfeld Bautechnik. Aufgrund nachgewiesener Schwächen im Leseverstehen (vgl. Norwig/Petsch/Nickolaus 2010) ist hier in besonderem Maße von einem entsprechenden Förderbedarf bei den Auszubildenden auszugehen. Darüber hinaus handelt es sich bei Maurern und Straßenbauern um in quantitativer Hinsicht repräsentative Ausbildungsberufe, deren Charakteristika auch auf weitere Berufe des Berufsfeldes (z. B. Betonbauer/in, Kanalbauer/in, Rohrleitungsbauer/in) übertragbar sind.

Im Rahmen der vorliegenden Arbeit wird die Bedeutung des Lesens für die Bewältigung betrieblicher Anforderungssituationen mithilfe von leitfadengestützten Experten- und Gruppeninterviews mit betrieblichen Ausbildern bzw. Auszubildenden erhoben. Diese werden in Anlehnung an die *qualitative Inhaltsanalyse* nach Mayring (2010) ausgewertet. In diesem Zusammenhang werden (ausbildungs-)relevante Texte herausgearbeitet, betriebliche Tätigkeitsfelder hinsichtlich ihrer jeweils inhärenten Leseaufgaben rekonstruiert und die damit verbundenen Anforderungen an die Lesekompetenz mithilfe des Modells *funktionaler Lesekompetenz* analysiert. Es folgt sodann eine Zusammenführung der Ergebnisse, indem Konsequenzen für die Förderung von Lesekompetenz abgeleitet werden.

Den theoretischen Rahmen dieser Arbeit bildet neben der Begriffsbestimmung des Konstrukts Lesekompetenz die Textverstehensforschung, die die grundlegenden Prozesse des Leseverstehens untersucht. Dabei erfolgt eine Differenzierung zwischen den Verstehensprozessen kontinuierlicher und diskontinuierlicher Texte, die im Integrierten Modell des Text- und Bildverstehens (vgl. Schnotz/Bannert 2003) zusammengeführt werden. Leitend insbesondere für die Analyse der Leseanforderungen ist das in diesem Zusammenhang entwickelte Modell der *funktionalen Lesekompetenz* (vgl. Ziegler et al. 2012).

Mit Blick auf die Relevanz von Lesekompetenz lassen sich im Wesentlichen drei Aussagen formulieren: (1) Die Bedeutung des Lesens in der betrieblichen (Ausbildungs-)Praxis ist (eher) gering. (2) Lesen (und damit Lesekompetenz) scheint mit zunehmender Verantwortung innerhalb eines Betriebs jedoch an Bedeutung zu gewinnen, insofern die inhaltsanalytisch extrahierten Texte eine gewisse Hierarchiegebundenheit erkennen lassen. (3) Die Relevanz des Lesens auch für die betriebliche (Ausbildungs-)Realität wird dennoch aus Expertensicht kaum in Frage gestellt, sondern unzweifelhaft als zentrale Fähigkeit vorausgesetzt. Genau hierin artikuliert sich ein fragiles Verhältnis zwischen *Normativität* und betrieblicher *Realität*.

In enger Anbindung an die (Experten-)Interviews werden elf betriebliche Handlungsfelder abgeleitet, die arbeitsplatzunabhängig die textrezeptiven Anforderungen der betrieblichen Arbeit abbilden. Diese stellen den Versuch dar, authentische Lesesituationen zunächst zu systematisieren und als Ausgangspunkt für eine in berufliche Handlungen integrierte Förderung zu bestimmen.

Ausgehend von den Handlungsfeldern und den hier skizzierten lesebezogenen Anforderungssituationen werden nachfolgend die konkreten Leseaufgaben unter Berücksichtigung des Modells *funktionaler Lesekompetenz* (vgl. Ziegler et al. 2012) ermittelt, um die kognitiven Anforderungen an die Lesekompetenz zu spezifizieren. Hierbei zeigt sich, dass es sich bei den herausgearbeiteten Texten primär um sog. *Mischformate* handelt, die überwiegend generierende Leistungen im Hinblick auf die Lesekompetenz erfordern. Basierend auf den gewonnenen Erkenntnissen können erste Konsequenzen für die Förderung von Lesekompetenz in der beruflichen Bildung formuliert werden. Die wohl zentralste Gelingensbedingung für jedwede Förderinitiative betrifft die Einsicht der Auszubildenden, die Bedeutung des Lesens als unverzichtbar für die berufliche wie gesellschaftliche Lebensführung zu erkennen. Den Wert des Lesens erfahrbar zu machen, sollte dabei Aufgabe aller an der Ausbildung beteiligten Akteure sein. Dies betrifft insofern nicht ausschließlich die Berufsschule, sondern gleichermaßen auch den Ausbildungsbetrieb sowie die überbetriebliche Ausbildungsstätte, die als Institutionen differenzielle Beiträge zur Förderung von Lesekompetenz beizutragen vermögen. Notwendig erscheinen strukturelle schulische und außerschulische Kooperationen, damit inhaltlicher Transfer und Abstimmung untereinander möglich werden.

Auszubildenden die Bedeutung des Lesens zu vermitteln und so ihre Teilnahmebereitschaft an Förderbemühungen zu stärken, dürfte wohl zu den elementaren Rahmenbedingungen gehören, damit die Förderung von Lesekompetenz überhaupt gelingen kann. Dies bedeutet nach Auffassung der Autorin auch, dass die Bedürfnisse der jeweiligen Zielgruppe stärker denn zuvor zu berücksichtigen sind. Mit Blick auf weitere Förderinitiativen sollte insofern dem *Wollen* (im Sinne von Motivation) und *Können* (Kompetenz im Sinne von Textverarbeitung) gleichermaßen Rechnung getragen werden. Fragen einer konkreten didaktisch-methodischen Umsetzung, beispielsweise im Sinne geeigneter Lern-/Lesestrategien, stellen nach Einschätzung der Verfasserin insofern *einen* Anknüpfungspunkt neben vielen dar.

Jeder Forschungsprozess ist geprägt durch eine Vielzahl an methodischen Entscheidungen. Im Sinne eines kritischen Rückblicks werden abschließend die Stärken und Schwächen des gewählten Untersuchungsdesigns reflektiert und mögliche Anschlussfragen aufgezeigt. Dieser orientiert sich dabei entlang der zentralen Phasen des Forschungsprozesses. An die

Reflexion der methodischen Entscheidungen folgt, ausgehend von den zentralen Ergebnissen der Untersuchung, eine inhaltliche Reflexion des Untersuchungsgegenstandes.

Methodische Reflexion

Im Rahmen des Untersuchungsdesigns wurde ein qualitatives Vorgehen gewählt, da die leitenden Fragestellungen dieser Arbeit einen eher felderschließenden Charakter haben, insoweit das Forschungsfeld als wenig vorstrukturiert einzuschätzen war. In diesem Sinne erfolgte die Datenerhebung mittels einer Interviewstudie, bestehend aus Experten- und Gruppeninterviews, um anhand einer intensiven Interpretation von Einzelfällen die berufsspezifische Bedeutung des Lesens zu erschließen.

Eine zentrale Herausforderung im Forschungsprozess stellte die Rekrutierung geeigneter *Experten* dar, die sich als recht schwierig und zeitintensiv erwies. Eine wichtige Erfahrung, die in der Rekrutierungsphase gemacht wurde, war, dass der anvisierte Zugang über eine schriftliche Kontaktaufnahme zum größten Teil nicht gelang. Ursprünglich war geplant, auf diesem Weg potenzielle Probanden zu gewinnen. Warum dies nicht immer erfolgreich funktionierte, kann abschließend nicht gänzlich geklärt werden. Als eine Ursache ist anzunehmen, dass die angesprochenen Personen eine stärkere Zurückhaltung gegenüber wissenschaftlichen Studien aufwiesen, nicht im Sinne einer grundsätzlichen Ablehnung gegenüber Forschung, sondern möglicherweise aus dem Missverständnis heraus, dass die Intention der Interviews darin bestünde, (mögliche) Defizite von Auszubildenden hinsichtlich ihrer Lesekompetenz diagnostizieren zu wollen. Ein weiterer Erklärungsansatz für die Zurückhaltung bei einer Teilnahme könnte möglicherweise schlichtweg mangelndes Interesse an der Thematik gewesen sein, was wiederum ein weiterer Indikator dafür wäre, dass Lesen im Betrieb nicht als relevant wahrgenommen wird. Mit Blick auf die Forschungsergebnisse liegt diese Vermutung zumindest nahe und würde diese sogar stützen.

Demgegenüber ließen sich die Auszubildenden für die Gruppenbefragungen deutlich leichter gewinnen. Hier wurde der Kontakt über die Leiter des Berufsbildungs- und Gewerbeförderungszentrums bzw. des Berufskollegs hergestellt, die gewissermaßen als *Gatekeeper* den Zugang zu den Befragten ermöglichten.

Alle Interviewteilnehmer zeigten sich prinzipiell gesprächsbereit, wobei Art und Umfang der Versprachlichungen mitunter stark variierten. Insbesondere die Experteninterviews zeichneten sich gemeinhin durch zahlreiche Narrationen aus, die eine hohe evaluative und konnotative Verdichtung erkennen ließen. An ebensolchen Passagen zeigte sich auch immer wieder die inhaltliche Dichte und Substanz der Gespräche. Demgegenüber artikulierten sich die Auszubildenden vergleichsweise wortkarg. Über die Ursachen ihrer Zurückhaltung kann nur gemutmaßt werden. Möglicherweise war der Zugang über Gruppeninterviews als solcher nicht geeignet, da das Interview für die Auszubildenden zum einen vermutlich eine ungewohnte Situation darstellte und zum anderen ein recht hohes Maß an sprachlicher bzw. kommunikativer Kompetenz erforderte.

Die Auswertung der transkribierten Interviews erfolgte anschließend mithilfe der *qualitativen Inhaltsanalyse* nach Mayring (2010). Diese kann zweifelsohne auch retrospektiv als geeignetes Auswertungsinstrument für das leitende Erkenntnisinteresse dieser Arbeit bewertet werden. Die inhaltsanalytische Auswertung der Interviews erwies sich als adäquat, da sie eine zielgerichtete und systematische Analyse und Interpretation des Datenmaterials ermöglichte. Die Nutzung der QDA-Software MAXQDA stellte dabei ein wertvolles Instrument dar, um den umfangreichen Datenkorpus zu organisieren, zu strukturieren und hinsichtlich der interessierenden Inhaltsbereiche zu reduzieren.

Während des Auswertungsprozesses wurde insbesondere der kontinuierliche Austausch der Kodierer gefördert, insofern er die stetige Intersubjektivität der Interpretation gewährleistete. Dies erforderte – vor allem im Sinne reflektierter Subjektivität – die Bereitschaft zur mehrmaligen Revision bei allen Entscheidungen im Forschungsprozess sowie ein beständiges Hinterfragen der einzelnen Analyseschritte. Der mit diesem Procedere hohe Erhebungs- und Auswertungsaufwand kann gewissermaßen auch als Schwäche des gewählten Vorgehens bzw. gemeinhin qualitativen Arbeitens aufgefasst werden (vgl. z. B. Reinders 2011, S. 94f.).

Wenngleich sich für die formulierten Forschungsfragen das gewählte Untersuchungsdesign als geeignet und praktikabel erwiesen hat, wäre es sicherlich auch interessant, mit einer weiteren Analysetechnik das Interviewmaterial zu betrachten. Jenseits einer inhaltsanalytischen Auswertung dürfte es gewiss ertragreich sein, hierfür z. B. die *Objektive Hermeneutik* (z. B. Oevermann 2000, 2002) oder die *Grounded Theory* (z. B. Glaser/Strauss 2011) heranzuziehen. Wie die kursorische Zitatanalyse exemplarisch illustrierte, könnten mit rekonstruktiven Techniken insbesondere latente Sinnstrukturen (z. B. Haltungen, Überzeugungen und Einstellungen) der Befragten erfasst werden, die mit Blick auf das leitende Erkenntnisinteresse gerade auch jenseits explizit verbalisierter Bedeutungsattributionen aufschlussreich wären. Wenngleich diese Aspekte zwar nicht im Fokus der vorliegenden Arbeit standen, sondern sich vielmehr erst während des Forschungsprozesses entwickelt haben, könnten z. B. folgende Fragen im Rahmen weitergehender Untersuchungen interessant sein:

- Wie wird mangelnde Lesekompetenz aus der Wahrnehmung der befragten Experten besprochen?
- Wie werden Defizite in der Lesekompetenz dabei sprachlich modalisiert?
- Welche Rückschlüsse können aus der Art der Versprachlichung auf die Bedeutung etwaiger Defizite (für den (Ausbildungs-)Beruf) gezogen werden?
- Wie reagieren die befragten Ausbilder auf Schwierigkeiten ihrer Auszubildenden beim Leseverstehen?
- Welche Themen werden eigeninitiativ seitens der Befragten während des Interviews angesprochen? Welche Bedeutung haben diese im Kontext von Lesekompetenz(-förderung)?
- Welche zentralen Motive und Thematisierungsregeln werden in den Interviews offenbar?
- Welche Hinweise lassen sich zur persönlichen Lesebiografie der Befragten aus den Gesprächen ableiten?

Inhaltliche Reflexion

Ausgehend von den zentralen Ergebnissen dieser Arbeit zeigt sich ein gewisses *Spannungsfeld* im Hinblick auf die Bedeutung des Lesens für die hier untersuchten Ausbildungsberufe. Einerseits wird Lesen in den (Experten-)Interviews als Teil von Hochkultur und damit als bedeutsam evaluiert, andererseits aber weder als ausbildungsrelevant herausgestellt noch bewusst gefördert. Vielmehr manifestiert sich der Eindruck, dass der Baustellenbetrieb ein funktionierender Sozialraum mit eigenen institutionellen Strukturen ist, in dem Lesen offenkundig keine zwingend notwendige Voraussetzung darstellt. Lesen scheint hier eher *Theorie*, nicht Praxis zu sein. So erhärtet sich der Eindruck, dass Lesekompetenz gewissermaßen eine gesellschaftliche Erwartung ist, die von außen herangetragen wird.

Wenngleich Lesen zweifellos als basale Kulturtechnik gilt, dürfte es bereichernd sein, diese Normativität bewusst zu reflektieren. Dies impliziert aus Sicht der Autorin, zunächst einmal zu begreifen, dass mit dem Anliegen, Lesekompetenz fördern zu wollen, ein massiver Eingriff in ein bestehendes und funktionierendes System einhergeht. Aus einer kritischen Haltung gegenüber diesem Anspruch wäre hier zunächst innezuhalten und zu hinterfragen, mit welcher Legitimation in diese soziale Wirklichkeit eingegriffen werden soll. Es dürfte konstruktiv sein, sich stets zu vergegenwärtigen, dass bestimmte Ausbildungsberufe theoriegemindert sind und im Sinne der Gravitationshypothese (vgl. McCormick/Jeanneret/Mecham 1972) häufig von Auszubildenden gewählt werden, die nicht selten lernschwächer sind und möglicherweise negative Lernerfahrungen und Lesebiografien aufweisen (z. B. Norwig/Petsch/Nickolaus 2010, S. 222). Insofern erscheint es notwendig, zum einen die Lebenswelt der Auszubildenden, zum anderen den Sozialraum der Baustellenpraxis zu verstehen, und sie zum Ausgangspunkt für mögliche Förderbemühungen zu bestimmen. Dies inkludiert insbesondere aus einer konstruktivistischen Perspektive, zunächst einmal die Aneignungsprozesse des anderen zu begreifen und miterlebend zu verstehen, wie die Sozialwelt des Baustellengewerbes funktioniert. Eine Vergegenwärtigung und Klärung der berufsspezifischen Rahmenbedingungen dürfte mit Blick auf Förderaktivitäten sicherlich gewinnbringend sein. Eine ethnografische Feldstudie könnte hierfür ein geeignetes sozialwissenschaftliches Verfahren und zentraler Anknüpfungspunkt für weitere Forschung sein.

Im Rahmen der vorliegenden Arbeit wurde Lesekompetenz – als eine Facette sprachlicher Kompetenzen – fokussiert. Dies geschah im Wesentlichen aus zwei Begründungszusammenhängen: *erstens* aufgrund der Genese der Forschungsfragen, die systematisch aus den vorliegenden Befunden zur Lesekompetenz- und Lesestrategieförderung (vgl. z. b. Ziegler/Gschwendtner 2010) entwickelt wurden, sowie *zweitens* im Hinblick auf weitere Anschlussmöglichkeiten, z. B. im Rahmen einer potenziellen Interventionsstudie, und die hierfür notwendige Anschlussfähigkeit an vorliegende Kompetenzmodelle *allgemeiner* und *funktionaler Lesekompetenz* (vgl. Baumert et al. 2001; Ziegler et al. 2012). Zweifelsohne gehen die in Ausbildung und Beruf erforderlichen sprachlich-kommunikativen Kompetenzen jedoch über die Lesekompetenz hinaus (vgl. z. B. Efing 2010; Kaiser 2012). Da es bislang allerdings nur vergleichsweise wenige Untersuchungen zu sprachlich-kommunikativen Anforderungen im beruflichen Kontext gibt, erscheint eine *„Explizierung der konkreten sprachlichen Fähigkeiten, die in einzelnen Berufen benötigt werden"* (Janich 2007, S. 318) erforderlich und insoweit als ein Desiderat für weitere Forschungsarbeiten (vgl. z. B. BIBB 2013a).

9 Literaturverzeichnis

Abbott, V./Black, J. B./Smith, E. E. (1985): The Representation of Scripts in Memory. In: Journal of Memory and Language, 24, S. 179–199.

Adams, B. C./Bell, L. C./Perfetti, C. A. (1995): A Trading Relationship between Reading Skill and Domain Knowledge in Children's Text Comprehension. In: Discourse Processes, 20, S. 307–323.

Adamzik, K. (2004): Textlinguistik. Eine einführende Darstellung. Tübingen.

Altmann, G. T. M./Steedmann, M. (1988): Interaction with Context during Human Sentence Processing. In: Cognition, 30, S. 191–238.

Arnold, R./Münch, J. (2000): 120 Fragen und Antworten zum Dualen System der deutschen Berufsausbildung. Baltmannsweiler: Schneider-Verl. Hohengehren.

Artelt, C. (2004): Lesekompetenz und Selbstreguliertes Lernen. Synopse zur kumulativen Habilitationsschrift. Potsdam: Universität Potsdam.

Artelt, C./Dörfler, T. (2010): Förderung von Lesekompetenz als Aufgabe aller Fächer. Forschungsergebnisse und Anregungen für die Praxis. In: H. Ruch (Hrsg.): ProLesen – auf dem Weg zur Leseschule. Leseförderung in den gesellschaftswissenschaftlichen Fächern; Aufsätze und Materialien aus dem KMK-Projekt „ProLesen". Donauwörth: Auer, S. 13–36.

Artelt, C./McElvany, N./Christmann, U./Richter, T./Groeben, N./Köster, J./Schneider, W./Stanat, P./Ostermeier, C./Schiefele, U./Valtin, R./Ring, K. (2007). Expertise – Förderung von Lesekompetenz. Bonn, Berlin: Bundesministerium für Bildung und Forschung.

Artelt, C./Moschner, B. (Hrsg.) (2005): Lernstrategien und Metakognition. Implikationen für Forschung und Praxis. Münster: Waxmann.

Artelt, C./Naumann, J./Schneider, W. (2010): Lesemotivation und Lernstrategien. In: E. Klieme/C. Artelt/J. Hartig/N. Jude/O. Köller/M. Prenzel/W. Schneider/P. Stanat (Hrsg.): PISA 2009. Bilanz nach einem Jahrzehnt. Münster: Waxmann, S. 73–112.

Artelt, C./Stanat, P./Schneider, W./Schiefele, U. (2001): Lesekompetenz: Testkonzeption und Ergebnisse. In: J. Baumert/E. Klieme/M. Neubrand/M. Prenzel/U. Schiefele/W. Schneider/P. Stanat/K. J. Tillmann/M. Weiß (Deutsches PISA-Konsortium) (Hrsg.): PISA 2000. Basiskompetenzen von Schülerinnen und Schülern im internationalen Vergleich. Opladen: Leske + Budrich, S. 69–137.

Auberlen, W. (1990): Der Einfluß makrotypographischer Markierungen auf die Textverarbeitung in Abhängigkeit von der Leseintention. In: G. Kegel/T. Arnhold/K. Dahlmeier/G. Schmid/B. Tischer (Hrsg.): Sprechwissenschaft & Psycholinguistik. 4. Beiträge aus Forschung und Praxis. Opladen, S. 99–150.

Aust, H. (2003): Entwicklung des Textlesens. In: U. Bredel/H. Günther/P. Klotz/J. Ossner/G. Siebert-Otto (Hrsg.). Didaktik der deutschen Sprache. Ein Handbuch. Band 1. Paderborn: Schöningh, S. 525–535.

Baddeley, A. (1986): Working Memory. Oxford: Oxford University Press.

Bader, R. (2004): Handlungsorientierung als didaktisch-methodisches Konzept der Berufsbildung. In: R. Bader/M. Müller (Hrsg.): Unterrichtsgestaltung nach dem Lernfeldkonzept. Bielefeld: Bertelsmann, S. 61–68.

Bader, R./Schäfer, B. (1998): Lernfelder gestalten. In: Die berufsbildende Schule, 50. Jg., H. 7–8, S. 229–234.

Ballstaedt, S.-P./Mandl, H./Schnotz, W./Thergan, S.-O. (1981): Texte verstehen, Texte gestalten. München: Urban & Schwarzenberg.

Bartlett, F. (1932): Remembering. A Study in Experimental and Social Psychology. London.

Baumert, J./Klieme, E./Neubrand, M./Prenzel, M./Schiefele, U./Schneider, W./Stanat, P./Tillmann, K.-J./Weiß, M. (Hrsg.) (2001): PISA 2000. Basiskompetenzen von Schülerinnen und Schülern im internationalen Vergleich. Opladen: Leske + Budrich.

Baumert, J./Stanat, P./Demmrich, A. (2001): PISA 2000: Untersuchungsgegenstand, theoretische Grundlagen und Durchführung der Studie. In: J. Baumert/E. Klieme/M. Neubrand/M. Prenzel/U. Schiefele/W. Schneider/P. Stanat/K. J. Tillmann/M. Weiß (Deutsches PISA-Konsortium) (Hrsg.): PISA 2000. Basiskompetenzen von Schülerinnen und Schülern im internationalen Vergleich. Opladen: Leske + Budrich, S. 15–68.

Becker-Mrotzek, M./Kusch, E./Wehnert, W. (Hrsg.) (2006): Leseförderung in der Berufsbildung. Kölner Beiträge zur Sprachdidaktik (KöBeS), Heft 2. Online verfügbar unter: www.uni-koeln.de/ew-fak/Deutsch/projekte/koebes/ KoeBeS2.pdf (zuletzt eingesehen am: 26.06.2012).

Becker, M./Spöttl, G. (2006): Berufswissenschaftliche Forschung und deren empirische Relevanz für die Curriculumentwicklung. In: bwp@ Berufs- und Wirtschaftspädagogik – online, Ausgabe 11. Online verfügbar unter: http:// www.bwpat.de/ausgabe11/becker_spoettl_bwpat11.shtml (zuletzt eingesehen am: 29.08.2013).

Beek, H./Binstadt, P./Zöller, A. (2000): Lernfeldstrukturierte Rahmenlehrpläne - Anstoß zu einer intensiven Diskussion curricularer Arbeit auf Bundes- und Landesebene. In: R. Bader/P. Sloane (Hrsg.): Lernen in Lernfeldern. Theoretische Analysen und Gestaltungsansätze zum Lernfeldkonzept. Markt Schwaben: Eusl.

Bertaux, D./Kohli, M. (1984): The Life Story Approach: A Continental View. In: Annual Review of Sociology, 10, S. 215–237.

Berufsbildungs- und Gewerbeförderungszentrum (BGZ) Simmerath (2011): Zeitplan Stufenausbildung Bau. Online verfügbar unter: http://www.bgz-simmerath. de/bildung/ueberbetriebliche-unterweisung/stufenausbildung-bau.html (zuletzt eingesehen am: 11.05.2012).

Berufsförderungswerk der Bauindustrie NRW e. V. (o. J.): Online verfügbar unter: http://www.berufsbildung-bau.de/html/bildungsangebot/fort_weiterbildung. php (zuletzt eingesehen am: 23.08.2013).

Beyer, R. (1987): Psychologische Untersuchungen zur Textverarbeitung unter besonderer Berücksichtigung des Modells von Kintsch und van Dijk (1978). In: Zeitschrift für Psychologie, Supplementband 8, S. 1–80.

Black, J. B./Bower, G. H. (1980): Story Understanding and Problem Solving. In: Poetics, 9, S. 233–250.

Black, A./Freeman, P./Johnson-Laird, Ph. N. (1986): Plausibility and the Comprehension of Text. In: British Journal of Psychology, 77, S. 51–62.

Bock, M. (1978): Wort-, Satz- und Textverarbeitung. Stuttgart: Kohlhammer.

Boedeker, S. (2012): Arbeit in interkulturellen Teams. Erfolgsfaktoren mexikanisch-deutscher Konstellationen. Wiesbaden: Springer.

Bogner, A./Menz, W. (2005): Das theoriegenerierende Experteninterview. Erkenntnisinteresse, Wissensformen, Interaktion. In: A. Bogner/B. Littig/W. Menz (Hrsg.): Das Experteninterview – Theorie, Methode, Anwendung. 2. Auflage, Wiesbaden: VS Verlag für Sozialwissenschaften, S. 33–70.

Bogner, A./Menz, W. (2009): Experteninterviews in der qualitativen Sozialforschung. Zur Einführung in eine sich intensivierende Methodendebatte. In: A. Bogner/B. Littig/W. Menz (Hrsg.): Das Experteninterview – Theorie, Methode, Anwendung. 3. grundlegend überarbeitete Auflage, Wiesbaden: VS Verlag für Sozialwissenschaften, S. 7–31.

Bogner, A./Menz, W. (2009): Das theoriegenerierende Experteninterview. Erkenntnisinteresse, Wissensformen, Interaktion. In: A. Bogner/B. Littig/W. Menz (Hrsg.): Experteninterviews. Theorien, Methoden, Anwendungsfelder. 3. grundlegend überarbeitete Auflage, Wiesbaden: VS Verlag für Sozialwissenschaften, S. 61–98.

Bojanowski, A./Eckardt, P./Ratschinski, G. (Hrsg.) (2005): Diesseits vom Abseits - Studien zur beruflichen Benachteiligtenförderung, Bielefeld: Bertelsmann.

Bonerad, E.-M./Notter, P./Stoll, F. (1999): Lesen - eine Selbstverständlichkeit? Schweizer Bericht zum „Intern. Adult Literacy Survey". Chur: Rüegger.

Bortz, J./Döring, N. (2006): Forschungsmethoden und Evaluation: Für Human- und Sozialwissenschaftler. 4. Auflage, Heidelberg: Springer.

Bransford, J. D./Barclay, J. J. R./Franks, J. J. (1972): Sentence Memory: A Constructive versus Interpretative Approach. In: Cognitive Psychology, 3, S. 193–209.

Bransford, J. D./Johnson, M. K. (1972): Contextual Prerequisites for Understanding. Some Investigations of Comprehension and Recall. In: Journal of Verbal Learning and Verbal Behavior, 11, S. 717–726.

Bremerich-Vos, A./Wieler, P. (2003): Zur Einführung. In: U. Abraham/A. Bremerich-Vos/V. Frederking/P. Wieler (Hrsg.). Deutschdidaktik und Deutschunterricht nach PISA. Freiburg im Breisgau: Fillibach, S. 13–25.

Brinker, K. (2005): Linguistische Textanalyse. Eine Einführung in Grundbegriffe und Methoden. Berlin: Erich Schmidt.

Britton, B. K./Meyer, B. J. F./Simpson, R./Holdredge, T. S./Lurry, C. (1979): Effects of the Organization in Text on Memory. Tests of two Implications of a Selective Attention Hypothesis. In: Journal of Experimental Psychology: Human Learning and Memory, 5, S. 496–506.

Britton, B. K./Piha, A./Davis, J./Wehausen, E. (1978): Reading and Cognitive Capacity Usage: Adjunct Questions Effects. In: Memory and Cognition, 6, S. 266–273.

Bundesinstitut für Berufsbildung (BIBB) (Hrsg.) (2012): Datenreport zum Berufsbildungsbericht 2012. Informationen und Analysen zur Entwicklung der beruflichen Bildung. Bonn.

Bundesinstitut für Berufsbildung (BIBB) (Hrsg.) (2013a): Sprachlich-kommunikative Anforderungen in der beruflichen Bildung. Projektbeschreibung. Forschungsprojekt 22304. Bonn.

Bundesinstitut für Berufsbildung (BIBB) (Hrsg.) (2013b): Datenreport zum Berufsbildungsbericht 2013. Informationen und Analysen zur Entwicklung der beruflichen Bildung. Bonn.

Bundesministerium für Bildung und Forschung (BMBF) (Hrsg.) (2005): Berufsbildungsgesetz (BBiG). Online verfügbar unter: http://www.bmbf.de/pubRD/bbig.pdf (zuletzt eingesehen am: 12.08.2013).

Bundesministerium für Bildung und Forschung (BMBF) (Hrsg.) (2012): Berufsbildungsbericht 2012. Bonn.

Bundesministerium für Bildung und Forschung (BMBF) (Hrsg.) (2013): Berufsbildungsbericht 2013. Bonn.

Bundesministerium für Wirtschaft und Technologie (BMWI) (Hrsg.) (1999): Verordnung über die Berufsausbildung in der Bauwirtschaft. Berlin.

Carney, R. N./Levin, J. R. (2002): Pictorial Illustrations Still Improve Student's Learning from Text. In: Educational Psychology Review, 14, S. 5–26.

Carpenter, P. A./Miyake, A./Just, M. A. (1995): Language Comprehension: Sentence and Discourse Processing. In: Annual Review of Psychology, 46, S. 91–120.

Cattell, J. M. (1986): The Time it Takes to See and Name Objects. In: Mind 11, S. 63–65.

Chafe, W. L. (1970): Meaning and the Structure of Language. Chicago: The University of Chicago Press.

Chafe, W. (1979): The Flow of Thought and the Flow of Language. In: T. Givon (Hrsg.): Syntax and Semantics, 12, New York: Academic Press, S. 159–181.

Christmann, U. (1989): Modelle der Textverarbeitung: Textbeschreibung als Textverstehen. Münster: Aschendorff.

Christmann, U. (2000): Aspekte der Textverarbeitungsforschung. In: K. Brinker/G. Antos/W. Heinemann/S. F. Sager (Hrsg.): Text- und Gesprächslinguistik. Ein internationales Handbuch zeitgenössischer Forschung. Berlin, New York: De Gruyter, S. 113–122.

Christmann, U./Groeben, N. (1996a): Die Rezeption schriftlicher Texte. In: H. Günther/L. Otto (Hrsg.): Schrift und Schriftlichkeit. Ein interdisziplinäres Handbuch internationaler Forschung, Bd. 2. Berlin, New York: De Gruyter, S. 1536–1545.

Christmann, U./Groeben, N. (1996b): Textverstehen, Textverständlichkeit - Ein Forschungsüberblick unter Anwendungsperspektive. In: H. P. Krings (Hrsg.): Wissenschaftliche Grundlagen der Technischen Kommunikation. Tübingen: Narr, S. 129–189.

Christmann, U./Groeben, N. (2006): Psychologie des Lesens. In: B. Franzmann/K. Hasemann/D. Löffler/E. Schön (Hrsg.): Handbuch Lesen. München: Sauer, S. 145–223.

Cirilo, R. K./Foss, D. J. (1980): Text Structure and Reading Time for Sentences. In: Journal of Verbal Learning and Verbal Behavior, 19, S. 96–109.

Clark, J. M./Paivio, A. (1991): Dual Coding Theory and Education. In: Education Psychology Review, 3, S. 149–210.

Collins, A./ Brown, J. S./Larkin, K. M. (1980): Inference in Text Understanding. In: R. J. Spiro/B. C. Bruce/W. F. Brewer (Hrsg.): Theoretical Issues in Reading Comprehension. Hillsdale, New Jersey: Erlbaum, S. 385- 407.

Coltheart, M. (1981): Disorders of Reading and Their Implications for Models of Normal Reading. In: Visible Language, 15, S. 245–286.

Conze, W. (1972): Arbeit. In: O. Brunner (Hrsg.): Geschichtliche Grundbegriffe. Historisches Lexikon zur politisch-sozialen Sprache in Deutschland. Stuttgart: Klett, S. 154–215.

Dale, E. (1946): Audio-visual Methods in Teaching. New York: Dryden Press.

Deeke, A. (1995): Experteninterviews – ein methodologisches und forschungs- praktisches Problem. In: C. Brinkmann/A. Deeke/B. Völkel (Hrsg.) (1995): Experteninterviews in der Arbeitsmarktforschung. Diskussionsbeiträge zu methodischen Fragen und praktischen Erfahrungen. Beiträge zur Arbeitsmarkt- und Berufsforschung 191, Nürnberg, S. 7–22.

Deutsches Institut für Erwachsenenbildung (DIE) (2010): Expertise. Sprachlicher Bedarf von Personen mit Deutsch als Zweitsprache in Betrieben.

Dooling, D. J./Lachman, R. (1971): Effects of Comprehension on Retention of Prose. In: Journal of Experimental Psychology, 88, H. 2, S. 216–222.

Duffy, S. A./Morris, R. K./Rayner, K. (1988): Lexical Ambiguity and Fixation Times in Reading. In: Journal of Memory and Language, 27, S. 429–446.

Dutke, S. (1994): Mentale Modelle: Konstrukte des Wissens und Verstehens. Kognitionspsychologische Grundlagen für die Software-Ergonomie. Göttingen, Stuttgart: Verlag für Angewandte Psychologie.

Dutke, S. (1996): Generic and Generative Knowledge: Memory Schemata in the Construction of Mental Models. In: W. Battmann/S. Dutke (Hrsg.): Processes of the Molar Regulation on Behavior. Lengerich: Pabst, S. 35–54.

Dwyer, F. M. (1978): Strategies for Improving Visual Learning. Learning Services. State College, PA, USA.

Efing, C. (2010): Kommunikative Anforderungen an Auszubildende in der Industrie. In: Fachsprache, 1–2, S. 2–17.

Efing, C./Janich, N. (Hrsg.) (2006): Förderung der berufsbezogenen Sprachkompetenz. Befunde und Perspektiven. Paderborn: Eusl.

Engelkamp, J. (1973): Semantische Strukturen und die Verarbeitung von Sätzen. Bern: Huber.

Engelkamp, J./Zimmer, H. (1994): The Human Memory: A Multi-Modal Approach. Seattle, WA: Hogrefe & Huber.

Ericsson, K. A./Chase, W. G./Faloon, S. (1980): Acquisition of a Memory Skill. In: Science, 208, S. 1181–1182.

Feldmann, L. B. (1991): The Contribution of Morphology to Word Recognition. In: Psychologicial Research, 53, S. 33–41.

Fillmore, C. J. (1968): The Case for Case. In: E. Bach/R. T. Harms (Hrsg.): Universals in Linguistic Theory. New York: Holt, Rinehart and Winston, S. 1–88.

Flammer, A./Tauber, M. (1982): Changing the Reader's Perspective. In: A. Flammer/W. Kintsch (Hrsg.): Discourse Processing. Amsterdam: North-Holland, S. 379–391.

Fletcher, C. R./Bloom, C. P. (1988): Causal Reasoning in the Comprehension of Simple Narrative Texts. In: Journal of Memory and Language, 27, S. 235–244.

Fletcher, C. R. /Chrysler, S. T./van den Broek, P./Deaton, J./Bloom, C. P. (1995): The Role of Co-Occurrence, Co-Reference, and Causality in the Coherence of Conjoined Sentences. In: R. F. Lorch/E. J. O'Brien (Hrsg.): Sources of Coherence in Reading. Hillsdale, New Jersey: Erlbaum, S. 203–218.

Flick, U. (1998): Qualitative Forschung, Theorie, Methoden, Anwendung in Psychologie und Sozialwissenschaften, 3. Auflage, Reinbek bei Hamburg: Rowohlt.

Flick, U. (2005): Qualitative Sozialforschung – Eine Einführung. Reinbek bei Hamburg: Rowohlt.

Flick, U. (2011): Trinangulation. In: R. Bohnsack/W. Marotzki/M. Meuser (Hrsg.): Hauptbegriffe Qualitativer Sozialforschung. 3. Auflage, Opladen & Farmington Hills: Budrich, S. 161–162.

Fodor, J. A. (1983): The Modularity of Mind. Cambridge, Massachusetts: MIT Press.

Frey, H./Herrmann, A./Krausewitz, G./Kuhn, V./Lilich, J./Nestle, H./Nutsch, W./ Schulz, P./Traub, M./Waibel, H./Werner, H. (2005): Bautechnik. Fachkunde Bau. 11. überarbeitete Auflage. Europa-Nr. 40222, Haan-Gruiten: Europa-Lehrmittel.

Freyd, J. L. (1987): Dynamic Mental Representations. In: Psychological Review, 94, H. 4, S. 427–438.

Friede, C. (1982): Berufliche Bildung in Stufen. Stufenausbildung, gestufte Ausbildungsordnung, Stufen beruflicher Bildung. In: Schriftenreihe moderne Berufsbildung, Band 7, Heidelberg: Sauer.

Friedrich, F. F./Mandl, H. (Hrsg.) (1992): Lern- und Denkstrategien. Analyse und Intervention. Göttingen, Toronto, Zürich: Hogrefe.

Früh, W. (1998): Inhaltsanalyse. Theorie und Praxis. 4. Auflage, Konstanz: UVK Medien Verlag.

Garfield, J. L. (1989) (Hrsg.): Modularity in Knowledge Representation and Natural-Language Understanding. Cambridge, MA.

Garnham, A./Oakhill, J. (1992): Discourse Processing and Text Representation from a "Mental Models" Perspective. In: Language and Cognitive Processes, 7,3/4, S. 193–204.

Garnham, A./Oakhill, J. (1996): The Mental Models Theory of Language Comprehension. In: B. K. Britton/A. C. Graesser (Hrsg.): Models of Understanding Text. Mahwah, N. J., S. 313–339.

Gentner, D. (1983): Structure Mapping: A Theoretical Framework for Analogy. In: Cognitive Science, 7, S. 155–170.

Givón, T. (1995): Coherence in Text vs. Coherence in Mind. In: M. A. Gernsbacher/T. Givón (Hrsg.): Coherence in Spontaneous Text. Amsterdam: John Benjamins, S. 59–115.

Glaser, B. G./Strauss, A. (2011): Grounded Theory. Strategien qualitativer Forschung. 3. Auflage. Bern: Huber.

Gläser, J./Laudel, G. (2010): Experteninterviews und qualitative Inhaltsanalyse: als Instrumente rekonstruierender Untersuchungen. 4. Auflage, Wiesbaden: VS.

Glenberg, A. M. (1997): What Memory Is for. In: Behavioral and Brain Sciences, 20, S. 1–55.

Glenberg, A. M. (1999): Why Mental Models Must Be Embodied. In: G. Rickheit/C. Habel (Hrsg.): Mental Models in Discourse Processing and Reasoning. New York: Elsevier, S. 77–90.

Glenberg. A. M./Meyer, M./Lindem, K. (1987): Mental Models Contribute to Foregrounding During Text Comprehension. In: Journal of Memory and Language, 26, S. 69–83.

Goetz, E. T./Schallert, D. L./Reynolds, R. E./Radin, D. J. (1983): Reading in Perspective: What Real Cops and Pretended Burglars Look for in a Story. In: Journal of Educational Psychology, 75, S. 500–510.

Golding, J. M./Millis, K. M./Hauselt, J./Sego, S. A. (1995): The Effect of Connectives and Causal Relatedness on Text Comprehension. In: R. F. Lorch/E. J. O'Brien (Hrsg.): Sources of Coherence in Reading. Hillsdale, New Jersey: Erlbaum, S. 127–143.

Gorfein, D. S./Bubka, A. (1989): A Context-Sensitive Frequency-Based Theory of Meaning Achievement. In: D. S. Gorfein (Hrsg.): Resolving Semantic Ambiguity. New York, Heidelberg: Springer, S. 84–106.

Gottfredson, L. S. (1981): Circumscription and Compromise: A Developmental Theory of Occupational Aspirations. In: Journal of Counseling Psychology, 28 (6), S. 545–579.

Gottfredson, L. S. (2002): Gottfredson's Theory of Circumscription, Compromise, and Self Creation. In: D. Brown and Associates (Hrsg.): Career Choice and Development. San Francisco: Jossey Bass.

Gough, P. B. (1972): One Second of Reading. In: J. F. Kavanagh/L. G. Mattingly (Hrsg.): Language by Ear and by Eye.' Cambridge, Massachusetts: MIT Press.

Graesser, A. C. (1978): How to Catch a Fish: The Representation and Memory of Common Procedures. Discourse Processes, 1, S. 72–89.

Graesser, A. C. (1981): Prose Comprehension beyond the Word. New York.

Graesser, A. C./Millis, K. K./Zwaan R. A. (1997): Discourse Comprehension. In: Annual Review of Psychology, 48, S. 163–189.

Greenwald, M. K./Cook, E. W./Lang, P. J. (1989): Affective Judgment and Psychophysiological Response: Dimensional Covariation in the Evaluation of Pictorial Stimuli. In: Journal of Psychophsyiology, 3, S. 51–64.

Grimes, J. (1975): The Thread of Discourse. The Hague & Paris: Mouton.

Groeben, N. (1982): Leserpsychologie I: Textverständnis - Textverständlichkeit. Münster: Aschendorff.

Groß, S. (1994): Lese-Zeichen. Kognition, Medium und Materialität im Leseprozeß. Darmstadt: Wissenschaftliche Buchgesellschaft.

Grundmann, H. (2007): Die Berliner Antwort auf die zunehmende Sprachlosigkeit der Jugendlichen. Entwicklung eines Sprachförderkonzepts zum Erwerb der Berufsfähigkeit. In: Winklers Flügelstift, Heft 2/2007, S. 2–15. Online verfügbar unter: http://www.winklers.de/zeitschriften/fluegelstift/pdf/2_2007. pdf (zuletzt eingesehen am: 14.07.2012).

Grundmann, H. (2009): Die lernschwachen Hauptschulabsolventen - die größte Herausforderung für die berufsbildenden Schulen? In: Die berufsbildende Schule, 61. Jg., Nr. 6, S. 183–189.

Gschwendtner, T. (2011): Die Ausbildung zum Kraftfahrzeugmechatroniker im Längsschnitt. Analysen zur Struktur von Fachkompetenz am Ende der Ausbildung und Erklärung von Fachkompetenzentwicklungen über die Ausbildungszeit. In: Zeitschrift für Berufs- und Wirtschaftspädagogik – Beiheft (ZBW-B), 25, S. 55–76.

Gschwendtner, T./Ziegler, B. (2006a): Kompetenzförderung durch reciprocal teaching. In: P. Gonon/F. Klauser/R. Nickolaus (Hrsg.): Bedingungen beruflicher Moralentwicklung und beruflichen Lernens. Wiesbaden: VS, S. 101–111.

Gschwendtner, T./Ziegler, B. (2006b): Möglichkeiten und Grenzen der Lesekompetenzentwicklung durch kurzfristige Intervention: Eine Frage des Adressatenkreises? In: P. Gonon/F. Klauser/R. Nickolaus (Hrsg.): Bedingungen beruflichen Lernens und beruflicher Moralentwicklung. Kompetenz, Qualifikation und Weiterbildung im Berufsleben. Opladen: Budrich, S. 55–68.

Günther, H. (1988): Schriftliche Sprache. Strukturen geschriebener Wörter und ihre Verarbeitung beim Lesen. Tübingen: Niemeyer.

Gürtler, L. (2005): Die Rekonstruktion von Innensicht und Aussensicht humorvollen Handelns in Schule und Erwachsenenbildung. Die Bewältigung der Katastrophe - Vipassana-Meditation und Humor. Diss. Universität Tübingen.

Guthrie, J. T./Weber, S. (1991): Searching Graphs and Illustrations: Cognitive Processes and Deficits. Paper presented at the AERA Convention, April 1991, Chicago.

Guthrie, J. T./Wigfield, A./Metsala, J. L./Cox, K. E. (1999): Motivational and Cognitive Predictors of Text Comprehension and Reading Amount. Scientific Studies of Reading, 3 (3), S. 231–257.

Guthrie, J. T./Wigfield, A. (2000): Engagement and Motivation in Reading. In: M. L. Kamil/P. B. Mosenthal, P. D. Pearson, R. Barr (Hrsg.): Handbook of Reading Research: Volume III. New York: Erlbaum, S. 403–422.

Halliday, M. A. (1980): Three Aspects of Children's Language Development: Learning Language, Learning through Language, Learning about Language. In: M. Yetta/ Y. M. Goodman/M. Hausser/D. Strickland (Hrsg.): Oral and Written Language Development: Impact on Schools. International Reading Association & National Council of Teachers of English (Proceedings from the 1979 and 1980 IMPACT Conferences), S. 7–19.

Halliday, M. A./Hasan, R. (1976): Cohesion in English. London: Longman.

Halpern, D. F./Hansen, C./Riefer, D. (1990): Analogies as an Aid to Understanding and Memory. In: Journal of Educational Psychology, 82 (2), S. 298–305.

Gläser-Zikuda, M. (2011): Qualitative Auswertungsverfahren. In: H. Reinders/H. Ditton/C. Gräsel/B. Gniewosz (Hrsg.): Empirische Bildungsforschung. Strukturen und Methoden. Wiesbaden: VS, S. 109–120.

Hartley, J. (1987): Typography and Executive Control Processes in Reading. In: B. K. Britton/S. M. Glynn (Hrsg.): Executive Control Processes in Reading. Hillsdale, New Jersey: Erlbaum, S. 57–79.

Hartly, J. (1994): Three Ways to Improve the Clarity of Journal Abstracts. In: British Journal of Educational Psychology, 64, S. 331–343.

Haußer, K./Mayring, P./Strehmel, P. (1982): Praktische Probleme bei der Inhaltsanalyse offen erhobener Kognitionen. In: H. D. Dann/W. Humpert/F. Krause/K.-Ch. Tennstädt (Hrsg.): Analyse und Modifikation subjektiver Theorien von Lehrern. Forschungsbericht 43. Konstanz SFB der Universität, S. 159–173.

Haviland, S. E./Clark, H. H. (1974): What's New? Acquiring New Information as a Process in Comprehension. In: Journal of Verbal Learning and Verbal Behavior, 13, S. 512–521.

Heid, H. (1977): Können die „Anforderungen der Arbeitswelt" Ableitungsvoraussetzungen für Maßgaben der Berufserziehung sein? In: Zeitschrift für Berufs- und Wirtschaftspädagogik, 73, H. 11, S. 833–839.

Heid, H. (1999): Über die Vereinbarkeit individueller Bildungsbedürfnisse und betrieblicher Qualifikationsanforderungen. In: Zeitschrift für Pädagogik (ZfP), 45, H. 2, S. 231–244.

Helfferich, C. (2005): Die Qualität qualitativer Daten. Manual für die Durchführung qualitativer Interviews. 2. Auflage, Wiesbaden: VS.

Herrmann, T. (1990): Sprechen und Sprachverstehen. In: H. Spada (Hrsg.): Lehrbuch Allgemeine Psychologie. Bern: Huber, S. 281–322.

Herrmann, T./Grabowski, J. (1994): Sprechen, Psychologie der Sprachproduktion. Heidelberg: Spektrum.

Honer, A. (2011): Interview. In: R. Bohnsack/W. Marotzki/M. Meuser (Hrsg.): Hauptbegriffe Qualitativer Sozialforschung. 3. Auflage, Opladen & Farmington Hills: Budrich, S. 94–99.

Hörmann, H. (1976): Meinen und Verstehen. Grundzüge einer psychologischen Semantik. Frankfurt a. M.: Suhrkamp.

Hörmann, H. (1980): Der Vorgang des Verstehens. In: W. Kühlwein/A. Raasch (Hrsg.): Sprache und Verstehen, Band 1. Tübingen: Narr, S. 17–29.

Hopf, C. (1979): Soziologie und qualitative Sozialforschung. In: C. Hopf/E. Weingarten (Hrsg.): Qualitative Sozialforschung. Stuttgart: Klett, S. 11–37.

Houghton, H. A./Willows, D. M. (Hrsg.) (1987): The Psychology of Illustration. Vol. 2: Instructional Issues. New York: Springer.

Hurrelmann, B. (1994): Leseförderung. In: Praxis Deutsch, H. 127, S. 17–26.

Hurrelmann, B. (2002). Zur historischen und kulturellen Relativität des "gesellschaftlich handlungsfähigen Subjekts" als normative Rahmenidee für Medienkompetenz. In: N. Groeben/B. Hurrelmann, B. (Hrsg.): Medienkompetenz. Voraussetzungen, Dimensionen, Funktionen. Weinheim, München: Juventa, S. 111–126.

Hurrelmann, B. (2007): Modelle und Merkmale der Lesekompetenz. In: A. Bertschi-Kaufmann (Hrsg.): Lesekompetenz, Leseleistung, Leseförderung. Grundlagen, Modelle und Materialien. Seelze-Velber: Klett und Balmer Verlag Zug, S.18–28.

Hurrelmann, B. (2009): Sozialhistorische Rahmenbedingungen von Lesekompetenz sowie soziale und personale Einflussfaktoren. In: N. Groeben/B. Hurrelmann (Hrsg.). Lesekompetenz. Bedingungen, Dimensionen, Funktionen. 3. Auflage, Weinheim: Juventa, S. 123–149.

Hurrelmann, B. (2010): Modelle und Merkmale der Lesekompetenz. In: A. Bertschi-Kaufmann (Hrsg.): Lesekompetenz - Leseleistung - Leseförderung: Grundlagen, Modelle und Materialien. 3. Auflage. Velber, Zug: Friedrich, Klett & Balmer, S. 18–28.

Instraub, H./Richardson, M. (1989): Wide-Angle Memories of Cose-Up Scenes. In: Journal of Experimental Psychology: Learning, Memory and Cognition, 15, H. 2, S. 179–187.

Janich, N. (2007): Kommunikationsprofile in der Unternehmenskommunikation. Eine interdisziplinäre Forschungsaufgabe. In: S. Reimann/K. Kessel (Hrsg.): Wissenschaften im Kontakt. Kooperationsfelder der Deutschen Sprachwissenschaft. Tübingen, S. 317–330.

Jenkins, J. J. (1979): Four Points to Remember: A Tetrahedral Model and Memory Experiments. In: L. S. Cermak/E. I. M. Craik Hillsdale (Hrsg.) (1979): Levels of Processing in Human Memory. Hillsdale, NJ: Erlbaum, S. 429–446.

Johnson-Laird, P. N. (1983): Mental Models: Towards a Cognitive Science of Language, Inference and Consciousness. Cambridge: Cambridge University Press.

Johnson-Laird, P. N. (1985): Mental Models. Cambridge.

Johnson-Laird, P. N. (1996): Images, Models, and Propositional Representations. In: M. de Vega/M. J. Intons-Peterson/P.- L. Johnson/M. Denis/M. Marschark (Hrsg.): Models of Visuospatial Cognition. New York: Oxford University Press, S. 90–127.

Katz, D. (1994): Leseverhalten von Berufsschülern. Beiträge zur Arbeits-, Berufs- und Wirtschaftspädagogik. Frankfurt am Main u. a.: Lang.

Kawamoto, A. H. (1993): Nonlinear Dynamics in the Resolution of Lexical Ambiguity. A Parallel Distributed Processing Account. In: Journal of Memory and Language, 32, S. 474–516.

Keimes, C./Rexing, V. (2011): Leseanforderungen im Kontext beruflicher Arbeit im Berufsfeld Bautechnik – empirische Befunde und Konsequenzen für die Lesekompetenzförderung. In: S. Baabe-Meijer/W. Kuhlmeyer/J. Meyser (Hrsg.): bwp@ Spezial 5 – Hochschultage Berufliche Bildung 2011, Fachtagung 03, Online verfügbar unter: http://www.bwpat.de/ht2011/ft03/ keimes_ing_ft03-ht2011.pdf (zuletzt eingesehen am: 26.09.2011).

Keimes, C./Rexing, V./Ziegler, B. (2011): Leseanforderungen im Kontext beruflicher Arbeit als Ausgangspunkt für die Entwicklung adressatenspezifischer integrierter Konzepte zur Förderung von Lesestrategien. In: U. Fasshauer/E. Fürstenau/E. Wuttke (Hrsg.): Lehr-Lernforschung und Professionalisierung. Perspektiven der Berufsbildungsforschung. Leverkusen: Budrich, S. 37–50.

Kelter, St./Kaup, B. (1996): Räumliche Vorstellungen und Textverstehen. Neuere Entwicklungen der Theorie mentaler Modelle. In: B. Spillner (Hrsg.): Sprache: Verstehen und Verständlichkeit. Kongressbeiträge der 25. Jahrestagung der Gesellschaft für Angewandte Linguistik, GAL e. V. Frankfurt/Main etc., S. 70–82.

Kerslake, D. (1977): The Understanding of Graphs. In: Mathematics in Schools, 6, 2, S. 22–25.

Kintsch, W. (1974): The Representation of Meaning in Memory. Hillsdale, New Jersey.

Kintsch, W. (1979): On Modeling Comprehension. In: Educational Psychologist, 14, S. 3–14.

Kintsch, W. (1988): The Role of Knowledge in Discourse Comprehension: A Construction-Integration-Model: Psychological Review, 95, H. 2, S. 163–182.

Kintsch, W. (1998): Comprehension: A Paradigm for Cognition. Cambridge: Cambridge University Press.

Kintsch, W./Keenan, J. (1973): Raeding Rate and Retention as a Function of the Number of Propositions in the Base Structure of Sentences. In: Cognitive Psychology, 5, S. 257–274.

Kintsch, W./Kozminsky, E./Streby, W. J./McKoon, G./Keenan, J. M. (1975): Comprehension and Recall of Text as a Function of Content Variables. In: Journal of Verbal Learning and Verbal Behavior, 14, S. 196–214.

Kintsch, W./van Dijk, T. A. (1978): Toward a Model of Text Comprehension and Production. In: Psychological Review, 85, 5, S. 363–394.

Kintsch, W./Vipond, D. (1979): Reading Comprehension and Readability in Educational Practice and Psychological Theory. In: L.- G. Nilsson (Hrsg.): Perspectives on Memory Research: Essays in Honor of Uppsala University's 500th Anniversary. Hillsdale, New Jersey: Erlbaum, S. 329–365.

Kintsch, W./Yarbrough, J. C. (1982): The Role of Rhetorical Structure in Text Comprehension. In: Journal of Educational Psychology, 74, S. 828–834.

Kirsch, I. S. (1999): Lesekompetenz auf drei Skalen: Definition und Ergebnisse. In: P. Notter/E.-M. Bonerad/F. Stoll (Hrsg.): Lesen – eine Selbstverständlichkeit? Schweizer Bericht zum <International Adult Literacy Survey>. Chur, Zürich, S. 191–234.

Kirsch, I. S./Jungeblut, A. (1986): Literacy: Profiles of America's Young Adults. National Assessment of Educational Progress. Princeton, NJ: Educational Testing Service.

Kitzig, R./Pätzold, G./von der Burg, J./Kösel, S. (2008): Basiskompetenzförderung im Kontext berufsfachlichen Lernens. Erfahrungen und Reflexionen der Arbeit im Modellversuch VERLAS. Bochum, Freiburg: Projekt Verlag.

Kitzig, R./Pätzold, G./Rempke, V./von der Burg, J./Wingels, J. (2008): Förderung von Basiskompetenzen im Rahmen des Lernfeldkonzepts. In: Die berufsbildende Schule, H. 1, S. 17–22.

Knöll, B./Gschwendtner, T./Nickolaus, R. (2008): Lernmotivation in der gewerblich-technischen Grundbildung. In: K. Breuer/J. Deißinger/P. Gonon/D. Münk (Hrsg.): Modernisierung der Berufsbildung. Neue Forschungserträge und Perspektiven der Berufs- und Wirtschaftspädagogik. Opladen: Barbara Budrich, S. 131–140.

Knöll, B./Gschwendtner, T./Nickolaus, R./Ziegler, B. (2007): Motivation in der elektrotechnischen Grundbildung. In: Zeitschrift für Berufs- und Wirtschaftspädagogik, 103, H. 3, S. 397–415.

König, E./Volmer, G. (2005): Systemisch denken und handeln. Personale Systemtheorie in Erwachsenenbildung und Organisationsberatung. Weinheim, Basel: Beltz.

Körkel, J./Hasselhorn, M. (1987): Textlernen als Problemlösen: Differentielle Aspekte und Förderperspektiven im Schulalter. In: H. Neber (Hrsg.): Angewandte Problemlösepsychologie. Münster: Aschendorff, S. 193–214.

Kosslyn, S. (1985): Graphics and Human Information Processing. A Review of Five Books. In: Journal of the American Statistical Association, 80 (391), S. 499–512.

Kosslyn, S. (1994): Image and Brain. Cambridge, MA: MIT Press.

Krommer, Axel: (2003) Das Verstehen literarischen Verstehens als interdisziplinäres Projekt. Anmerkungen zur Kognitionspsychologie Walter Kintschs aus deutschdidaktischer Sicht In: U. Abraham/A. Bremerich-Vos/V. Frederking/P. Wieler (Hrsg.): Deutschdidaktik und Deutschunterricht nach PISA. Freiburg: Fillibach, S. 165–187.

Kruse, J. (2010): Reader „Einführung in die qualitative Interviewforschung", Freiburg.

Kuckartz, U. (2007): Einführung in die computergestützte Analyse qualitativer Daten. 2., aktualisierte und erweiterte Auflage. Wiesbaden: VS.

Kuckartz, U. (2012): Qualitative Inhaltsanalyse. Methoden, Praxis, Computerunterstützung. Weinheim, Basel: Beltz Juventa.

Kurtz, T. (2002): Berufssoziologie. Bielefeld: Trancript.

Lamnek, S. (1995): Qualitative Sozialforschung. Bd. 1: Methodologie. 3., überarbeitete Auflage, Weinheim: Beltz.

Lamnek, S. (2005): Gruppendiskussion. Theorie und Praxis. 2. überarbeitete Auflage. Weinheim: UTB.

Larcher, M. (2010): Zusammenfassende Inhaltsanalyse nach Mayring - Überlegungen zu einer QDA-Software unterstützten Anwendung. Diskussionspapier Nr. 46-DP-2010. Wien: Institut für nachhaltige Wirtschaftsentwicklung der Universität für Bodenkultur.

Lehmann, R. H./Seeber, S./Hunger, S. (2006): ULME II. Untersuchung von Leistungen, Motivation und Einstellungen der Schülerinnen und Schüler in den Abschlussklassen der teilqualifizierenden Berufsfachschulen. Berlin: Polyprint.

Leopold, C. (2009): Lernstrategien und Textverstehen. Spontaner Einsatz und Förderung von Lernstrategien. Münster: Waxmann.

Lissmann, U. (1997): Inhaltsanalyse von Texten. Landau: VEP.

Lomann, N. L./Mayer, R. E. (1983): Signaling Techniques that Increase the Understandability of Expository Prose. In: Journal of Educational Psychology, 75, S. 402–412.

Loos, P./Schäffer, B. (2001): Das Gruppendiskussionsverfahren: Theoretische Grundlagen und empirische Anwendung. Opladen: Leske + Budrich.

Lorch, R .F. Jr./Lorch, E. P./Inman, W. E. (1993): Effects of Signaling Topic Structure on Text Recall. In: Journal of Educational Psychology, 85, S. 281–290.

Lowe, R. K. (1993): Constructing a Mental Representation from an Abstract Technical Diagram. Learning and Instruction, 3, S. 157–179.

Lowe, R. K. (1994): Selectivity in Diagrams: Reading Beyond the Lines. In: Educational Psychology, 14, S. 467–491.

Lowe, R. K. (1996): Background Knowledge and the Construction of a Situational Representation from a Diagram. In: European Journal of Psychology of Education, 11, S. 377–397.

Lucius-Hoene, G./Deppermann, A. (2002): Rekonstruktion narrative Identität. Ein Arbeitsbuch zur Analyse narrative Interviews. Opladen: Leske + Budrich.

Malinowski, B. (1922): Argonauts of the Western Pacific. An Account of Native Enterprise and Adventure in the Archipelagoes of Melanesian New Guinea. Routledge & Kegan Paul.

Mandl, H./Friedrich, H. F./Hron, A. (1988): Theoretische Ansätze zum Wissenserwerb. In: H. Mandl/H. Spada (Hrsg.): Wissenspsychologie. Weinheim: PVU, S. 123–160.

Mandler, J. M. (1978): A Code in the Node. The Use of a Story Schema in Retrieval. In: Discourse Processes, 1, S. 14–35.

Mandler, J. M./Johnson, N. S. (1977): Remembrance of Things Parsed: Story Structure and Recall. In: Cognitive Psychology, 9, S. 111–151.

Manelis, L./Yekovich, F. R. (1976): Repetitions of Propositional Arguments in Sentences. In: Journal of Verbal Learning and Verbal Behavior, 15, S. 301–312.

Mani, K./Johnson-Laird, P. N. (1982): The Mental Representation of Spatial Descriptions. In: Memory and Cognition, 10, S. 181–187.

Mayer, R. E. (1997): Multimedia Learning: Are we Asking the Right Questions? In: Educational Psychologist, 32, S. 1–19.

Mayring, P. (2002): Einführung in die qualitative Sozialforschung. Eine Anleitung zu qualitativem Denken. 5. Auflage. Weinheim: Beltz.

Mayring, P. (2007): Qualitative Inhaltsanalyse. Grundlagen und Techniken. 9., aktualisierte und überarbeitete Auflage, Weinheim und Basel: Beltz.

Mayring, P. (2010): Qualitative Inhaltsanalyse. Grundlagen und Techniken. 11., aktualisierte und überarbeitete Auflage, Weinheim und Basel: Beltz.

McClelland, J. L./Rumelhart, D. E. (1981): An Interactive Activation Model of Context Effects in Letter Perception. Part 1. An Account of Basic Findings. In: Psychological Review 88, S. 375–407.

McClelland, J. L./ St. John, M./Taraban, R. (1989): Sentence Comprehension: A Parallel Distributed Processing Approach. In: Language and Cognitive Processes, 4, SI, S. 287–335.

McCormick, E. J./Jeanneret, P. R./Mecham, R. C. (1972): A Study of Job Characteristics and Job Dimensions as Based on the Position Analysis Questionaire (PAQ). Journal of Applied Psychology, 64, S. 51–56.

McKoon, G. (1977): Organization of Information in Text Memory. In: Journal of Verbal Learning and Verbal Behavior, 16, S. 247–260.

McNamara, D. S./Kintsch, W./Songer, N. B. (1996): Are Good Texts Always Better? Interactions of Text Coherence, Background Knowledge, and Levels of Understanding in Learning from Text. In: Cognition and Instruction, 14, S. 1–43.

Merten, K. (1995): Inhaltsanalyse: Einführung in Theorie, Methode und Praxis. 2., verbesserte Auflage, Opladen: Westdeutscher Verlag.

Meuser, M. (2011): Inhaltsanalyse. In: R. Bohnsack/W. Marotzki/M. Meuser (Hrsg.): Hauptbegriffe Qualitativer Sozialforschung. 3., durchgesehene Auflage, Opladen & Farmington Hills: Budrich, S. 89–91.

Meuser, M./Nagel, U. (1991): ExperInneninterviews – vielfach erprobt, wenig bedacht. Ein Beitrag zur qualitativen Methodendiskussion. In: D. Garz/K. Kraimer (Hrsg.): Qualitativ-empirische Sozialforschung. Konzepte, Methoden, Analysen, S. 441–471.

Meuser, M./Nagel, U. (1994): Expertenwissen und Experteninterview. In: R. Hitzler/A. Honer/C. Maeder (Hrsg.): Expertenwissen. Die institutionalisierte Kompetenz zur Konstruktion von Wirklichkeit. Opladen: Westdeutscher Verlag.

Meuser, M./Nagel, U. (2009): Das Experteninterview – konzeptionelle Grundlagen und methodische Anlage. In: S. Pickel/G. Pickel/H.-J. Lauth/D. Jahn (Hrsg.): Methoden der vergleichenden Politik- und Sozialwissenschaft. Neue Entwicklungen und Anwendungen. Wiesbaden: VS, S. 465–480.

Meuser, M./Nagel, U. (2011): Experteninterview. In: R. Bohnsack/W. Marotzki/M. Meuser (Hrsg.): Hauptbegriffe Qualitativer Sozialforschung. 3. Auflage, Verlag Barbara Budrich, Opladen & Farmington Hills, S. 57–58.

Meyer, B. J. F. (1975): The Organization of Prose and Its Effects on Memory. Amsterdam: North Holland.

Miller, J. R./Kintsch, W. (1980): Readability and Recall of Short Prose Passages: A Theoretical Analysis. In: Journal of Experimental Psychology: Human Learning and Memory, 6, S. 335–354.

Miller, L. M. S./Stine-Morrow, E. A. L. (1998): Aging and the Effects of Knowledge on On-line Reading Strategies. In: Journal of Gerontology: Psychological Sciences, 53B, S. 223–233.

Ministerium für Schule und Weiterbildung (MSW) (Hrsg.) (2008): Lehrplan für das Berufskolleg in Nordrhein-Westfalen. Berufsausbildung in der Bauwirtschaft. Berufliche Grundbildung, Fachklassen des dualen Systems der Berufsausbildung. Heft 41020. Frechen: Ritterbach.

Minsky, M. (1975): A Framework for Representing Knowledge. In: Ph. H. Winston (Hrsg.): The psychology of Computer Vision. New York, S. 211–277.

Molle, F. (1965): Leitfaden der Berufsanalyse. Anleitung zur Bearbeitung und Verwertung berufskundlicher Grundunterlagen. Köln: Westdeutscher Verlag.

Möller, J./Pohlmann, B./Mensebach, C. (2006): Leistung und Selbstkonzept von Auszubildenden in Handwerksberufen. In: Psychologie in Erziehungswissenschaft und Unterricht, 53, S. 97–106.

Morton, J. (1969): The Interaction of Information in Word Recognition. In: Psychological Review, 76, S. 165–178.

Morton, J. (1979): Facilitation in Word Recognition: Experiments Causing Change in the Logogen Model. In: P. A. Kolers/M. E. Wrolstad/H. Bouma (Hrsg.) (1979): Processing Visible Language. New York: Plenum Press, S. 259–268.

Mosenthal, P. B./Kirsch, I. S. (1991): Understanding Documents. Eine monatliche Kolumne im Journal of Reading. Newark, DE: International Reading Association.

Murray, J. D. (1995): Logical Connectives and Local Coherence. In: R. F. Lorch/E. J. O'Brie (Hrsg.): Sources of Coherence in Reading. Hillsdale, New Jersey: Erlbaum, S. 107–125.

Naumann, J./Artelt, C./Schneider, W./Stanat, P. (2010): Lesekompetenz von PISA 2000 bis PISA 2009. In: E: Klieme/C. Artelt/J. Hartig/N. Jude/O. Koller/M. Prenzel/W. Schneider/P. Stanat (Hrsg.): PISA 2009. Bilanz nach einem Jahrzehnt. Münster: Waxmann, S. 23–71.

Neisser, U. (1974): Kognitive Psychologie. Stuttgart: Klett.

Neisser, U. (1976): Cognition and Reality. San Francisco: Freeman.

Nickolaus, R./Geißel, B./Gschwendtner, T. (2008): Entwicklung und Modellierung beruflicher Fachkompetenz in der gewerblich-technischen Grundbildung. In: Zeitschrift für Berufs- und Wirtschaftspädagogik, 104, H. 1, S. 48–73.

Nickolaus, R./Knöll, B./Gschwendtner, T. (2006): Methodische Präferenzen und ihre Effekte auf die Kompetenz- und Motivationsentwicklung – Entwicklung aus Studien in anforderungsdifferenten elektrotechnischen Ausbildungsberufen in der Grundbildung: In: Zeitschrift für Berufs- und Wirtschaftspädagogik, 102, H. 4, S. 552–577.

Nickolaus, R. (2013): Wissen, Kompetenzen, Handeln. In: Zeitschrift für Berufs- und Wirtschaftspädagogik, 109, H. 1, S. 3–17.

Nodari, C./Schiesser, D. (2007): Förderung des Leseverstehens in der Berufsschule. Bern.

Norwig, K./Petsch, C./Nickolaus, R. (2010): Förderung lernschwacher Auszubildender – Effekte des berufsbezogenen Strategietrainings (BEST) auf die Entwicklung der bautechnischen Fachkompetenz. In: Zeitschrift für Berufs- und Wirtschaftspädagogik, 106, H. 2, S. 220–239.

Norwig, K./Ziegler, B./Kugler, G./Nickolaus, R. (2013): „Reciprocal Teaching" an beruflichen Schulen erfolgreich? – Zur Übertragbarkeit eines Förderkonzepts auf den Kontext beruflicher Bildung. In: Zeitschrift für Berufs- und Wirtschaftspädagogik, 109, H. 1, S. 67–93.

Organisation for Economic Cooperation and Development (OECD) (2009): PIAAC Literacy: A Conceptual Framework. OECD Education Workin Paper No. 34 (EDU/WKP), 13.

Oevermann, U. (2000): Die Methode der Fallrekonstruktion in der Grundlagenforschung sowie der klinischen und pädagogischen Praxis. In: K. Kraimer (Hrsg.): Die Fallrekonstruktion. Sinnverstehen in der sozialwissenschaftlichen Forschung. Frankfurt am Main: Suhrkamp, S. 58–156.

Oevermann, U. (2002): Klinische Soziologie auf der Basis der Methodologie der objektiven Hermeneutik – Manifest der objektiv hermeneutischen Sozialforschung. Frankfurt am Main.

Onifer, W./Swinney, D. A. (1981): Accessing Lexical Ambiguities During Sentence Comprehension: Effects of Frequency, Meaning, and Contextual Bias. In: Memory and Cognition, 9, S. 225–236.

Pahl, J. P. (2007): Berufsbildende Schule. Bestandsaufnahme und Perspektiven. Bielefeld: W. Bertelsmann.

Paivio, A. (1986): Mental Representations. A Dual Coding Approach. Oxford, England: Oxford University Press.

Palinscar, A. S./Brown, A. L. (1984): Reciprocal Teaching of Comprehension Fostering and Comprehension-Monitoring Activies. In: Cognition and Instruction, 2, H. 1, S. 117–175.

Palmer, S. E./Rosch, E./Chase, P. (1981): Canonical Perspective and the Perception of Objects. In: J. Long/A. Baddeley (Hrsg.): Attention and Performance. Vol. 9. Hillsdale, S. 135–151.

Patton, M.Q. (1990). Qualitative Evaluation and Research Methods. Newbury Park, CA: Sage.

Pätzold, G. (2009): Kommunikative Kompetenz im Beruf. Formen des Sprachgebrauchs und Berufstätigkeit. In: Berufsbildung, 63, S. 5–7.

Pätzold, G. (2010): Sprache – das kulturelle Kapital für eine Bildungs- und Berufskarriere. In: Zeitschrift für Berufs- und Wirtschaftspädagogik, 106, H. 2, S. 161–172.

Peirce, C. S. (1906): Prolegomena to an Apolgy for Pragmaticism. The Monist, S. 492–546.

Perrig, W./Kintsch, W. (1985): Propositional and Situational Representation of Text. In: Journal of Memory and Language, 24, S. 503–518.

Petsch, C./Ziegler, B./Gschwedtner, T./Abele, S./Nickolaus, R. (2008): Lesekompetenzförderung in der beruflichen Bildung. In: bwp@ Berufs- und Wirtschaftspädagogik – online, Ausgabe 14. Online verfügbar unter: http://www.bwpat.de/ausgabe14/petsch_etal_bwpat14.shtml (zuletzt eingesehen am: 18.06.2012).

Pettersson, R. (1988): Interpretation of Image Content. In: Educational Communication Technology Journal, 36, H. 1, S. 45–55.

Piaget, J. (1926): The Language and Thought of the Child. New York.

Pinker, S. (1990). A Theory of Graph Comprehension. In: R. Freedle (Hrsg.): Artificial Intelligence and the Future of Testing. Hillsdale, NJ: Erlbaum, S. 73–126.

Pomerantz, J. R. (1981): Perceptual Organization in Information Processing. In: M. Kubovy/J. R. Pomerantz (Hrsg.): Perceptual Organization. Hillsdale, NJ: Erlbaum.

Pomerantz, J. R./Schwaitzberg, S. D. (1975): Grouping by Proximity: Selective Attention Measures. In: Perception and Psychophysics, 18, S. 355–361.

Prenzel, M./Kristen, A./Dengler, P./Ettle, R./Beer, T. (1996): Selbstbestimmt motiviertes und interessiertes Lernen in der kaufmännischen Erstausbildung. In: Zeitschrift für Berufs- Wirtschaftspädagogik, Beiheft 13, S. 108–127.

Ratschinski, G. (2009): Selbstkonzept und Berufswahl. Eine Überprüfung der Berufswahltheorie von Gottfredson an Sekundarschülern. Münster: Waxmann.

Raue, B./Engelkamp, J. (1977): Gedächtnispsychologische Aspekte der Verbvalenz. In: Archiv für Psychologie, 129, S. 157–174.

Rayner, K./Pollatsek, A. (1989): The Psychology of Reading. Englewood Cliffs, New Jersey: Prentice Hall.

REFA (Hrsg.) (1991): Methodenlehre der Betriebsorganisation. Anforderungsermittlung (Arbeitsbewertung). 2. Auflage, Leipzig: Hanser.

Reicher, G. M. (1969): Perceptual Recognition as a Function of Meaningfulness of Stimulus Material. In: Journal of Experimental Psychology, 81, S. 275–280.

Reinders, H. (2011): Interview. In: H. Reinders/H. Ditton/C. Gräsel/B. Gniewosz (Hrsg.): Empirische Bildungsforschung. Strukturen und Methoden. Wiesbaden: VS, S. 85–98.

Reinhoffer, B. (2005): Lehrkräfte geben Auskunft über ihren Unterricht. Ein systematisierender Vorschlag zur deduktiven und induktiven Kategorienbildung in der Unterrichtsforschung. In: P. Mayring/M. Gläser-Zikuda (Hrsg.): Die Praxis der Qualitativen Inhaltsanalyse. Weinheim und Basel: Beltz, S. 123–141.

Rexing, V./Keimes, C./Ziegler, B. (2013): Lesekompetenz von BerufsschülerInnen – Befunde und Konsequenzen. In: C. Efing/B. Hufeisen/N. Janich (Hrsg.): Ausbildungsvorbereitung im Deutschunterricht der Sekundarstufe I. Die sprachlich-kommunikativen Facetten von „Ausbildungsfähigkeit". Frankfurt am Main: Peter Lang.

Richter, T./Christmann, U. (2002): Lesekompetenz. Prozessebenen und interindividuelle Unterschiede. In: N. Groeben/B. Hurrelmann (Hrsg.): Lesekompetenz. Bedingungen, Dimensionen, Funktionen. Weinheim, München: Juventa, S. 25–58.

Rickheit, G./Strohner, H. (1985): Psycholinguistik und Textverarbeitung. In: Studium Linguistik, 17–18, S. 1–78.

Rickheit, G./Strohner, H. (1993): Grundlagen der kognitiven Sprachverarbeitung. Tübingen, Basel: Francke.

Rickheit, G./Strohner, H. (1999): Textverarbeitung: Von der Proposition zur Situation. In: A. D. Friederici (Hrsg.): Sprachrezeption, Bd. 2, Göttingen: Hogrefe, S. 271–306.

Rock, I. (1986): The Description and Analysis of Object and Event Perception. In: K. R. Boff/L. Kaufman/J. P. Thomas (Hrsg.): The Handbook of Perception and Human Performance, Vol. 2, S. 33.1–33.71.

Rock, I./Palmer, S. (1991): Das Vermächtnis der Gestaltpsychologie. In: Spektrum der Wissenschaft, 14, S. 68–75.

Rolfs, H. (2001): Berufliche Interessen. Die Passung zwischen Person und Umwelt in Beruf und Studium. Göttingen: Hogrefe.

Sandford, A. J./Garrod, S. C. (1981): Understanding Written Language: Exploration of Comprehension Beyound the Sentence. New York: Wiley.

Schank, R. C./Abelsen, R. P. (1977): Scripts, Plans, Goals, and Understanding. Hillsdale NJ.

Schelten, A. (2010): Einführung in die Berufspädagogik. 4., überarbeitete und aktualisierte Auflage, Stuttgart: Franz Steiner.

Scheuch, E. K. (1967): Das Interview in der Sozialforschung. In: R. König (Hrsg.): Handbuch der empirischen Sozialforschung. Grundlegende Methoden und Techniken der empirischen Sozialforschung. Erster Teil. Stuttgart: Enke, S. 66–190.

Schiefele, U. (1996): Motivation und Lernen mit Texten. Göttingen: Hogrefe.

Schmalhofer, F./Glavanov, D. (1986): Three Components of Understanding a Programmer's Manual: Verbatim, Propositional, and Situational Representations. In: Journal of Memory and Language, 25, S. 279–294.

Schnell, R./Hill, P./Esser, E. (2005): Methoden der empirischen Sozialforschung. 7. Auflage, München: Oldenbourg.

Schnotz, W. (1987): Mentale Kohärenzbildung beim Textverstehen: Einflüsse der Textsequenzierung auf die Verstehensstrategien und die subjektiven Verstehenskriterien. Universität Tübingen, Deutsches Institut für Fernstudien (DIFF), Forschungsbericht 42.

Schnotz, W. (1988): Textverstehen als Aufbau mentaler Modelle. In: H. Mandl/H. Spada (Hrsg.): Wissenspsychologie. München: Psychologie Verlags Union, S. 299–330.

Schnotz, W. (1994): Aufbau von Wissensstrukturen. Weinheim: Beltz.

Schnotz, W. (2001): Sign Systems, Technologies, and the Acquisition of Knowledge. In: J. F. Rouet/J. Levonen,/A. Biardeau (Hrsg.): Multimedia Learning: Cognitive and Instructional Issues. Amsterdam: Elsevier, S. 9–29.

Schnotz, W. (2005): An Integrated Model of Text and Picture Comprehension. In: R. E. Mayer (Hrsg.): The Cambridge Handbook of Multimedia Learning. Cambridge: Cambridge University Press, S. 49–69.

Schnotz, W. (2006a): Textverständnis. In: D. Rost (Hrsg.): Handwörterbuch Pädagogische Psychologie. 3., überarbeitete und erweiterte Auflage, Weinheim, Basel: Beltz, S. 769–778.

Schnotz, W. (2006b): Was geschieht im Kopf des Lesers? Mentale Konstruktionsprozesse beim Textverstehen aus der Sicht der Psychologie und kognitiven Linguistik. In: H. Blühdorn/E. Breindl/U. H. Waßner (Hrsg.): Textverstehen. Berlin: de Gruyter, S. 222–238.

Schnotz, W. (2011): Pädagogische Psychologie kompakt. 2. Auflage. Weinheim, Basel: Beltz.

Schnotz, W./Baadte, C./Müller, A./Rasch, R. (2011): Kreatives Denken und Problemlösen mit bildlichen und beschreibenden Repräsentationen. In: R. Sachs-Hombach/R. Totzke (Hrsg.): Bilder-Sehen-Denken. Köln: Halem-Verlag, S. 204–252.

Schnotz, W./Bannert, M. (2003): Construction and Interference in Learning from Multiple Representation. In: Learning & Instruction, 13, S. 141–156.

Schnotz, W./Dutke, S. (2004): Kognitionspsychologische Grundlagen der Lesekompetenz: Mehrebenenverarbeitung anhand multipler Informationsquellen. In: U. Schiefele/C. Artelt/W. Schneider/P. Stanat (Hrsg.): Struktur, Entwicklung und Förderung von Lesekompetenz. Vertiefende Analysen im Rahmen von PISA 2000. Wiesbaden: Verlag für Sozialwissenschaften, S. 61–99.

Schnotz, W./Zink, T./Pfeiffer, M. (1996): Visualisierungen im Lehr-Lern-Prozeß. In: Zeitschrift für Pädagogik, 42, S. 193–213.

Schraw, G./Wade, S. E./Kardash, C. A. M. (1993): Interactive Effects of Text-Based and Task-Based Importance on Learning from Text. In: Journal of Educational Psychology, 85,4, S. 652–661.

Seidenberg, M. S./Tanenhaus, M. K./Leiman, J. M./Bienkowski, M. (1982): Automatic Access of the Meanings of Ambiguous Words in Context: Some Limitations of Knowledge-based Processing. In: Cognitive Psychology, 14, S. 489–537.

Seidenberg, M. S./Waters, G. S./Barnes, M. A./Tanenhaus, M. K. (1984): When does Irregular Spelling or Pronunciation Influence Word Recognition? In: Journal of Verbal Learning and Verbal Behavior, 23, S. 383–404.

Sekretariat der Ständigen Konferenz der Kultusminister der Länder in der Bundesrepublik Deutschland (KMK) (Hrsg.) (1991): Rahmenvereinbarung über die Berufsschule. Bonn.

Sekuler, R./Blake, R. (1994): Perception. 3. Auflage, New York: McGraw Hill.

Simpson, G. B./Krueger, M. A. (1991): Selective Access of Homograph Meanings in Sentence Context. In: Journal of Memory and Language, 30, S. 627–643.

Soederberg-Miller, L. M. (2001): The Effects of Real-World Knowledge on Text Processing among Older Adults. In: Aging, Neuropsychology and Cognition, 8, S. 137–148.

Sohn-Rethel, A. (1989): Geistige und körperliche Arbeit. Zur Epistemologie der abendländischen Geschichte. Revidierte und ergänzte Neuauflage. Weinheim: VCH.

Smith, F. (1971): Understanding Reading: A Psycholinguistic Analysis of Reading and Learning to Read. New York.

Smith, A./Garve, C. (1796): Untersuchung über die Natur und die Ursachen des Nationalreichthums. Bd. 2. Frankfurt, Leipzig.

Spöttl, G. (2000): Der Arbeitsprozess als Untersuchungsgegenstand berufs-wissenschaftlicher Qualifikationsforschung und die besondere Rolle von Experten(-Facharbeiter-)workshops. In: J.- P. Pahl/F. Rauner/G. Spöttl (Hrsg.): Berufliches Arbeitsprozesswissen. Bildung und Arbeitswelt. Baden-Baden: Nomos Verlagsgesellschaft, S. 205–221.

Spöttl, G. (2008): Arbeitsprozessbezogene Forschung und deren Methoden. In: M. Fischer/G. Spöttl (Hrsg.): Forschungsperspektiven in Facharbeit und Berufsbildung. Strategien und Methoden der Berufsbildungsforschung. Frankfurt a. M. et al.: Lang, S. 157–183.

Spöttl, G./Windelband, L. (2003): Forschungshandbuch – Instrumente zur Früherkennung von Qualifizierungsbedarf. Papier 1, biat-Reihe 17, Flensburg.

Stalder, B. E. (2011): PISA-Lesekompetenzen: Ergebnisse der Schweizer PISA-Folgestudie TREE, In: M. Becker/M. Fischer/G. Spöttl (Hrsg.): Kompetenzdiagnostik in der beruflichen Bildung – Probleme und Perspektiven. Frankfurt a. M.: Lang, S. 190–203.

Strasser, P. (2008): Können erkennen – reflexives Lehren und Lernen in der beruflichen Benachteiligtenförderung. Entwicklung, Erprobung und Evaluation eines reflexiven Lehr-Lerntrainings. Bielefeld.

Stein, L. M./Nezworski, T. (1978): The Effects of Organization and Instructional Set on Story Memory. In: Discourse Processes, 1, S. 177–194.

Steinke, I. (1999): Kriterien qualitativer Forschung. Ansätze zur Bewertung qualitativ-empirischer Sozialforschung. Weinheim: Juventa.

Sweller, J./van Merrienboer, J. G./Paas, F. G. (1998): Cognitive Architecture and Instructional Design. In: Educational Psychological Review, 10, S. 251–296.

Tabossi, P. (1988): Accessing Lexical Ambiguity in Different Types of Sentential Contexts. In: Journal of Memory and Language, 27, S. 324–340.

Taft, M. (1979): Lexical Access Via an Orthographic Code: The Basis Orthography Sykkabke Structure (BOSS). In: Journal of Verbal Learning and Verbal Behavior, 18, S. 21–39.

Taft, M. (1986): Lexical Access Codes in Visual and Auditory Word Recognition. In: Language and Cognitive Processes, 4, S. 297–308.

Taft, M./Forster, K. (1975): Lexical Storage and Retrieval of Prefixes Words. In: Journal of verbal Learning and Verbal Behavior, 14, S. 638–647.

Tenberg, R. (2006): Didaktik lernfeldstrukturierten Unterrichts. Theorie und Praxis beruflichen Lernens und Lehrens. Bad Heilbrunn.

Thorndyke, P. W. (1977): Cognitive Structures in Comprehension of Memory and Narrative Discourse. In: Cognitive Psychology, 9, S. 77–110.

Thorndyke, P. W. (1984): Applications of Schema Theory in Cognitive Research. In: J. R. Anderson/S. M. Kosslyn (Hrsg.): Tutorials in Learning and Memory. San Francisco: Freeman, S. 167–191.

Trabasso, T./Secco, T./van den Broek, P. (1984): Causal Cohesion and Story Coherence. In: H. Mandl/N. L. Stein/T. Trabasso (Hrsg.): Learning and Comprehension of Text. Hillsdale: N. J.

Trabasso, T./Sperry, L. L. (1985): Causal Relatedness and Importance of Story Events. In: Journal of Memory and Language, 24, S. 595–611.

Ullman, S. (1984): Visual Routines. In: Cognition, 18, S. 97–159.

van den Broek, P. (1988): The Effect of Causal Relations and Goal Failure Position on the Importance of Story Statements. In: Journal of Memory and Language, 27, S. 1–22.

van Dijk, T. A. (1980a): Macrostructures. An Interdisciplinary Study of Global Structures in Discourse. Interaction and Cognition. Hillsdale, New Jersey: Erlbaum.

van Dijk, T. A. (1980b): Textwissenschaft. Tübungen: Niemeyer.

van Dijk, T. A./Kintsch, W. (1983): Strategies of Discourse Comprehension. Orlando, FL: Academic Press.

Vipond, D. (1980): Micro- and Macroprocesses in Text Comprehension. In: Journal of Verbal Learning and Verbal Behavior, 19, S. 276–296.

Vogel, B. (1995): "Wenn der Eisberg zu schmelzen beginnt..." – Einige Reflexionen über den Stellenwert und die Probleme des Experteninterviews in der Praxis der empirischen Sozialforschung. In: C. Brinkmann/A. Deeke/B. Völkel (Hrsg.): Experteninterviews in der Arbeitsmarktforschung. Diskussionsbeiträge zu methodischen Fragen und praktischen Erfahrungen (Beiträge zur Arbeitsmarkt- und Berufsforschung: BeitrAB 191). Nürnberg: Institut für Arbeitsmarkt- und Berufsforschung der Bundesanstalt für Arbeit, S. 73–84.

Voss, J. F. (1978): Cognition and Instruction: Toward a Cognitive Theory of Learning. In: A. M. Lesgold/J. W. Pellegrino/S. D. Fokkema/R. Glaser (Hrsg.): Cognitive Psychology and Instruction. New York, London: Plenum Press, S. 13–26.

Waldmann, M. R. (1990): Schema und Gedächtnis. Das Zusammenwirken von Raum- und Ereignisschemata beim Gedächtnis für Alltagsroutinen. Heidelberg: Asanger.

Waller, R. (1987): Typography and Reading Strategy. In: B. K. Britton/S. M. Glynn (Hrsg.): Executive Control Processes in Reading. Hillsdale, New Jersey: Erlbaum, S. 81–106.

Wanner, E. (1980): The ATN and the Sausage Machine: Which One is Baloney? In: Cognition, 8, S. 209–255.

Waters, H. S. (1983): Superordinate-Subordinate Structure in Prose Passages and the Importance of Propositions. In: Journal of Experimental Psychology: Learning, Memory and Cognition, 9, S. 294–299.

Weidenmann, B. (1989): When Good Pictures Fail: An Information-Processing Approach to the Effects of Illustration. In: H. Mandl/J. R. Levin (Hrsg.): Knowledge Acquisition from Text and Pictures. Amsterdam: Elsevier: S. 157–170.

Weidenmann, B. (1994): Informierende Bilder. In: Ders. (Hrsg.): Wissenserwerb mit Bildern. Instruktionale Bilder in Printmedien, Film/Video und Computerprogrammen. Bern et al.: Huber, S. 9–58.

Wertheimer, M. (1938): Laws of Organization in Perceptual Forms in a Source Book for Gestalt Psychology. London: Routledge & Kegan Paul.

Winn, W. D. (1994): Contributions of Perceptual and Cognitive Processes to the Comprehensions of Graphics. In: W. Schnotz/R. Kulhavy (Hrsg.): Comprehensions of Graphics. Amsterdam: Elsevier, S. 3–27.

Witt, H. (2001): Forschungsstrategien bei quantitativer und qualitativer Sozialforschung. Forum Qualitative Sozialforschung, 2 (1). Online verfügbar unter: http://www.qualitative-research.net/fqs-texte/1–01/1–01witt-d.htm (zuletzt eingesehen am: 30.08.2013).

Witzel, A. (1985): Das problemzentrierte Interview. In: G. Jüttemann (Hrsg.): Qualitative Forschung in der Psychologie. Grundfragen, Verfahrensweisen, Anwendungsfelder. Weinheim, Basel: Beltz, S. 227–255.

Woods, W. A. (1970): Transition Network Grammars for Natural Language Analysis. In: Communications of the ACM 13, S. 591–606.

Yekovich, F. R./Walker, C. H./Blackmann, H. S. (1979): The Role of Presupposed and Focal Information in Integrating Sentences. In: Journal of Verbal Learning and Verbal Behavior, 18, S. 535–548.

Yekovich, F. R./Manelis, L. (1980): Accessing Integrated and Nonintegrated Propositional Structures in Memory. In: Memory and Cognition, 8, 2, S. 133–140.

Ziegler, B./Balkenhol, A./Keimes, C./Rexing, V. (2012): Diagnostik „funktionaler Lesekompetenz". In: bwp@ - Berufs- und Wirtschaftspädagogik – online, Ausgabe 22, S. 1–19. Online verfügbar unter www.bwpat.de/ausgabe22/ziegler_e-tal_bwpat22.pdf (zuletzt eingesehen am: 26.06.2012).

Ziegler, B./Gschwendtner, T. (2010): Leseverstehen als Basiskompetenz: Entwicklung und Förderung im Kontext beruflicher Bildung. In: Zeitschrift für Berufs- und Wirtschaftspädagogik, 106/4, S. 534–555.

Zimbardo, P. G./Gerrig, R. J. (2004): Psychologie. 16., aktualisierte Auflage, München u. a.: Pearson Studium.

Zimmer, G. M. (2009): Notwendigkeiten und Leitlinien der Entwicklung des Systems der Berufsausbildung. In: G. M. Zimmer/P. Dehnboster (Hrsg.): Berufsausbildung in der Entwicklung: Positionen und Leitlinien. Bielefeld: Bertelsmann, S. 7–46.

Zwaan, R. A. (2004): The Immersed Experiencer: Toward an Embodied Theory of Language Comprehension. In: B. H. Ross (Hrsg.): The Psychology of Learning and Motivation. Vol. 44. New York: Academic Press, S. 35–62.

Zwaan, R. A./Radvansky, G. A. (1998): Situation Models in Language Comprehension and Memory. In: Psychological Bulletin, 123, S. 162–185.

10 Abbildungsverzeichnis

11 Tabellenverzeichnis

12 Anhang

12.1 Anhang 1: Interviewleitfaden für die Gruppeninterviews

Leitfrage 1: **Was ist wichtig, wenn man wie Sie eine Ausbildung zum Maurer/Straßenbauer beginnen möchte?**		
Inhaltliche Aspekte	**Konkrete Nachfragen**	**Aufrechterhaltungsfrage**
Voraussetzungen für die Ausbildung	1. Welche Voraussetzungen, glauben Sie, sind wichtig, wenn man eine Ausbildung zum Straßenbauer machen möchte?	Und was noch? Welche Voraussetzungen sind sonst noch wichtig?
	2. Welche Fähigkeiten erachten Sie dabei als besonders wichtig?	Welche Fähigkeiten sind Ihrer Meinung nach sonst noch von zentraler Bedeutung?
Relevanz von Lesekompetenz	3. Wie hoch schätzen Sie die Bedeutung von Lesen/Lesefähigkeit für eine erfolgreiche Ausbildung ein?	
	4. Wie hoch schätzen Sie die Bedeutung von Lesen/Lesefähigkeit für Ihren beruflichen Erfolg/Ihre berufliche Praxis ein?	
	5. Wie hoch schätzen Sie die Bedeutung von Lesen/Lesefähigkeit für das berufliche Weiterkommen ein?	

Leitfrage 2:

Wie/in welcher Form bekommen Sie im Betrieb Arbeitsaufträge und Aufgaben, die Sie ausführen sollen?

Leitfrage 3:

Welche Bedeutung hat Lesen ganz konkret für die betriebliche Ausbildungspraxis?

Inhaltliche Aspekte	Konkrete Nachfragen	Aufrechterhaltungs-frage
Lesesituationen/ Leseintentionen von Auszubildenden	1. In welchen konkreten Situationen müssen Sie im Betrieb lesen?	Zum Verständnis: Lesen bezieht sich in diesem Zusammenhang, nicht nur auf umfangreichere Texte, sondern auch auf Tabellen, Formulare etc. Wichtig ist für uns zu erfahren, wo Sie bei der Bewältigung von Arbeitsaufgaben/Tätig-keiten lesen müssen (im o. g. Verständnis).
Texte von Auszubil-denden	2. Welche Texte oder schriftlichen Informatio-nen müssen Sie im Betrieb lesen?	(Zur Klärung: Wenn ich von Texten spreche, meine ich nicht nur Fließtexte, sondern darüber hinaus auch z. B. Formulare, Tabellen, Lieferscheine etc.) Welche Texte müssen Sie sonst noch lesen?
Lesehäufigkeit in der Ausbildungspraxis	3. Wie häufig müssen Sie solche Texte im Betrieb lesen?	

12.2 Anhang 2: Einverständniserklärung

Einverständniserklärung

Forschungsprojekt *„Lesen – eine empirische Studie zur berufsspezifischen Relevanz des Lesens in gewerblich-technischen Bildungsgängen"*

Ich erkläre mich damit einverstanden, dass das mit mir am 23.05.2011 von Christina Keimes geführte Gespräch aufgenommen sowie verschriftlicht werden und für die Auswertung im Rahmen des Forschungsprojektes *„Lesen – eine empirische Studie zur berufsspezifischen Relevanz in gewerblich-technischen Bildungsgängen"* verwendet werden darf.

Das verschriftlichte Interview darf in diesem Zusammenhang unter Beschränkung auf kleine Ausschnitte auch für die interne Berichtslegung verwendet werden. Mir wurde zugesichert, dass dabei alle persönlichen Daten, die Rückschlüsse auf meine Person zulassen, gelöscht oder anonymisiert werden und dass die Interviewaufnahme nach Vollendung der Forschungsarbeiten gelöscht wird.

Ich erkläre mich ebenso damit einverstanden, dass das verschriftlichte Interview unter Beschränkung auf kleine Ausschnitte auch für Ausbildungs-, Lehr- und Forschungszwecke (Methodenforschung) am Institut für Erziehungswissenschaft der RWTH Aachen verwendet werden darf. Auch hier wird mir zugesichert, dass dabei alle persönlichen Daten, die Rückschlüsse auf meine Person zulassen, gelöscht oder anonymisiert werden.

Ich erkläre mich in diesem Zusammenhang ebenso damit einverstanden, dass das verschriftlichte Interview unter Beschränkung auf kleine Ausschnitte für die Anfertigung von Seminar- und Qualifizierungsarbeiten am Institut für Erziehungswissenschaft der RWTH Aachen verwendet werden darf. Dies beinhaltet auch die eventuelle Publikation von Qualifizierungsarbeiten. Auch hier wird mir zugesichert, dass dabei alle persönlichen Daten, die Rückschlüsse auf meine Person zulassen, gelöscht oder anonymisiert werden.

Ich erkläre mich damit einverstanden, dass mein Name und meine Telefonnummer für den Zeitraum der Auswertung der Studie nach den Regeln des Datenschutzes vertraulich und sicher verwahrt werden (für den Fall der Klärung von Rückfragen im Laufe des Projektzeitraumes) und erst nach Vollendung des Projektes gelöscht werden.

Ein Widerruf meiner Einverständniserklärung ist jederzeit möglich.

Ort   Datum   Unterschrift

12.3   Anhang 3: Informationsbrief zum Datenschutz

Forschungsprojekt „*Lesen – eine empirische Studie zur berufsspezifischen Relevanz des Lesens in gewerblich-technischen Bildungsgängen*"

Zusicherung der Anonymität der Aufzeichnungen
- Information für die Befragten -

Die Durchführung der Studie geschieht auf der Grundlage der Bestimmungen des **Datenschutzgesetzes**. Die Interviewer/innen und alle Mitarbeiter/innen im Projekt unterliegen der **Schweigepflicht** und sind auf das Datengeheimnis verpflichtet, d. h., sie dürfen außerhalb der Projektgruppe mit niemandem über die erhobenen Interviews sprechen.

Der Datenschutz verlangt, dass wir Sie über unser Vorgehen **informieren** und **Ihre ausdrücklich Genehmigung** einholen, um das Interview auswerten zu können.

Die Datenschutzbestimmungen verlangen auch, dass wir Sie noch einmal ausdrücklich darauf hinweisen, dass **aus einer Nichtteilnahme keine Nachteile entstehen**. Sie können Antworten auch bei einzelnen Fragen verweigern.

Wir sichern Ihnen folgendes Verfahren zu, damit Ihre Angaben nicht mit Ihrer Person in Verbindung gebracht werden können:

- Wir gehen sorgfältig mit dem Erzählten um: Wir nehmen das Gespräch auf Band auf, weil man sich so viel nicht auf einmal merken kann. Das Band wird abgetippt und Sie können die Abschrift bekommen, wenn Sie dies möchten. Die Abschrift wird **nicht veröffentlicht** und ist nur projektintern für die Auswertung zugänglich. Ausschnitte werden nur zitiert, sofern eine Identifikation der Person ausgeschlossen ist.

- Wir **anonymisieren**, d. h., wir verändern alle Personen-, Orts-, Straßennamen.

- Sofern wir Ihren Namen und Ihre Telefonnummer erfahren haben, werden diese Angaben in unseren Unterlagen anonymisiert und bei Ihrer ausdrücklichen Zustimmung für den Projektzeitraum sicher verwahrt (für den Fall der Klärung von Rückfragen). Die von Ihnen unterschriebene **Erklärung zur Einwilligung in die Auswertung** wird gesondert aufbewahrt. Sie dient einzig und allein dazu, bei einer Überprüfung durch den Datenschutzbeauftragten nachweisen zu können, dass Sie mit der Auswertung einverstanden sind. Sie kann **mit Ihrem Interview nicht mehr in Verbindung gebracht** werden.

Wir bedanken uns für Ihre Bereitschaft, uns ein Interview zu geben!

Datum:

Unterschrift für das Projekt durch Interviewer/in:

12.4 Anhang 4: Kodierleitfaden für die Interviewauswertung

Haupt-kategorie	Unterkate-gorie	Ankerbeispiel	Definition
Zentrale Eigenschaf-ten und Kompe-tenzen von Gesellen/ Facharbei-tern	kognitiv	*Also als Maurer muss man mit Sicherheit technisches Verständnis haben und dann ist logisches Denken noch ganz wichtig. (Fall J)*	Der Proband gibt Hinweise auf Informationsverarbei-tungsprozesse bzw. implizites oder explizites Wissen.
	sozial	*Er sollte teamfähig sein denn Straßenbau macht nicht ein Mann alleine, sondern das ist natürlich immer Teamarbeit. (Fall C)*	Der Proband gibt Hinweise auf intersubjektive Bezüge, z. B. fallen Begriffe wie Team-fähigkeit bzw. entsprechende Synonyme.
	physiologisch	*Er muss sehr gesund sein, das heißt also körperlich fit und nicht gebrechlich. Er muss also eigentlich auch schon die richtige Körperstatur dafür haben, weil die Arbeit anstrengend ist. (Fall J)*	Der Proband benennt Implikationen im Kontext physiologischer Konstituti-onen. Z. B. werden Begriffe verwendet wie Stärke, fit sein, Belastbarkeit und entspre-chende Synonyme.
	psycho-motorisch	*Er muss handwerkliches Geschick haben. (Fall H)*	Der Proband benennt Begriffe, die sich auf Bereiche bewussten Könnens und Han-delns beziehen. Er nennt z. B. Begriffe wie handwerkliches Geschick und entsprechende Synonyme.
	emotional/ motivational/ volitional	Er sollte wetterfest und bemüht sein und er muss sich auf jeden Fall mit dem Beruf identifizieren. (Fall C)	Der Proband benennt Begriffe, die die Emotion, Motivation und Volition betreffen. Er nennt z. B. Begriffe wie sich identifizieren, Freude haben, Leistungsbereitschaft bzw. entsprechende Synonyme.
	Sekundärtu-genden	Sowohl Pünktlichkeit und Zuverlässigkeit, als auch Ordnung und Sauberkeit sind auf der Baustelle sind wichtig. (Fall A)	Der Proband nennt Begriffe wie Fleiß, Pünktlichkeit, Ordnung, Sauberkeit bzw. weitere sekundäre Tugenden.

Zentrale Voraussetzungen für die (betriebliche) Ausbildung	kognitiv	*Abgesehen von Grundkenntnissen, die jeder Mensch haben sollte, gehört Lesen und Schreiben definitiv dazu. (Fall A)*	Der Proband gibt Hinweise auf Informationsverarbeitungsprozesse bzw. implizites oder explizites Wissen als Voraussetzung für die berufliche Ausbildung.
	sozial	*Es ist wichtig, die Menschlichkeit auf der Baustelle zu wahren. (Fall B)*	Der Proband gibt Hinweise auf intersubjektive Bezüge, z. B. fallen Begriffe wie Teamfähigkeit bzw. Synonyme.
	physiologisch	[kör Die Leute müssen also wirklich körperlich geeignet sein, um erst mal in die Vorauswahl zu kommen, das heißt, ein Kriterium ist das Internat in Simmerath, also wer da nicht körperlich gewappnet ist, hat unserer Meinung nach keine Chance die drei Jahre durchzustehen. (Fall A)	Der Proband benennt Implikationen im Kontext physiologischer Konstitutionen. Z. B. werden Begriffe verwendet wie Stärke, fit sein, Belastbarkeit und Synonyme.
	emotional/ motivational/ volitional	*Ganz am Anfang sind die motiviert, das müssen die natürlich bleiben. Die haben Spaß an körperlicher Arbeit, Spaß am Umgang mit anderen Menschen. (Fall A)*	Der Proband benennt Begriffe, die die Emotion, Motivation und Volition betreffen. Er nennt z. B. Begriffe wie sich identifizieren, Freude haben, Leistungsbereitschaft bzw. Synonyme.
	Sekundärtugenden	Also ich achte eigentlich sehr auf Pünktlichkeit und Zuverlässigkeit und dann guckt man des Weiteren auch auf Ordnung und Sauberkeit auf der Baustelle. (Fall B)	Der Proband nennt Begriffe wie Fleiß, Pünktlichkeit, Ordnung, Sauberkeit bzw. weitere sekundäre Tugenden.
	formal	*Voraussetzungen ist natürlich auch der Führerschein, damit die Geräte auf der Baustelle geführt und die Fahrzeuge gefahren werden dürfen. (Fall H)*	Der Proband nennt formale Voraussetzungen/ Qualifikationen für die Berufsausbildung (z. B. Schulabschlüsse, Zertifikate).

Zentrale Eigenschaften und Kompetenzen von Personen mit Führungsverantwortung	kognitiv	*Wenn sie schon in einer führenden Position sind, wie halt eben Poliere, da muss man natürlich auch schreiben können, das ist ganz klar. (Fall J)*	Der Proband nennt Hinweise auf Informationsverarbeitungsprozesse bzw. implizites/ explizites Wissen. Er nennt Begriffe wie planen, entscheiden, koordinieren, bewerten und synonym verwendete Begriffe.
	sozial	*Also Führungskräfte müssen auf jeden vorweisen, dass sie einen gefühlvollen Umgang mit den Mitarbeitern haben, weil das, was man hier von anderen fordert, kann man eigentlich nicht immer verlangen. (Fall J)*	Der Proband gibt Hinweise auf intersubjektive Bezüge, die primär auf Personalführung rekurrieren. Es werden Begriffe verwendet wie z. B. Umgang, führen, Mitarbeiter koordinieren, …
	didaktisch-methodisch	*Die kriegen eine Aufgabenstellung, die wird mit ihnen besprochen und dann haben sie die Möglichkeit Fragen zu stellen. Wenn es keine Fragen gibt, können sie dann mit der Arbeit beginnen. (Fall F)*	Der Proband bezieht sich auf Aspekte von Lehr- und Lernprozessen, die als Teil seiner Funktion als Ausbilder zu betrachten sind. Er nennt Begriffe wie Vermittlung, zeigen, vormachen, erklären, unterstützen und synonym verwendete Begriffe.
	emotional/ motivational/ volitional	Seine Ziele versuchen durchzusetzen und das zu verwirklichen, was man sich vornimmt! (Fall G)	Der Proband benennt Begriffe, die die Emotion, Motivation und Volition betreffen. Er nennt z. B. Begriffe wie sich identifizieren, Freude haben, Leistungsbereitschaft bzw. Synonyme.
Lesesituationen/ Leseintentionen von Auszubildenden		*Ja also bei dem Plan hier handelt es sich zum Beispiel um einen Lageplan. Da sieht man also die spätere Straße als Draufsicht und da gibt eine Reihe von Stationierungen, die zur Orientierung dienen und zum Beispiel hier Böschungslinien, damit man später weiß wo oben und wo unten ist. (Fall B)*	Der Proband reflektiert die tatsächliche betriebliche Ausbildungsrealität im Hinblick auf reale Lesesituationen/ Leseinten-tionen. Er nutzt den Begriff Lesen im Kontext von konkreten betrieblichen Anforderungssituationen bzw. im Begriffsverständnis *funktionaler Lesekompetenz*. Dazu gehören beispielsweise Lesesituationen/Leseinten-tionen, bei es um die Planung, Umsetzung und Kontrolle von Handlungen geht.

Lesesituationen/ Leseintentionen von Gesellen/ Facharbeitern		Also er bekommt ja Zeichnungen vorgelegt, die muss er lesen können und er muss mit vielen Informationen umgehen, um überhaupt eine Leitung in den Boden setzen zu können. (Fall H)	Der Proband reflektiert die tatsächliche betriebliche Realität im Hinblick auf reale Lesesituationen/ Leseintentionen. Er nutzt den Begriff Lesen im Kontext von konkreten betrieblichen Anforderungssituationen bzw. im Begriffsverständnis *funktionaler Lesekompetenz*. Dazu gehören beispielsweise Lesesituationen/Leseintentionen, bei der es um die Planung, Umsetzung und Kontrolle von Handlungen geht.
Lesesituationen/ Leseintentionen von Personen mit Führungsverantwortung		*Bauausführungen sind eigentlich für mich Pläne, Höhenpläne, Lagepläne, Regelquerschnitte. Die sind für mich die Bibel, sag ich jetzt mal so. (Fall D)*	Der Proband reflektiert die tatsächliche betriebliche Realität im Hinblick auf reale Lesesituationen/ Leseintentionen. Er nutzt den Begriff Lesen im Kontext von konkreten betrieblichen Anforderungssituationen bzw. im Begriffsverständnis *funktionaler Lesekompetenz*. Dazu gehören beispielsweise Lesesituationen/Leseintentionen, bei der es um die Planung, Umsetzung und Kontrolle von Handlungen geht.

Relevanz von Lesekompetenz	Allgemeine Einschätzung der Relevanz von Lesekompetenz	*Lesen ist immens wichtig, abgesehen von Grundkenntnissen, die jeder Mensch haben sollte, gehört Lesen und Schreiben definitiv dazu. (Fall A)*	Der Proband evaluiert allgemein die Relevanz von Lesekompetenz. Er nennt in diesem Zusammenhang Begriffe wie wichtig, groß, bedeutsam, eher unwichtig, irrelevant und Synonyme.
	Zusammenhang von Lesekompetenz und Bewältigung einer beruflichen Anforderungssituation	*Die Texte, die sie an die Hand bekommen, müssen sie lesen und verstehen und dann eben in die Praxis umsetzen können. (Fall I)*	Der Proband stellt einen Zusammenhang her zwischen Lesekompetenz und Handlung. Er benennt dabei Begriffe wie verstehen, lesen, umsetzen etc. in einem Bedeutungszusammenhang.
	Lesehäufigkeit in der Praxis	*Also ich würde mal, auf einer Skala zwischen eins und zehn (eins wäre ganz wenig und zehn wäre sehr viel), eins sagen, die müssen hier in der Ausbildung eigentlich wenig lesen. (Fall J)*	Der Proband quantifiziert die Häufigkeit von Leseanlässen. Er nennt Begriffe wie oft, wenig, selten, nie, täglich und Synonyme.
	Veränderte Anforderungen an die berufliche Qualifikation	*Ich bin jetzt lange dabei und beobachte wie die Wichtigkeit von Lesen und Schreiben zunimmt, also der Umgang mit theoretischen Sachen nimmt auf der Baustelle immer mehr zu. (Fall A)*	Der Proband reflektiert veränderte Anforderungen an die berufliche Qualifikation. Er nennt z. B. Begriffe wie verändern, früher, nicht mehr, anders, ungelernt etc. oder Synonyme, die auf eine veränderte Bedeutung der Lesekompetenz im Kontext beruflicher Arbeit hindeuten.
	Konsequenzen Nicht-Lesen bzw. mangelnde Lesekompetenz	*Wenn die Azubis das nicht lesen und verstehen können und dementsprechend gedanklich nicht umsetzen können, können die ihr Werkstück auch nicht ausführen und das setzt sich eben täglich fort bis hin zur Prüfung, in der sie genau so etwas unter Prüfungsbedingungen machen müssen. (Fall A)*	Der Proband reflektiert Konsequenzen des Nicht-Lesens bzw. mangelnder Lesekompetenz. Insbesondere werden Zusammenhänge zwischen mangelnder Lesekompetenz und Schwierigkeiten bei der Bewältigung beruflicher Anforderungen benannt/konkretisiert.
Texte von Auszubildenden		Die Azubis müssen natürlich Maßungen und Tabellen lesen können. (Fall G)	Der Proband nennt Texte, die für die Bewältigung betrieblicher Anforderungen von Auszubildenden gelesen und genutzt werden müssen.

Texte von Gesellen/ Facharbei- tern		*Eine große Gruppe sind die Leistungsverzeichnisse, die vom Arbeitgeber kommen und die im Prinzip genau die Arbeiten dokumentieren, die draußen produziert oder erstellt werden sollen. (Fall A)*	Der Proband nennt Texte, die für die Bewältigung betrieblicher Anforderungen von Gesellen/Facharbeitern gelesen und genutzt werden müssen.
Texte von Personen mit Füh- rungsver- antwortung		Man muss Tabellen und Einsatzpläne in Tabellenform lesen können, das ist schon wichtig. (Fall H)	Der Proband nennt Texte, die für die Bewältigung betrieblicher Anforderungen von Personen mit Führungs- verantwortung gelesen und genutzt werden müssen.
Kommuni- kationsfor- men in der (betrieb- lichen) Ausbil- dungs- praxis		Die mündliche Unterweisung ist ja im Prinzip nur eine Ergänzung zu der ausgehän- digten Zeichnung. Und wenn er diese Zeichnung nicht versteht, muss ich ihm diese halt erklären. (Fall F)	Der Proband benennt Häufig- keiten/Präferenzen bzgl. der Kommunikation (schriftlich/ mündlich) in der betriebli- chen Ausbildungspraxis. Er begründet entsprechende Häufigkeiten/Präferenzen.

12.5 Anhang 5: Übersicht über Interkoderreliabilität

Haupt- und Unterkategorien	Fall A	Fall B	Fall C	Fall D	Fall E	Fall F	Fall G	Fall H	Fall I	Fall J
Zentrale Eigenschaften und Kompetenzen von Gesellen	-	-	-	-	-	-	-	-	-	-
kognitiv	100	-	90	100	100	-	100	100	75	66
sozial	100	-	100	-	66	-	-	-	-	-
physiologisch	100	-	100	100	100	-	-	100	-	100
psychomotorisch	100	-	-	-	100	-	-	100	-	-
emotional/ motivational/ volitional	-	-	100	-	-	-	66	-	-	100
Sekundärtugenden	-	-	-	-	-	-	100	-	100	-
Voraussetzungen für die Ausbildung	-	-	-	-	-	-	-	-	-	-
kognitiv	100	-	100	100	-	-	-	100	50	-
sozial	-	-	-	-	-	-	-	-	-	-
physiologisch	100	-	-	-	-	100	-	-	100	100
emotional/ motivational/ volitional	100	-	50	-	-	100	100	100	100	100
Sekundärtugenden	-	100	-	100	-	-	100	-	-	-
formal	-	-	100	100	-	100	100	-	100	-
Zentrale Eigenschaften und Kompetenzen von Personen mit Führungsverantwortung	-	-	-	-	-	-	-	-	-	-
kognitiv	100	-	100	-	50	100	-	100	-	100
sozial	100	-	100	100	-	100	100	50	-	100
didaktisch-methodisch	-	100	100	-	-	100	100	-	-	-
emotional/ motivational/ volitional	-	-	-	-	-	-	100	-	-	-

Lesesituationen/Leseintentionen von Auszubildenden	-	100	-	100	-	100	100	-	100	-
Lesesituationen/Leseintentionen von Gesellen	100	-	83	100	87	100	100	100	75	-

Haupt- und Unterkategorien	Fall A	Fall B	Fall C	Fall D	Fall E	Fall F	Fall G	Fall H	Fall I	Fall J
Lesesituationen/Leseintentionen von Personen mit Führungsverantwortung	100	-	-	-	-	-	100	100	-	-
Relevanz von Lesekompetenz	-	-	-	-	-	-	-	-	-	-
Allgemeine Einschätzung der Relevanz von Lesekompetenz	100	-	100	100	-	100	-	100	-	50
Zusammenhang von Lesekompetenz und Bewältigung einer beruflichen Anforderungssituation	80	-	80	-	100	100	100	100	80	-
Lesehäufigkeit in der Praxis	100	100	50	100	-	100	66	100	100	100
Veränderte Anforderungen an die berufliche Qualifikation	100	-	100	-	80	-	-	-	-	-
Konsequenzen Nicht-Lesen bzw. mangelnde Lesekompetenz	-	-	100	-	100	-	100	-	-	-
Texte von Auszubildenden	100	85	-	66	-	100	66	-	100	-

Texte von Gesellen	100	-	72	83	66	100	-	100	57	100
Texte von Personen mit Führungs-ver-antwortung	-	-	-	-	100	-	50	66	100	-
Kommunika-tionsformen in der betrieblichen Ausbildung	100	100	100	100	100	100	100	100	100	100
Insgesamt	97	88	81	93	85	100	86	94	81	92

Tabelle 4:   Übersicht über Interkoderreliabilität *(eigene Darstellung)*

12.6 Anhang 6: Lernfeld 4: Herstellen eines Stahlbetonbauteiles

Lernfeld 4 Herstellen eines Stahl-betonbauteiles (60 UStd.)	Wirtschafts- und Betriebslehre	Baustoff- und Baukonstruktion-stechnik	Bautechnische Kommunika-tion
	Angestrebte Kompetenzen/Ziele/Inhalte		
Mögliche Lernsitu-ationen - Planung einer Balken-schalung - Planung und Darstel-lung einer Balkenbe-wehrung - Betonherstellung und -verarbeitung für einen Stahlbeton-balken - ...	Die Schülerinnen und Schüler planen die Herstellung eines Stahlbetonbauteiles und führen dazu die rechnerischen und zeichnerischen Arbeiten aus. Sie konstruieren die Schalung sowie die erforderlichen Hilfs- und Tragkonstruktionen. Sie bestimmen anhand von Tabellen die Zusammensetzung des Betons. Die Schülerinnen und Schüler berücksichtigen die Vorausset-zungen für das Zusammenwirken von Betonstahl und Beton. Sie leiten aus den im Bauteil auftretenden Kräften die Lage der Bewehrung ab. Sie vergleichen Beton mit anderen Baustoffen im Hinblick auf Ästhetik, Tragfähigkeit, Haltbarkeit und Umweltverträg-lichkeit.		
	- Mitwirken und Mitbestim-mung in der dualen Ausbil-dung	- Betonarten und -gruppen - Zemente, Zus-chläge - Betonherstel-lung und -verar-beitung - Betonstahl - Schalung	- Betonrezept - Betonstahl-liste - Schalungs- und Beweh-rungsplan - Baustoffbe-darf

Abbildung 33: Lernfeld 4, Herstellen eines Stahlbetonteiles (in Anlehnung an MSW 2008, S. 14)

12.7 Anhang 7: Exemplarische Lernsituation zu Lernfeld 4

Lernsituation: Herstellen eines Stahlbetonbalkens	
Schul-/Ausbildungsjahr: 1	**Zeitrichtwert:** 40 UStd.

Beschreibung der Lernsituation

Über der Theke des dargestellten Verkaufspavillons soll ein Stahlbetonbalken aus Transportbeton hergestellt werden. Arbeitsgrundlage ist die Entwurfszeichnung in Grundriss und Schnitt (siehe Anlage).
Planen Sie für diesen Stahlbetonbalken die Schalung und die Bewehrung. Bestellen Sie ei-nen geeigneten Beton und beschreiben sie die Verarbeitung.

Angestrebte Kompetenzen

Fachkompetenzen

- notwendige Informationen den Entwurfszeichnungen entnehmen
- den konstruktiven Aufbau der Schalung erläutern
- Schalplan, Schalungsauszug und Holzliste erstellen
- Arbeitsregeln zur Herstellung der Schalung beschreiben
- den Kräfteverlauf am Balken erläutern und daraus die Herstellung des Bewehrungskorbes ableiten
- einen geeigneten Betonstabstahl auswählen
- Bewehrungsplan, Stahlauszug und Stahlliste dokumentieren
- einen geeigneten Transportbeton auswählen
- Betonverarbeitung und Nachbehandlung erläutern
- Ausschalfristen festlegen

Methoden-/Lernkompetenzen

- selbstständig und zielorientiert arbeiten
- den Arbeitsablauf planen
- verschiedene Möglichkeiten der Informationsgewinnung nutzen
- die Arbeitsergebnisse vorstellen und begründen
- den eigenen Arbeitsprozess kritisch reflektieren und ggf. revidieren

Human- und Sozialkompetenzen

- Teamfähigkeit entwickeln
- sachlich argumentieren und fair kritisieren
- Arbeitsergebnisse anderer würdigen
- Verantwortungsbewusstsein für das Vermeiden von Bauschäden entwickeln

Inhalte	
Baustoff- und Baukonstruktions-technik	- Balkenschalung, Schalkonstruktion
	- Betonstabstahl
	- Kräfteverlauf und Bewehrung
	- Betonarten
	- Zementarten
	- Betonverarbeitung und Nachbehandlung
	- Ausschalfristen
Bautechnische Kommunikation	- Entwurfszeichnung
	- Schalplan, Schalungsauszug und Holzliste
	- Bewehrungsplan, Stahlauszug und Stahlliste
	- Mengenermittlung
	- Bestellformulare für Fertigbeton

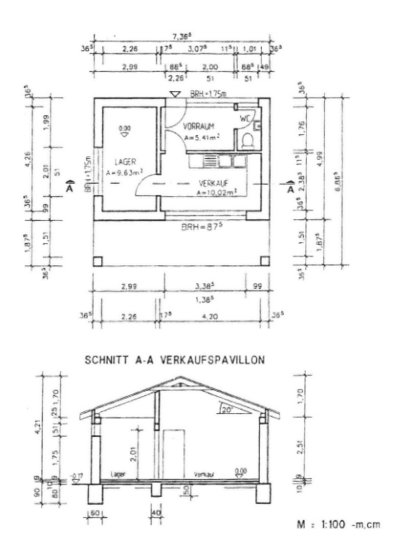

Abbildung 34: Exemplarische Lernsituation zu Lernfeld 4, Herstellen eines Stahlbetonteiles (MSW 2008, S. 30f.)